VITUS B. DRÖSCHER

König Salomons Ring

W0247618

Buch

Der weise König Salomon schöpfte nach biblischer Überlieferung sein Wissen aus der Natur. Er mußte lediglich seinen Ring
drehen, und schon verstand er die Sprache der Geschöpfe – und
das Geheimnis der Schöpfung. Mit der Entfremdung des Menschen von der Natur scheint Salomons Weisheit auch im Umgang mit Tieren weitgehend verloren gegangen zu sein.
Was die moderne Verhaltensforschung in den letzten Jahren der
Tierwelt ablauschen konnte, hat Vitus B. Dröscher in dieser
Sammlung von Tiergeschichten zusammengetragen und in bewährt kurzweilig-humorvollem Erzählton mit selbst erlebten
und fremden Anekdoten garniert. Von den Tieren können wir
lernen, wie wir unser gestörtes Verhältnis zur Natur – und damit
zu uns selbst – wieder ins Lot bringen.

Autor

Vitus B. Dröscher, geboren 1925, studierte Zoologie und Psychologie. Seit 1954 ist er als Wissenschaftspublizist über moderne
Verhaltensforschung und Sinnesphysiologie tätig. Mittlerweile
hat er dreißig Bücher zu diesen Themen veröffentlicht.

Bei Goldmann sind bereits erschienen:

... und der Wal schleuderte Jona an Land (11673)
Die Welt, in der die Tiere leben (12671)
Tierisch erfolgreich (12697)

Vitus B. Dröscher

König Salomons Ring

Geschichten
aus dem Reich der Tiere

GOLDMANN

Zeichnungen: Till Dröscher

Umwelthinweis:
Alle bedruckten Materialien dieses Taschenbuches
sind chlorfrei und umweltschonend.

Vollständige Taschenbuchausgabe Dezember 1999
Wilhelm Goldmann Verlag, München,
in der Verlagsgruppe Bertelsmann GmbH
© 1997 C. Bertelsmann Verlag GmbH, München,
in der Verlagsgruppe Bertelsmann GmbH
Umschlaggestaltung: Design Team München
(Die Illustration zeigt einen subadulten Madagaskar-Habicht,
gezeichnet nach einem Museumsstück)
Druck: Presse-Druck Augsburg
Verlagsnummer: 15059
AM · Herstellung: Sebastian Strohmaier
Made in Germany
ISBN 3-442-15059-0

1 3 5 7 9 10 8 6 4 2

Inhaltsverzeichnis

Die Weisheit baute ihr Haus
und hieb sieben Säulen.

(Sprüche 9,1)

DIE SIEBEN SÄULEN DER WEISHEIT

Die Sprache der Tiere umweht ein Hauch von Wunder. Und so schöpfte einst Salomon, der weise biblische König, seine Erkenntnisse auch aus dem Studium vierbeiniger und geflügelter Gottesgeschöpfe. Er drehte an seinem Ring, und schon verstand er, was ihm die Tiere sagen wollten. Sie lehrten ihn, einer der größten Friedensfürsten der Weltgeschichte zu werden: Einiger der zwölf Stämme Israels, Erbauer des Tempels, Mehrer des Wohlstands seines Volkes.

Es muß ein Zauberring gewesen sein, den er besaß, denn die moderne Verhaltensforschung tut sich immer noch schwer mit dem Entziffern animalischer Äußerungen. Zwar ist sie schon weit darüber hinaus vorgedrungen, im Gesang der Vögel, dem Pfeifen der Delphine, dem Trompeten der Elefanten und dem Signalisieren der Affen mehr als nur profane Brunstschreie, Hungergebrüll, Zornesrasen und Angstbeben herauszuhören. Erstaunliche Entdeckungen gelangen, worüber ich auch in diesem Buch erzählen will. Doch im Vergleich zur Weisheit Salomons wirkt dies alles noch recht mager.

So sei es erlaubt, die Frage zu stellen, ob die Tiere uns das, was sie in ihrem Verhalten seit Jahrmillionen an Überlebenskunst angereichert haben, wirklich nur durch Sprachäußerungen mitteilen können. Ist die Demonstration mittels Taten nicht viel überzeugender? Ich stehe wohltönenden Worten zutiefst skeptisch gegenüber und habe mir angewöhnt, Menschen nicht nach ihren Reden, sondern nur nach ihren Handlungen zu beurteilen. So ist es auch alter Brauch beim Erforschen des Verhaltens der Tiere. Nur Taten zählen. In ihren Aktivitäten liegen kein Falsch und keine Lüge, sondern nichts als die reine Wahrheit.

Zahlreiche Tierfreunde finden das gleich mir faszinierend. Viele Naturverächter aber sehen in Tieren noch immer keine edlen Geschöpfe Gottes, sondern nur brutale Freßmaschinen, extreme Egoisten, abstoßende Sexroboter und lehnen jede tiefergehende Betrachtung der Wunder, die Gott seinen Geschöpfen verliehen hat, ab. An diesen »Schöngeistern« sind die Ergebnisse der gesamten modernen internationalen Verhaltensforschung spurlos vorübergezogen. Nicht zuletzt auch die Tatsache, daß sich 1996 ein tiefgreifender Wandel in der Evolutionslehre und der Theorie der Tierverhaltensforschung vollzogen hat.

Seit Darwin ging man davon aus, daß die Selektionskräfte beim Vorantreiben der Entwicklung nur beim Einzelwesen wirksam werden. Das war die Basis für den Tanz ums Goldene Kalb, des rücksichtslosen Kampfes des sogenannten Stärkeren zur Vernichtung aller Schwächeren. Sie wurde zur Lebensmaxime in Politik und Wirtschaft. Nun aber postulieren Verhaltensforscher, daß Auslesekräfte nicht nur beim Individuum ansetzen, sondern auch bei Tiergemeinschaften: die sogenannte Gruppenselektion.

Warum opfern sich einzelne Tiere für ihre Affenhorde, ihre Elefanten-, Zebra- oder Antilopenherde, ihre Delphinschule, ihr Wolfs-, Löwen- oder Mungorudel, ihren Vogelschwarm, Paarpartner und den Nachwuchs auf? Für den »Helden« bedeutet es oft den Tod. Aber die Gemeinschaft kann nur fortbestehen, wenn aus ihr solche Helden hervorgehen. Die Gruppenselektion sorgt also dafür, daß sich die Selbstlosen in ihrer Mitte trotz der Aufopferung nicht selbst ausrotten und lediglich die Egoisten überleben. Wir bezeichnen das als evolutionsstabilen Altruismus. Im Erbgut der Gemeinschaft bleiben allezeit altruistische Gene bestehen, mögen sich auch noch so viele Altruisten aufopfern. Andernfalls wären sämtliche Tiergruppen zum Aussterben verurteilt.

Damit vollzieht sich ein grundlegender Wandel in dem Bild, das wir uns bis jetzt von der Tierwelt gemacht haben. Die Kreatur, soweit sie in sozialen Gemeinschaften lebt, folgt in ihrem Handeln gegenüber Gruppenmitgliedern ethischen Gesetzen, weil allein diese ihren Fortbestand sichern. Damit erlangen die Ergebnisse der Verhaltensforschung nunmehr auch ein sittliches Niveau, mit dem sie auch im humanistischen, schöngeistigen und philosophischen Bereich Akzeptanz finden können.

König Salomon wußte schon zu seiner Zeit um diese Werte, die Gott seinen Geschöpfen mit auf den Weg gegeben hat. Sie wurden unter anderem zu den Sieben Säulen seiner Weisheit. Was im einzelnen darunter zu verstehen ist, darüber schweigt sich das Alte Testament aus. T. E. Lawrence von Arabien kommt in seinem Buch gleichen Titels ebenfalls nicht näher darauf zu sprechen. Wer jedoch die Bücher Salomons kennt, zweifelt nicht, was als Grundfeste des Lebens in Gottes Hand zu gelten hat:

»Die Ehe ist ein heilig Ding«, heißt es in der Bibel. Sie schließt die Achtung des Mannes vor der Frau in sich ein. Die zweite Säule trägt das Wohlergehen der Kinder und der Familie auf ihrem Abakus. Die dritte stützt das Gemeinschaftsleben, das Zusammenspiel in zwischenmenschlichen Beziehungen mitsamt einem friedfertigen und gemeinnützigen Verhalten. Der vierte Pylon im Tempel der göttlichen Weltordnung steht für die Tätigkeit des Menschen in der Welt, das Bestehen von Gefahren und das Überleben dürrer Zeiten und bitterer Not. Der fünfte Pfeiler ragt in den Himmel als Zeichen und Mittel der Verbundenheit und des Sichverstehens. Er repräsentiert das Sprachvermögen. Damit gelangen wir in den Bereich der Krönung göttlicher Gaben: des Sinns für die

Schönheit auf der sechsten Säule und des Erahnens höherer Mächte auf der siebten, also des Gefühls für das, was der Tod bedeutet, und alles dessen, was hinter ihm steht.

Wer auf jedem dieser Gebiete Weisheit erlangt hat und walten läßt, dem ist ein erfülltes Leben gewiß. Im Rahmen einer allumfassenden Einheit von Gott und der Welt offenbaren sich diese Elemente des Seins auch schon sämtlich im Reich sozial lebender Tiere. Hier lassen sie sich sogar, aller geisteswissenschaftlicher Schwerkraft entbunden, modellhaft klar erkennen und als Welträtsel leichter lösen. So möchte ich im folgenden solche Bilder aus der Tierwelt vermitteln.

Nach Salomon ging seine Erkenntnis jedoch mit zunehmender Entfremdung der Menschen von der Natur wieder verloren. Es ist dringend geboten, die geistigen Schätze des weisen Königs, die sieben Säulen einer uralten Naturweisheit, wieder ans Licht zu heben.

Alle Dinge, über die ich in diesem Buch berichte, grenzen ans Wunderbare. So unglaublich sie klingen mögen, so kann sich der Leser doch fest darauf verlassen, daß sämtliche Fakten wissenschaftlich hieb- und stichfest abgesichert sind. Sie spiegeln den aktuellen Stand der Forschung wider. In Schulbüchern fanden sie noch keine Aufnahme. Die neuesten verhaltenskundlichen Arbeiten sowie persönliche Gespräche mit Zoologen, die Tiere über Jahrzehnte hinaus in freier Wildbahn studieren und sich tief in ihr Wesen einfühlen, sind die eine Basis meiner Arbeit.

Das andere Fundament meiner Tierdarstellungen ist das persönliche Erleben dieser uns zumeist noch fremden Wesen. Seit 47 Jahren befasse ich mich mit dem Verhalten all dieser Geschöpfe – vom Aal bis zum Zitteraal, vom Elefanten bis zur Maus. Im Monsundschungel Indiens stand ich auf fünf Meter einem Tiger gegenüber. Neunmal habe ich die Wildnis Afrikas durchstreift. Grauwale »streichelte« ich vor der Halbinsel Baja California. Südkaperwale in einer Bucht der argentinischen Halbinsel Valdes, Buckelwale vor Hawaii und Alaska, Schwertwale vor dem antarktischen Ross-Schelfeis, Pilotwale vor der Küste Teneriffas. Wochenlang studierte ich die Seelöwen der Galapagosinseln, die Seebären Südafrikas, die See-Elefanten Südamerikas, die Eisbären Grönlands vor Ort.

Die clownesken Pinguine wurden mir zu Freunden, die sturmbezwingenden Albatrosse, die Rennkuckucke in den Wüsten Kaliforniens, die Riesengeschwader der Blutschnabelweber in der Kalahari Botswanas und die Jacanablatthühnchen im Kakadu-Nationalpark Nordaustraliens. Ich habe sogar das Stinktier in Nord- und Südamerika schätzen gelernt. Ich bin geradezu süchtig nach Afrika, obwohl oder vielleicht gerade weil mich um ein Haar ein Löwe gefressen, eine Elefantenherde plattgewalzt, ein Nashorn aufgespießt hätte. Wer je einmal, wie ich, zusammen mit Delphinen im Meer geschwommen ist, wird mir zustimmen, daß solche Begegnungen mit Tieren einen Menschen nur zu seinem Vorteil verändern können.

Wenn einem ein in freier Wildbahn lebender Schimpanse aus unmittelbarer Nähe tief und lange vertrauensvoll in die Augen schaut, dann regt sich etwas in unserer Gefühlswelt und vermag unseren Verstand zu beeinflussen. Wenn unser Intellekt aus wissenschaftlichen Arbeiten von Verhaltensforschern Informationen über die Lebensweise von Tieren speichert, dann reichert sich auch unsere Gefühlswelt beim nächsten Treffen mit ebendiesem Tier in ungeahnter Weise an. Und das steigert wiederum unsere Einfühlung in das innerste Wesen der Kreatur.

Das ist dann auch der Weg, der aus der Zweiheit des Verstehens und des Erfühlens der Kräfte der Natur zur Einheit, also zur Weisheit des Königs Salomon, führt.

Die Sprache

Dies sind die Sprüche Salomons
zu lernen Weisheit, Zucht,
Verstand, Klugheit, Gerechtigkeit,
Recht und schlecht.

(Sprüche 1,1–3)

DIE STIMME DER DELPHINE

Seit alters her rankt sich Mystisches um die Delphine. Die englische Wissenschaftszeitschrift *New Scientist* karikierte es kürzlich mit einem Witz: Der liebe Gott und Petrus schauen auf die Erde herab, auf der gerade eine Atombombe explodiert. Sagt Petrus: »Chef, du hättest doch lieber auf die Delphine setzen sollen.«

Das Bild von einem irgendwie »besseren Wesen« wurde, immer noch mystisch, vervollständigt durch die Vorstellung von einem geheimnisvollen Sprachvermögen der »Intelligenzbestien des Meeres«, das dem des Menschen durchaus ebenbürtig sein soll.

Darüber möchte ich im folgenden berichten. Ich bitte aber, von vornherein nicht allzuviel zu erwarten. Denn um die Sprache der Delphine zu entschlüsseln, sind wir Menschen, vorerst wenigstens, noch zu dumm – oder zu böswillig.

Manchmal geben die »ozeanischen Sprachgenies« Pfeiftöne von sich, die wie das Tschiepen von Kanarienvögeln klingen, jedoch erheblich lauter sind. Zunächst meinten Zoologen, es handle sich um ein einfaches Quietschen, mit dem die Flipper ihre Gemütsbewegungen äußern, etwa so wie das Quieken der Schweine im Stall, wenn der Bauer mit dem Futter kommt.

Daß dieses Klangspektrum erheblich vielfältiger sein muß, vermutete als erster Akademiker Winthrop N. Kellogg, Meeresbiologe an der Universität Chicago. Er hatte 1958 auf hoher See von seiner mit Unterwassermikrophonen ausgerüsteten Motorjacht aus beobachtet, wie Delphine in kleineren

Gruppen, den sogenannten Schulen, von fünf, zehn oder auch von mehreren hundert Mitgliedern schwimmend, durch Pfeifsignale ganz offenkundig Stimmfühlung miteinander hielten, um einander im trüben Wasser nicht zu verlieren.

Darüber hinaus hörte er in der Paarungszeit lautes Winseln, das an die Mondscheinkonzerte der Dachkater erinnerte. Klagelaute klangen wie Babygeschrei. Bei anderen Gelegenheiten hörte er, wie die Tiere sanft und weich vor sich hinsummten oder in hektisches Stakkatoquieken ausbrachen. Wenn in einem Delphinarium ein rüder Tierlehrer dem Meeressäuger einen Fisch hinhält, ihn danach springen läßt, ihm den Bissen aber immer wieder vor der Nase wegzieht, stößt der Delphin herzzerreißende Jammerlaute aus.

Handelt es sich bei diesen Lautäußerungen um eine Art Sprache im menschlichen Sinne?

Der erste, der dies voll und ganz bejahte, war 1961 der Biophysiker John C. Lilly. Die US-Navy gab seinem ungestümen Entdeckerdrang nach und baute ihm auf den Virgin Islands, die zu den Kleinen Antillen gehören, bei Saint Thomas ein großes Delphinarium. Lilly begann das Projekt jedoch mit einem Kapitalfehler: Zuerst versuchte er, die Delphine dazu zu bringen, ihre Quäktöne zu menschlichen Sprachlauten umzuformen und sich auf diesem Wege mit ihnen zu unterhalten. In der »Übersetzung« dieser Grunzer entwickelte er eine unglaubliche Phantasie.

Auf seine Erfolgsmeldungen hin erschienen Scharen von Journalisten aus aller Welt in seinem Institut, schrieben kritiklos alles nach, was er ihnen vorgaukelte. *Stern*, *Spiegel*, *Bunte* und *Quick* sowie zahllose kleinere Gazetten brachten Sensationsreportagen in großer Aufmachung. Die Delphine waren nun in aller Munde. Über Nacht wurde Lilly weltberühmt und verdiente sich eine goldene Nase.

Binnen kurzem stellte sich aber unter der Lupe naturwissenschaftlicher Kritik heraus, daß Lillys Methodik chaotisch war. Unfähig zu systematischen Arbeitshypothesen, wurstelte er zwischen blühender Phantasie bei der Interpretation del-

phinischer Lautäußerungen und den unmöglichen Bemü-
hen, den Meeressäugern die menschliche Lautsprache beizubringen, hin und her.

Dabei kommunizieren die »Intellektuellen des Meeres«,
wie wir jetzt wissen, untereinander. Sie senden auf ganz anderer Wellenlänge. Die Grunzer sind reine Emotionsäußerun-
gen, eben doch wie das Quieken der Schweine – nichts weiter.

Ernstzunehmende Forscher wiesen Lilly nach, daß Delphine keine Zirkuspapageien sind und er eigentlich nur einen
Preis für überschäumende Einbildungskraft verdient habe.
Das Institut wurde geschlossen. Die Delphinsprachforschung
geriet in den Verruf der Quacksalberei und wurde in größe-
rem Umfang seither nie wieder aufgenommen.

Die US-Navy verfolgte andere Interessen. Ihr lag ebensowenig daran, in Gesprächskontakt mit anderen intelligenten
Wesen zu treten, wie sich mit ihren Rekruten in Diskussionen
einzulassen. Ihr genügte es vollauf, den Tieren primitive
Pfeifsignale einzutrichtern: also Befehle, die sie ausführen
mußten, etwa um eine Sprengladung am Rumpf feindlicher
Schiffe anzubringen. Es stellte sich jedoch heraus, daß die
Delphine nicht zwischen feindlichen und eigenen Schiffen
unterscheiden konnten. Also wurde auch dieses Projekt wieder zu Grabe getragen – Gott sei Dank.

Wir können uns hier und heute keine Vorstellung davon
machen, in welchem Ausmaß Delphinsprachforscher damals
in den USA mit Acht und Bann belegt wurden. Dies geschah
nicht etwa aus tierschützerischen Gründen, sondern aus rein
linguistischen und schöngeistigen Aspekten. So gerieten auch
andere, durchaus seriöse und vielversprechende Untersuchungen über das Sprachvermögen der Delphine in Vergessenheit. Ich will im folgenden versuchen, die Resultate jener
Forschungsarbeiten wiederzubeleben:

Anno 1961 belauschten John Dreher, William Evans und
Herb Prescott, Bioakustiker einer amerikanischen Firma,
eine Schule von fünf Großen Tümmlern, die zur Familie der
Delphine gehören. Sie legten quer durch die Einfahrt zur

Scammonlagune an der mexikanischen Halbinsel Baja California, Walbeobachtern heute als Paradies und Kinderstube der Grauwale wohlbekannt, 15 Spierenbojen, jede an einem Ankertau. Diese flache Einfahrt ist sehr tückisch. Meist fegen schwere Grundseen drüber hinweg. Eines unserer Schlauchboote ist hier gekentert.

Die Bojen waren drei Meter tief und wurden im Abstand von 20 Metern abgesetzt. Ferner brachten die Forscher zwei Unterwassermikrophone an und lauschten im Motorboot am Ufer der Dinge, die da kommen sollten. Am späten Nachmittag sichteten sie in einer Entfernung von 500 Metern die Rückenflossen von fünf Tümmlern, die in der Lagune zu Hause waren. Die Geräte registrierten ein Schnellerwerden der delphinischen Ultraschall-Klickgeräusche. Also hatten die Tiere mit ihrer »echo-location«, ihrem Unterwasser-Ortungsvermögen, bereits festgestellt, daß etwas Verdächtiges im Wege lag. Sie verlangsamten das Tempo, schwammen, als sie auf 400 Meter herangekommen waren, in seichte Ufergewässer und sammelten sich dort im dichten Pulk. Bald trennte sich ein Kundschafter von der Gruppe und kreuzte behutsam von einer Boje zur anderen. Suchte er nach so einem verdammten Fischernetz, das ihnen gefährlich werden konnte? Als der Späher zu seinen Kameraden zurückkehrte, brach ein orkanartiges Konzert schriller Pfeiftöne aus: Ultraschall-Laute, die in einem Tonwandler für Menschenohren hörbar gemacht wurden.

Das Ergebnis dieser erregten »Besprechung« war, daß noch ein zweiter Tümmler losschwamm, um die Gegenstände des allgemeinen Mißfallens zu inspizieren. Bei seiner Rückkehr gab es abermals ein schrilles Pfeifkonzert. Erst danach beruhigten sich die Gemüter. Die Tümmler verließen das seichte Wasser, tasteten sich mit äußerster Vorsicht, pausenlos mit Klickgeräuschen ortend, im übrigen aber schweigend, vorwärts und verschwanden im Inneren der Lagune.

Wir können vorerst nur vermuten, was sich die Tümmler im einzelnen erzählt haben. Mit großer Wahrscheinlichkeit, so die Forscher, drehte sich das Gespräch um die Frage, ob diese Bojenkette etwas mit den gefürchteten Fischernetzen zu tun habe, oder ob sie auf neuartige Weise gefährlich oder aber harmlos sei.

Daraus ergibt sich eigentlich nur die Feststellung, daß die Flipper wahrscheinlich in der Lage sind, sich kompliziertere Sachverhalte mitzuteilen. Mehr daraus zu schließen, wäre gegenwärtig noch unseriös.

1965 kam Kenneth S. Norris, Meeresbiologe am Ozeanographischen Institut Makapuu auf der Hawaii-Insel Oahu, heute als Sea Life Park bekannt, auf die Idee, Delphine miteinander telefonieren zu lassen, und zwar seine hawaiischen mit jenen der damaligen Marinestudios beim 7000 Kilometer entfernten Miami in Florida. Die Fernsprechverbindung klappte besser als erwartet. Interessanterweise ließ jeder Flipper den anderen erst ausreden, bevor er mit seinem Gesprächsbeitrag begann. Die »Weisen der Meere« schienen einander gut zu verstehen. Offenbar verständigen sich die Delphine aller Ozeane in derselben Sprache.

Dies inspirierte gegen Ende desselben Jahres zwei andere Wissenschaftler, die in der U-Boot-Ortung arbeitenden Bioakustiker T. G. Lang und H. A. P. Smith, zu einer phantastischen Idee: Sie brachten zwei Tümmler, das Weibchen Doris und das Männchen Dash, in zwei verschiedenen, schalldicht voneinander getrennten Bassins unter und stellten ihnen ein Privatunterwassertelefon zur Verfügung.

Allerdings behielten sich die Experimentatoren die Möglichkeit vor, die Fernsprechverbindung nach ihrem Belieben zu unterbrechen und wiederherzustellen. In jedem Fall wurden die Lautäußerungen auf je einer Spur des Tonbands aufgezeichnet.

Blitzschnell kamen die beiden Sprachprobanden dahinter, wann die Verbindung funktionierte und wann nicht. Ohne Sprechkontakt äußerte jeder nur ab und zu einen kurzen Laut – wohl mehr, um zu prüfen, ob der andere wieder »am Appa-

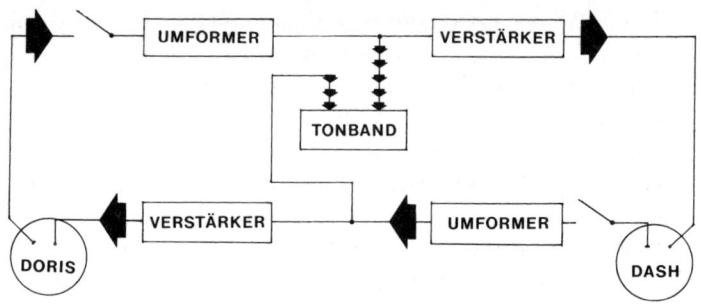

rat« sei. Übersetzt könnte das heißen: »Hallo! Ist da jemand?« Selbstgespräche zu führen, ist nicht nach ihrem Geschmack.

Sobald die Verbindung klappte, faßten sich die Delphine im darauffolgenden ständig alternierenden Austausch von Lauten immer sehr kurz. Keiner erlaubte sich einen Redefluß von mehr als vier oder fünf Sekunden. Das erinnert an die Funkverkehrsvorschrift der US-Navy, im Gefahrenfall nicht chaotisch durcheinanderzuschreien, sondern das Wichtigste nur in größtmöglicher Kürze mitzuteilen. Insgesamt zeigte sich die Delphin-»Dame« Doris am gesprächigsten.

Folgende Lautäußerungen wurden registriert:

1. *Knacklaute.* In der Gesprächsaufzeichnung (siehe Seite 24) durch ein »x« dargestellt. Sie dienen weder der Kommunikation noch der Echoortung. Vielmehr sind sie Äußerungen der Gemütsbewegung. Das gleiche trifft zu für das...
2. *Grunzen und Quieken.* Dies sind jene Töne, die wir bei einer Delphinschau zu hören bekommen – im Schaubild verdeutlicht durch ein kleines »z«. Wahrscheinlich handelt es sich dabei ebenfalls um Zeichen der Gemütsbewegung, die Zorn, Ärger, Wohlbehagen, Lust und Liebe ausdrükken. Sie dienen auch nicht dem komplizierteren Nachrichtenaustausch. Hierfür sind die Delphine mit einem speziellen »Kanal«, der Ultraschall-Pfeifsprache, ausgestattet.
3. *Ticklaute.* Sie klingen etwa so, als würde man Kieselsteine gegen eine Stahlplatte werfen. Dies sind Ultraschall-

Laute, die der Echoortung dienen – im Schaubild mit einem kleinen »o« wiedergegeben.

4. *Ultraschallpfiffe.* Wir Menschen können sie nur vernehmen, wenn sie in einem Schallumwandler für uns hörbar gemacht wurden. Hier unterschieden die Forscher sechs verschiedene Lauttypen. Über deren Bedeutung vermuten sie folgendes:

Pfiffe der Gruppe A, im Schaubild unter einem großen »A« zu erkennen. Sie sind im Klangbild einfach, immer gleich und bei beiden Tieren übereinstimmend. Es ist der Suchruf zur Aufnahme des Gesprächskontakts, etwa in dem Sinne: »Hallo! Ist da jemand?« Wir müssen ja zugrunde legen, daß sich Delphine im trüben Wasser oder bei Nacht nicht sehen und keinen Blickkontakt aufnehmen können.

Pfiffe der Gruppen B und C. Sie erinnern entfernt an den SOS-Ruf, den Delphine ausstoßen, wenn beispielsweise Haie angreifen. In unserem »Stenogramm« sind sie je mit einem großen »B« und »C« angegeben. Sie steigen in der Tonhöhe steil an und fallen schnell wieder ab. Es sind zwei Versionen des gleichen Grundsignals. Doris gab nur die höher gestimmten B-Pfiffe ab, Dash ausschließlich die tieferen C-Pfiffe. Wahrscheinlich liegt hier eine individuelle Variation vor, die als Absenderzeichen dem persönlichen Erkennen dient. Also eine Art akustischer Visitenkarte: »Hier spricht Doris« oder »Hier spricht Dash«. Diese »Kennungen« durchsetzen jede Kommunikation in schneller Folge. Damit läßt sich erklären, weshalb in der Gruppe viele Delphine gleichzeitig durcheinanderreden können und doch jeder im Stimmengewirr seinen Gesprächspartner herauszuhören vermag. Wir bezeichnen das als »Cocktailparty-Effekt«.

Am interessantesten erscheinen die Pfiffe vom Typ D, E und F. Sie sind außerordentlich reich an Variationen in der Klangfarbe und Lautstärke. Außerdem wurden sie nur dann ausgestoßen, wenn das Telefon funktionierte und

VERBINDUNG UNTERBROCHEN		VERBINDUNG HERGESTELLT	
1.MINUTE	2.MINUTE	3. MINUTE	4. MINUTE

die Tümmler zuvor mit Such- und Erkennungsrufen Kontakt miteinander aufgenommen hatten. Besonders die F-Pfiffe könnten sich gut zum Nachrichtenaustausch eignen. Diese steigen in der Tonhöhe an, fallen wieder ab und ziehen dann einen »Schwanz« von stets neu variierten Tönen nach sich.

Ein Delphingespräch läuft demnach wie folgt ab: Dies sind die Zeichen der ersten vier Minuten des Gesprächs. Sie haben folgende Bedeutung: In den ersten zwei Minuten ist die Telefonverbindung unterbrochen. Zweimal ertönt »A«, also »Hallo! Ist da jemand?«, bekräftigt durch die vierfache Kennung »D«: »Hier spricht Dash!«, und die fünffache Kennung »B«: »Hier spricht Doris!« Weiter geschieht nichts.

Dann wird die Verbindung hergestellt. Dash hört plötzlich: »Hier spricht Doris!« und »Hallo! Ist da jemand?« und antwortet zunächst mit einem Freudenquieken, also dem »z«. Gleich danach tickt seine echo-location »o«, womit er seine Partnerin orten möchte. Doris vernimmt dies und ruft hastig viermal: »Hallo! Ist da jemand?« Sie bekommt zur Antwort: »Hier spricht Dash!«, tickt auch mit ihrer echo-location und gibt immer wieder ihr persönliches Erkennungssignal.

Dash antwortet in ähnlicher Weise. Aber Doris kann ihn nicht orten, da er ja in einem anderen Bassin schwimmt. So reagiert sie mit sechsmaligem zornigen Grunzen. Verzweifelt springt auch Dash mehrere Male in die Luft, um hinter die Bassinwand zu schauen. Aber schon nach vier Minuten hat er eingesehen, daß dies ein nutzloses Unterfangen ist, und stellt seine Kommunikationsversuche ein. Eine erstaunliche Intelligenzleistung, wenn wir bedenken, wie viele Menschen immer noch in den Hörer palavern, wenn der Partner schon längst nicht mehr zuhört!

Als nach 17 Minuten (auf dem Schaubild nicht mehr zu sehen) die Telefonverbindung hergestellt ist, haben sich beide Delphine auf die neue Situation eingestellt und eröffnen mit den so überaus komplizierten und variablen F-Pfiffen ein »vernünftiges Gespräch«. Daß es »vernünftig« war, läßt ein weiteres Experiment vermuten, das vier Monate später stattfand. Die beiden Forscher wollten Dash an der Nase herumführen und spielten ihm das Tonband vor, das Doris seinerzeit besprochen hatte.

Zunächst beantwortete Dash jede Äußerung der Tonkonserve willig und in ähnlicher Weise, wie er es damals getan hatte. Aber als nach den Einleitungsformalitäten das »eigentliche Gespräch« mit den F-Pfiffen begann, verstummte er abrupt und verweigerte jeden weiteren Laut. Bei zwei Wiederholungen am folgenden Tag streikte der Unterwasser-Sprachkünstler wiederum bei genau derselben Textstelle.

Woran hatte er den Betrug bemerkt? Es gibt nur eine Erklärung: Unmittelbar bevor Dash beim Zwiegespräch mit dem Tonband in den Redestreik trat, war zum erstenmal eine Serie von sieben variationsreichen F-Pfiffen zu hören gewesen. Die Forscher nahmen schon vorher an, daß diese dem eigentlichen inhaltsschweren Nachrichtenaustausch dienen könnten. Und genau hier schöpfte der Delphin Verdacht.

Wenn uns ein Gesprächspartner jeden Tag immer wieder das gleiche erzählen will, bekommen wir auch Zustände!

Das aber bedeutet etwas in der Tierwelt Einzigartiges: Laute vom F-Typ haben offenkundig nur einen Sinn im Zusammenhang mit Äußerungen, die der Gesprächspartner im Dialog unmittelbar zuvor von sich gegeben hat. Man könnte fast meinen, der Delphin habe das Gespräch abgebrochen, weil ihm das Gerede vom Tonband zu dämlich erschien.

Soweit der Stand der Wissenschaft von anno 1965. Bis heute sind wir noch um keinen wesentlichen Schritt weitergekommen – trotz zahlreicher Delphinarien, die gegenwärtig betrieben werden und in denen sich entsprechende Untersuchungen durchaus fortsetzen ließen. Das hat vier Gründe.

Erstens: Die Forscher, über deren Resultate ich zuvor berichtete, wurden von der US-Navy bezahlt. Aus schon dargelegten Gründen verlor diese das Interesse an der erhofften »Wunderwaffe Delphin«. Der Geldhahn wurde zugedreht. Seither läuft nichts mehr.

Zweitens: Die erwähnten Forscher waren keine Zoologen, sondern Techniker. Keine Technikerfachzeitschrift veröffentlicht Arbeiten über Verhaltensweisen von Tieren. Die Zoologen mißachten wiederum alles, was Fachfremde auf ihrem ureigensten Territorium zuwege gebracht haben – also auch diese Ergebnisse.

Drittens: Die Erforschung von Tiersprachen sieht sich, sobald sie in den Mensch-Tier-Grenzbereich vordringt, geradezu wütenden Angriffen von seiten der Linguisten, schöngeistigen Philosophen und marxistischen Soziologen ausgesetzt. Die einen fürchten, es werde hier ketzerisch am Lack des *Homo sapiens* gekratzt. Die anderen meinen mit Friedrich Engels und Jürgen Habermas, sie müßten die Welt aus den Zwängen nicht nur des gesellschaftlichen, kapitalistischen Systems befreien, sondern auch von den Fesseln der Natur. In jeder Mensch-Tier-Annäherung wittern sie Gefahr für ihre Thesen und Denkweise.

Der *vierte* Grund liegt in der Sache selbst: nämlich in der Schwierigkeit der Aufgabe. Wohl kann der Mensch die Bedeutung tierlicher Signalrufe ergründen, die in sofortiger Aktion Artgenossen fliehen lassen, anlocken, in Wut versetzen, beschwichtigen oder zu einer anderen prompten und klar erkennbaren Handlungsweise veranlassen. Wenn sich hingegen ein Delphin das Gehörte erst eine Zeitlang merkt und irgendwann später danach handelt, oder wenn er sich gar »nur« etwas dabei denkt und überhaupt nichts tut – wie soll ein Mensch dann je hinter den Sinngehalt der Tiersprache kommen?

Je menschenähnlicher eine Tiersprache ist, desto schwerer fällt es uns Menschen, sie zu entschlüsseln. Einen »Stein von Rosette«, in den gleichbedeutende Texte in drei Sprachen eingemeißelt waren und der 1822 Jean François Champollion dazu verhalf, die Hieroglyphen zu übersetzen, haben die Delphinforscher noch nicht entdeckt. Deshalb sagte ich eingangs: »Um hinter die Geheimnisse der Delphinsprache zu kommen, ist der Mensch gegenwärtig noch zu dumm.«

Oder zu böswillig. Denn was hindert die Wissenschaft daran, die Forschungen, die mit Doris und Dash so vielversprechend begannen, fortzusetzen? Ozeanarien mit großen Delphinbecken, die immer vorgeben, auch im Interesse der Forschung zu arbeiten, gibt es weltweit doch wohl mehr als genug!

Bisher haben alle Erlebnisse mit Delphinen nur eines voll bestätigt: nämlich daß diese legendären Wesen voll ungewöhnlicher, menschlich-allzumenschlicher oder vielleicht sogar übermenschlicher Fähigkeiten sind.

Doch neben den Delphinen gibt es im Tierreich viele andere Sprachvirtuosen. Von ihnen soll im folgenden die Rede sein.

Schimpansen unterhalten sich in freier Wildbahn nicht mit einer Lautsprache. Das würde sie an ihre Feinde, die Leoparden, verraten. Statt dessen signalisieren sie mit Handzeichen.« So mutmaßten Primatologen noch bis 1993. Infolgedessen gaben sie alle Versuche auf, diesen Menschenaffen eine Lautsprache beizubringen, und verlegten sich auf die Ameslan-Taubstummen-Zeichen. Doch im Jahr 1994 entdeckte John Mitami, Anthropologe an der Universität Michigan, daß es den Schimpansen bis dahin trefflich gelungen war, ihre Sprachlaute vor den Menschen geheimzuhalten. Die struppigen Urwaldbewohner verfügen sogar über bemerkenswerte, weit hallende Rufe zum Anbahnen persönlicher Kontakte. Ja, sie erlernen darüber hinaus Dialekte, um sich unterschiedlichen Sprachgewohnheiten in mehreren Untergruppen ihrer Großhorde anzupassen.

Mitami untersuchte die sogenannten »pant-hoots« männlicher Schimpansen, also das »Keuchheulen«, das bis dahin nur als Ausdruck hoher Erregung galt. Durch schnelles Ein- und Ausatmen erzeugt der Rufer im Dschungel ein Stakkato röchelnder Laute. Es steigert sich zu einem fürchterlichen Schrei im »hohen C« und klingt dann schnell aus.

Durch Untersuchungen mit einem Klangspektographen können Bioakustiker jedoch viel nuanciertere Feinheiten aus animalischen Lautäußerungen heraushören, als sie das menschliche Ohr zu unterscheiden vermag. Dieses Gerät splittet alle Geräusche nach Tonhöhenanteilen und deren Stärke auf. So enthüllte sich, daß jede Schimpansenmännerhorde das Keuchheulen in einem anderen Dialekt ausstößt. Die Sensation hierbei: Jeder haarige Dschungeltenor verändert diesen Ruf, je nachdem an wen er adressiert ist! Jede Machtgruppierung innerhalb einer Großhorde, jede sogenannte Allianz, artikuliert gleichsam ihre eigene »Parteihymne«. Doch ist die Mitgliedschaft einer starken Fluktuation ausgesetzt. Mal gehört ein Individuum zur einen Gruppe, dann reiht es sich wieder in eine andere ein. Und entsprechend variiert es seine Aussprache, seinen Dialekt. Erst durch exakte Klanganalysen mit einem Frequenzspektrographen wurden diese Feinheiten ersichtlich. Menschenohren vermögen die Kennworte nicht zu unterscheiden.

Für Schimpansen ist das Keuchheulen als Notruf besonders wichtig, etwa wenn ein Männchen allein im Urwald unterwegs ist und unversehens auf einen Leoparden trifft. Unterstützung bekommt der Affenmann dann nämlich nur von besonders guten Freunden, wenn er sein Kennwort »Morituri« sendet: »Hilfe, oder ich bin verloren!«

So reihen Tiersprachenforscher gegenwärtig eine überraschende Entdeckung an die andere. Noch vor kurzem hielt man die Lautäußerungen der Vierbeiner und Gefiederten für primitive Gefühlsausbrüche. Jetzt aber enthüllt sich, was damit alles an erstaunlichen Dingen zum Ausdruck gebracht werden kann.

Zum Beispiel stellte es sich 1994 nach Forschungen des New Yorker Zoologen William Barklow heraus, daß Flußpferde im Stereoton »konzertieren«. Sie röhren über Wasser aus dem Rachen und aus den Nasenlöchern, die sie mit je einem Ventil wasserdicht verschließen können. Damit spielen sie ganze Tonleitern wie ein Musiker auf dem Saxophon, grunzen und grölen im Solo oder im Choral.

Unter Wasser ist davon nichts zu hören. Dort schnurpsen sie gleichzeitig andere Geheimnachrichten, die wiederum über der Wasseroberfläche nicht zu vernehmen sind. Auf Tauchstation fungiert eine schlappe Hautfalte unter dem

Kehlkopf als Sprechorgan. Beim Senden gerät sie in vibrierende Schwingungen.

Über Wasser hören die Dickwänste, wie andere Tiere auch, mit ihren kleinen Propellerohren. Doch verschließen sie diese beim Tauchen wasser- und schalldicht mit einem Horchventil. Nun wird ein anderer Empfänger aktiviert: Sie fangen die Unterwassertöne mit dem Kieferknochen auf, der sie zum Mittelohr weiterleitet.

Beide Sprachwerkzeuge und beide Ohren vermögen gleichzeitig zu senden und zu empfangen, wenn ein solcher Koloß im Wasser badet und nur mit Augen, Ohren und Nasenlöchern herausschaut. Diese Stereoanlage hat einen unschätzbaren Vorteil: Hippo kann genau heraushören, wie weit der zweistimmig »jodelnde« Nachrichtengeber von ihm entfernt ist. Beginnt dieser auf beiden Sendern gleichzeitig zu tönen, verbreiten sich die Schallwellen im Wasser viel schneller als in der Luft. Je größer der Zeitunterschied des Eintreffens der Signale beim Empfänger ist, in desto weiterer Entfernung hält er sich auf. Zum Zweck der Revierabgrenzung, zur Abwehr von Rivalen und bei der Brautschau ist das für die Swimmingpool-Symphoniker von großer Wichtigkeit.

Das gleiche Prinzip, nur eben einstimmig, machen sich die Hornraben auf den Steppen Afrikas zunutze. Diese fast gänsegroßen Vögel sind am liebsten zu Fuß unterwegs, fliegen nur im äußersten Notfall. Dabei pirschen sie auf der Suche nach Insekten, Würmern und Mäusen oft durch so hohes Steppengras, daß sie darin verschwinden. Damit Männchen und Weibchen, die in lebenslanger Einehe verbunden sind, einander nicht verlieren, führen sie fortwährend Wechselgespräche. Wenn einer seine Krächzstrophe beendet hat, beginnt der andere zu tönen. So geht das endlos weiter. Je weiter sich beide voneinander entfernt haben, desto länger dauert es, bis jeder Rufer eine Antwort von seinem Partner erhält. Hierbei handelt es sich zwar nur um Zehntelsekunden, trotzdem wissen sie Bescheid und verringern wieder die Distanz zwischen sich. Ihr Duett versetzt sie also in die Lage, nicht nur den Standort des Ehegespons festzustellen, sondern auch die Entfernung zu ihm auszuloten.

Eigenartiges hat sich auch das Dreizehenmöwen-Pärchen auf den Simsen steiler Brutfelsen im Nordmeer zu erzählen. Wenn beide am Nest sitzen, darf keiner so ohne weiteres zum Fischfang abfliegen, ohne den anderen um sein Einverständnis gebeten zu haben. Das läuft so ab: Mit dem Kopf kurz vorstoßen und dabei kükenhafte Bettellaute ausstoßen, heißt: »Ich beabsichtige in 121 Sekunden zu starten. Ist dir das recht?« – Ein lauter Jauchzer bedeutet: »In genau 44 Sekunden fliege ich los, falls du nichts dagegen hast! – Ein schwacher Mählaut verkündet: »Noch 21 Sekunden, und ich bin weg, sofern du nicht noch einen Wunsch hast!« Ein regelrechter Countdown! Der befragte Ehepartner hat jederzeit das Recht, mit einem Gurren zuzustimmen oder durch Würgelaute zu protestieren.

Indische Rhesusaffen leben oft in volkreichen Horden bis zu 100 Mitgliedern und in sehr unübersichtlichem Gelände. Etwas ältere Kinder toben schon außerhalb der Sichtweite ihrer Mütter umher. Dabei gibt es manchmal Zoff unter den Affen. Das Kind schreit nach seiner Mutter um Hilfe. Soweit ist das nichts Neues. Jetzt haben Primatologen aber herausgefunden, daß der kleine Lausejunge in seinem Notschrei genau mitteilt, wie gefährlich der Angriff ist, den er erwartet, mit wie vielen Gegnern er es zu tun hat, in welchem Rang die Angreifer stehen und ob es sich um wildfremde Hordenmitglieder oder aber um nahe Verwandte handelt. Das alles kann der kleine Schreihals durch die Art seines Kreischens exakt ausdrücken. Wir Menschen brauchen jedoch auch hierbei einen Klangspektrographen, um den Sinn zu ermitteln. Es ist immer wieder ernüchternd für den Homo sapiens, welch kümmerliche Details unser Ohr aus den Lautäußerungen der Tiere herauszuhören vermag. Die Affenmutter aber versteht genau, welches Drama sich abspielt, flitzt entweder allein zur Hilfe oder rekrutiert schnell noch einige Hilfstruppen oder überläßt, falls es nichts Ernsthaftes ist, ihr Kind sich selbst.

Äußerst raffiniert ist auch die Zeichensprache der Erdhörnchen in der Kalahariwüste. Sie leben in kleinen Gruppen in und um ihren selbstgegrabenen Erdbauen. Bei Adleralarm verziehen sie sich blitzschnell in ihrem »Bunker«. Doch die Gefahr durch Schlangen ist größer, weil die unheimlichen Kriechtiere in ihr Labyrinth eindringen können. So hat sich bei ihnen eine regelrechte Schwanzwedel-Signalsprache eingebürgert, etwa so wie das Winkerflaggenalphabet bei der Marine:

Mit dem buschigen Wedel drei Kreise schlagen heißt: »Voralarm! Achtung! In der Ferne habe ich eine Schlange entdeckt. Aber vorläufig unternehme ich noch nichts gegen sie.«

Zweimal im Kreis rotieren bedeutet eine Steigerung: »Ich werde gleich im Gegenstoß gegen das Biest vorgehen.« In der Tat rennt das possierliche Tierchen auf das Reptil zu, stoppt knapp außerhalb dessen Giftzahn-Reichweite, dreht sich um, schleudert mit den Hinterbeinen pflaumengroße Steine, die dort überall herumliegen, gegen den Feind und erzielt recht häufig Volltreffer, die das Ungeheuer zur Flucht veranlassen.

Nur einen Kreis schlagen kündet jedoch von höchster Gefahr: »Der Feind ist nicht einzuschüchtern. Ich ziehe mich zurück!« Dann hilft nur noch das Versteckspiel mit dem Gegner im Bau.

Wenn Walroßbullen, auf einer Eisscholle liegend, laut mit den Zähnen klappern, ist das kein Angstschlottern, sondern ihr Liebeslied. Es wirkt auf Weibchen mit unwiderstehlichem Sex-Appeal und schreckt Rivalen ab. Zu ähnlichem Zweck lassen südafrikanische Nacktmulle, maulwurfähnliche Wesen, die als Einsiedler in bis zu 130 Meter langen Erdröhren leben, ihre »Urwaldtrommeln« dröhnen. Eine Wurzel dient ihnen als Paukenfell. Dann stampfen sie mit den Füßen ganze

Trommelwirbel darauf und signalisieren bis zu 200 Meter in die Ferne: »Zartes Weibchen gesucht! Aber Männchen werde ich zeigen, was ein Gewitter ist!«

Messerfische und Nilhechte sind mit einem kleinen Elektrizitätswerk ausgestattet. Sie benutzen es als Radar zur Orientierung in der Nacht und in trüben, reißenden Flüssen. Aber sie komponieren auch Stromstöße zu elektrischen Liebesliedern.

In den Tiefen der Ozeane wurden die sogenannten Blitzlichtfische entdeckt. Mit Scheinwerfern strahlen sie Beutetiere an, um sie sich zu schnappen. Werden sie selbst verfolgt, können sie ihre »Schiffslaternen« ausknipsen. Auf der Brautschau aber verstehen es die Männchen, mit Blinksignalen zu morsen und sich eine Partnerin herbeizublitzen.

Vor das größte Rätsel aber stellen uns wieder einmal die Zwergmungos in der ostafrikanischen Savanne. Wenn sie im Rudel zusammenhocken, zwitschern sie wie ein Spatzenschwarm. Worüber sie dabei tratschen, können wir zur Zeit noch nicht einmal ahnen. Anne Rasa, Verhaltensforscherin an der Universität von Pretoria, berichtet von folgender verblüffenden Beobachtung: Vom Rudel, dem ihr ständiges Augenmerk galt, hatten sich eines Abends zwei Mitglieder getrennt und waren zu einem benachbarten Termitenhügel gelaufen, in dem zwei Schmal-Ichneumons hausten. Das sind etwas stärkere, ebenfalls zu den Mungos gehörende Schleichkatzen, die nicht in Gruppen, sondern nur pärchenweise zusammenleben.

Diese fühlten sich offenbar belästigt und verprügelten die beiden Zwergmungos. Deren daheimgebliebene Rudelgenossen hatten den Zwischenfall nicht bemerkt. Sie sahen nur, daß ihre Kumpane arg lädiert von ihrem Ausflug heimkehrten. Am anderen Morgen trommelte die Anführerin, von der Forscherin »Diana« genannt, ihre Truppe zu einem regelrechten Rachefeldzug zusammen. Das Rudel, nunmehr in der Überzahl, drang ins Heim der Schmal-Ichneumons ein und vermöbelte sie nach Strich und Faden.

Folgendes gab Anne Rasa zu denken: Woher wußte Diana, was passiert war, wer ihre Schutzbefohlenen so arg zugerichtet hatte und wo die Schuldigen zu finden waren? Gesehen oder irgendwie gespürt hatte keiner etwas. Dann wären sie nämlich alle spornstreichs zur Hilfsaktion ausgerückt. Wie man es auch dreht und wendet, es bleibt nur eine Möglichkeit: Die ramponierten Rudelgenossen müssen ihrer Anführerin irgendwie Einzelheiten über den Vorfall berichtet haben, also über Dinge, die sich in der Vergangenheit und am fernen Ort abgespielt hatten. Daß Tiere zu solch abstrakten Mitteilungen fähig sind, hielt die Wissenschaft bis dahin für völlig unmöglich.

Anne Rasa schließt ihren Bericht: »Das war alles sehr merkwürdig, und mich beschlich die undeutliche Vermutung, daß es vielleicht doch so etwas wie eine abstrakte Kommunikation zwischen Tieren gibt – oder zumindest zwischen Mungos! Auf jeden Fall gehört die Mungosprache zu den kompliziertesten der bis heute bekannten Tiersprachen.«

So ähnlich wie bei den Delphinen.

DER DRESSIERTE MANN

Kennen Sie die Sprache der Alpendohlen? »Grijg pico!« heißt: »Gib das Futter her!« – »Zijak wa hu!« bedeutet: »Hau ab!«, sonst gibt's einen Fußtritt. Und »Zijak zijak hok hok wa hu!« signalisiert: »Alarm! Rette sich, wer kann!«

Das klingt thailändisch, und folglich wurde es auch von einem Thai, Narit Sitasuwan, Verhaltensforscher im Innsbrucker Alpenzoo und in den Bergen ringsum, eingedeutscht. Seiner Tutorin, der famosen Ellen Thaler-Kottek, verriet er einmal, was die Vögel über sie denken: »Frau ist eine widerliche Person!« Der Grund: Sie kontrolliert immer die Nester. Viele Vokabeln kennt sie schon: Aufforderung zum Losfliegen, zum Spielen oder Sitzenbleiben, den Bettel- und den Fütterlaut, zartes Liebesgeflüster, schmetternden Balzgesang, Vor-, allgemeinen und Vollalarm, Imponier- und Aggressionslaute, den schrillen Angstschrei und flötenhafte Kontaktrufe. Die Schwarzgefiederten mit den gelben Schnäbeln sind so geschwätzig, daß sie sogar nachts im Schlaf gurren. Frau Thaler nennt das den Traumgesang.

Diese während des Sommers in der Gipfelregion oberhalb der Baumgrenze lebenden Hochgebirgsvögel, entfernte Verwandte der Dohlen und Alpenkrähen, sind sogar dermaßen intelligent und sprachbegabt, daß es ihnen nicht schwerfällt zu lügen. Frau Thaler-Kottek: »Einige Alpendohlen kommen sich sehr witzig vor, wenn sie ihre Schwarmgenossen auf dem Rastplatz mit ›Rette sich, wer kann!‹ in die Flucht jagen. Beliebt ist auch der ›Sport‹, einen Kumpan von einem Leckerbissen, etwa einer fetten Schnakenlarve, mit dem Ruf ›Der Habicht ist da!‹ zu vertreiben, um ihn selber fressen zu können. Doch zeigt sich auch hier: Wer zu oft lügt, dem glaubt keiner mehr.«

Einzigartig in der Tierwelt ist die Brautwerbung. Wenn im April der Frühling in den Alpen Einzug hält und der Schnee von den grünenden Matten abgetaut ist, beginnt ein Liebespärchen mitten auf der Almwiese voreinander zu knicksen. Beide strecken die Schnäbel himmelwärts. Das Männchen würgt imaginäres Futter hoch, schreitet breitbeinig-angeberisch daher, die Flügel abgespreizt, Hals- und Schwanzfedern gesträubt. Andere Schwarmmitglieder lassen sich vom lieblichen Reigen mitreißen. Bald tanzen bis zu 100 Vögel mit, schließen sich zur Polonaise an, paradieren krächzend in langer, feierlicher Prozession die Alpe hangauf wie Gebirgsbewohner beim Dorffest.

Die Zeremonie und der Massenbesuch bei der Hochzeitsfeier haben eine ungewöhnliche Ursache: Von den etwa 300 Vögeln eines Schwarms ist es nur 30 Pärchen vergönnt, ein Nest zu bauen, zu brüten und Junge aufzuziehen, weil es an geeigneten Nistplätzen mangelt. Benötigt wird nämlich ein mindestens tellergroßer Felsvorsprung, der von einem »Dach« vor Regen, Schnee und Sturm geschützt sein muß, also möglichst wie eine Höhle gestaltet sein sollte. Solche Plätze sind rar, sofern nicht gerade der Tunnel einer Bergbahn eine ideale Unterkunft bietet.

Nun sollte man vermuten, daß bei einer so großen Anzahl von Obdachlosen ununterbrochene Kämpfe um die wenigen Nistplätze entbrennen müßten. Doch bei einem Dauerstreit gelänge es keinem einzigen Pärchen, auch nur ein Junges aufzuziehen. Die Art wäre zum Aussterben verurteilt. Deshalb hat die Natur eine Spezialsoftware in das Verhaltensinventar dieser Vögel einprogrammiert: Jeder Nistplatz gehört einem Weibchen, wird von der Mutter auf eine Tochter vererbt und ist für Fremde absolut tabu. Alle respektieren einmal vorhandenes Wohneigentum. 240 von 300 Alpendohlen können sich im Innsbrucker Raum also nie verpaaren und Nachwuchs bekommen. Um so freudiger beteiligen sie sich alle am Hochzeitsfest und genießen überraschende Vorteile.

Die Unantastbarkeit des Nestes erklärt viele Absonderlichkeiten im Leben dieser Tiere. Einerseits stehen die Männchen, weil sie die Stärkeren sind, in der Rangordnung über allen Weibchen. Das schwächste Männchen rangiert im Schwarm der 300 Gefiederten sogar noch über dem stärksten Weibchen. Durch die Verpaarung steigt ein Alpendohlerich in Rang und Ansehen, die Dohlin jedoch nicht. Andererseits hat sie im Ehemännchen einen mächtigen Beschützer, bei dem sie sich sicher fühlen kann.

Und dieser Gemahl muß in meist lebenslanger Einehe allzeit lieb und nett zu ihr sein. In jeder freien Minute hocken beide in Federfühlung beisammen. »Paarsitzen« heißt das in der Ethologie. Dabei zirpen sie einander zweistimmig zarte Weisen ins Ohr, ein leises Liebesflüstern, das sich von Paar zu Paar in der Melodie unterscheidet. Wenn der Herr glaubt, das nicht mehr nötig zu haben, läßt sie sich augenblicklich von ihm scheiden. Aber da er das genau weiß, verhält er sich brav. Das ist der Punkt, an dem die Alpendohlin die Vorherrschaft des starken Geschlechts aus den Angeln heben und den Mann zu Wohlverhalten dressieren kann.

Hauptliebesbeweis ist das Füttern. Sie hockt sich wie ein Dohlenküken nieder, macht sich ganz klein, schwirrt mit den Flügeln, reißt den Schnabel auf, piepst und bettelt zum Gotterbarmen. Er muß sie nun vollstopfen, auch wenn sie schon bis zum Platzen satt und er noch hungrig ist. Vogelforscher Peter Büchel fütterte einmal das Weibchen mit 20 Rosinen. Der Mann bekam hernach nur eine. Aber mit dieser im Schnabel hatte er nichts Eiligeres zu tun, als sogleich sein Ehegespons damit zu füttern! Ein wahres Musterbild an Aufmerksamkeit! Verpaarte Männchen bewahren im Kehlsack, einer Ausstülpung der Speiseröhre, stets ein Futterstückchen eigens zu dem Zweck auf, um ihre Angetrauten, sobald sie Zoff machen, damit zu beruhigen und den Ehefrieden wiederherzustellen.

Läßt der »Herr« im Verlauf des bis zu zwanzigjährigen Lebens in seinen Liebesbezeugungen zu wünschen übrig, kommt es unweigerlich zur Scheidung. Zunächst gewährt die Alpendohlin einem Fremden die Gnade, sie füttern zu dürfen. Das ist aber zunächst weder ein Seitensprung noch die Auflösung der Ehebindung, sondern nur ein Signal an den schludrigen Gatten etwa in dem Sinne: »Das ist es, was ich auch von dir erwarte!« Bessert sich das alte Ehemännchen daraufhin nicht, geht sie mit dem neuen eine zweite Ehe ein. In zwölf Jahren wurde solch ein Partnerwechsel in dem Riesenschwarm aber nur dreimal beobachtet. Die ausgesonderten Männchen, an denen nun der Ruch hing, miserable Ehepartner zu sein, bekamen nie wieder eine Chance zur Paarung. Allgewaltiges Nest- und Brutmonopol nistplatzbesitzender Weibchen!

Aber nicht nur von Männchen lassen sich Alpendohlen gern füttern, sondern auch von Bergwanderern. Sie werden sehr schnell zutraulich. In der Nähe der Berghotels bleiben sie auch während des Winters in eisigen Höhen, profitieren vom Fremdenverkehr der Wintersportgebiete und frequentieren die dortigen Müllplätze. Auf Schulhöfen im Tal finden sich die cleveren Hochgebirgsvögel pünktlich wenige Minuten nach dem Ende der großen Pause zum Abräumen der Krümel ein. Die Ankunftszeiten der Bergbahnen kennen sie wie die Fahrdienstleiter.

Alle Gelegenheiten vom Gipfel bis ins Tal wahrzunehmen, erfordert einen Expreßdienst. Bergab lassen sie sich mit angelegten Flügeln fallen wie ein Extrem-Fallschirmspringer mit geschlossenem Schirm und fangen sich erst im letzten Moment kurz über dem Erdboden ab. Bei einer Sturzgeschwindigkeit von bis zu 220 Stundenkilometern erreichen sie ihr Ziel in wenigen Sekunden. Bergauf nehmen sie im Pendelverkehr den »Blitzfahrstuhl« starker Aufwinde und segeln innerhalb weniger Minuten wieder in die Gipfelregion. Einen aufziehenden Schneesturm ahnen sie mit ihrer »inneren Wetterwarte« schon einen Tag im voraus und ziehen sich rechtzeitig vor Einbruch des Unwetters in den Schutz der Täler und mitten in die Ortschaften oder auch in die Heustadel zurück. Bekommt der eine oder andere Vogel den Run auf ein neues Ziel nicht gleich mit, so rüttelt ihn ein Kommandopfiff der gewievten Schwarmgenossen hoch, und er folgt sogleich den Seinen.

Hat ein Vogel auf einer Almwiese eine reiche Käfer- oder Wurmmahlzeit entdeckt, so krächzt er: »Viel schönes Futter hier!«, und im Handumdrehen sind alle 300 Schwarmmitglieder zur Stelle. Getrennt suchen, gemeinsam fressen! Auch wenn die meisten von der Fortpflanzung ausgeschlossen sind, so genießen sie doch alle ein besseres Leben durch ihren Zusammenhalt.

Die Ehe

Daß du nicht geratest
an eines anderen Weib,
an eine Fremde,
die glatte Worte gibt.

(Sprüche 1, 2, 16)

LOVESTORY

Die Wege zum Tierparadies führen oftmals durch die Hölle. Gleich nachdem wir Port of Bluff, den südlichsten Hafen Neuseelands, mit Kurs Antarktis verlassen hatten, packte der Westorkan der »Roaring Fifties« unsere 36-Mann-Nußschale, das russische Polarforschungsschiff »Akademik Shokalskyj«. Der Bug wuchtete an die 15 Meter hoch und donnerte dann mit Urgewalt ins nächste Wellental, daß die Gischt bis über die Kommandobrücke sprühte. Der Krängungsmesser zeigte bis zu 48 Grad wechselweise nach beiden Seiten. Nahezu ein Dauerzustand in den Südozeanen. Wohl dem, der nicht seekrank wird. Doch die Vorahnung, die Schwelle zu einem Land der tausend Wunder zu überschreiten, stimmt froh und erwartungsvoll.

Denn für die Königsalbatrosse ist das Toben der Naturgewalten das Paradies. Mit ihren auf dreieinhalb Meter ausgebreiteten Schwingen jagen sie im Höchsttempo dicht über die Wellen, ziehen vor dem Schiff elegant hoch, rauschen majestätisch über meinen Kopf hinweg und entschwinden wieder über der aufgewühlten See.

Als wahre Wundervögel halten sie eine lange Liste von Weltrekorden. Sie beginnt mit dem erstaunlich hohen Lebensalter von bis zu 80 Jahren, beneidenswerter ehelicher Treue und Harmonie sowie 79tägiger Brutzeit und neunmonatiger Aufopferung für das Kind im Nest. Weitere Spitzenleistungen vollbringen sie im Langstrecken- und Langzeitflug sowie in punkt- und taggenauer weltumspannender Navigation. Ferner nehmen sie in Sachen flugfähiger Körpergröße eine Sonderstellung ein. Königs- und Wanderalbatros sind etwa gleichgroß und gelten als die größten Vögel der Welt. Doch was heißt hier »Größe«?

Betrachten wir die Standhöhe vom Fuß bis zum Scheitel, dann ist der Rekordinhaber mit drei Metern unzweifelhaft der Strauß. Der Albatros mißt von Kopf bis Schwanz »nur« 1,30 Meter. Ähnlich verhält es sich beim Gewicht. Der Strauß wiegt bis zu 150, der Königsalbatros »nur« sieben Kilogramm, also etwa soviel wie eine flugunfähig gemästete Hausgans. Doch disqualifizieren wir den Strauß als Nichtflieger und widmen uns der Größe der Flügel:

Was die Tragfläche betrifft, so hält der Andenkondor den Rekord mit 1,76 Quadratmetern, wohingegen der Wanderalbatros »nur« 0,86 Quadratmeter aufzubieten hat. Betrachten wir jedoch die Spannweite, dann bringt es der größte flugfähige Vogel Südamerikas lediglich auf 2,90 Meter, der Albatros nach neuester Vermessung jedoch auf 3,63 Meter. Er ist also der Weltrekordinhaber in Sachen Flügellänge. Es müssen sich schon zwei Menschen mit ausgebreiteten Armen nebeneinanderstellen, um einen anschaulichen Eindruck dieser Riesenhaftigkeit zu vermitteln.

Vor 50 Millionen Jahren lebte übrigens ein Riesenalbatros auf Erden. Mit einer Flügelspannweite von sechseinhalb Metern hätte er sich auch nicht vor den gewaltigen Flugsauriern zu fürchten brauchen.

Das Eheleben der Albatrosse hat ebenfalls Rekorde zu verzeichnen: Der Vogel verlobt sich im Alter von sieben Jahren, genießt also eine sehr lange Jugendzeit, heiratet ein Jahr darauf und bleibt seinem Partner so lange treu, bis daß der Tod »Philemon und Baukis«, wie Forschungen ergaben, im Alter von 70 bis 80 Jahren scheidet. Wer von uns Menschen schafft es schon bis zur »Gnadenhochzeit« nach siebzigjähriger Ehe?

Der Riesenvogel verbringt seine Jugendphase bis zum achten Lebensjahr. Es schließt sich das fortpflanzungsfähige Erwachsenenalter bis etwa zum sechzigsten Lebensjahr an, gefolgt vom »unfruchtbaren« Greisenalter bis zum achtzigsten Jahr. Der Tod ereilt ihn dann meist auf hoher See. Ein seltsames Gefühl: Der »König der Südmeere«, der gerade unser Schiff umkreist, kann schon zu Kaisers Zeiten das Licht der Welt erblickt haben. Ein Königsalbatrospärchen ist sich also länger treu als so manches Menschenehepaar.

Aber: Alle Minuten trauten Beisammenseins in dieser langen Lebenszeit summieren sich auf gerade nur 93 Tage! Das sind also nicht mehr als drei Monate. Die Vögel führen eine Art Seemannsehe mit oft jahrelanger Trennung, aber ohne die Maxime »In jedem Hafen eine Braut«.

In Familie Albatros gibt es zwar keinen Ehekrach wie bei Papageien oder Menschen, keine Seitensprünge, Untreue oder Dreiecksprobleme wie bei Graugänsen, keine Scheidung und keinen Partnerwechsel wie bei Möwen oder Pinguinen, dafür jedoch unendliche Einsamkeit. Beachtenswert ist dabei, daß Männchen wie Weibchen im Eheleben auf jegliche Dominanz verzichten. Keiner will den anderen beherrschen, unterwerfen oder ihm seinen Willen aufzwingen. Das ist eines der Geheimnisse dieser einzigartigen, nur durch den Austausch von Zärtlichkeiten und Treue geregelten lebenslangen Einehe.

Die Albatrosse praktizieren also das genaue Gegenteil der sogenannten »Macho-Ehe«, wie sie etwa die Gockel auf den Misthaufen der Hühnerhöfe führen oder die Paschas im Serail der See-Elefanten oder die orientalischen Potentaten.

Voran geht allerdings eine außergewöhnlich lange Brautschau. Dabei probieren die künftigen Partner akribisch aus, ob sie rein gefühlsmäßig miteinander harmonieren oder nicht. Dies muß sich im Gleichklang der Balzbewegungen erweisen. Schon die sogenannte Verlobung, ein ethologischer Fachbegriff für die voreheliche Paarbindung ohne sexuelle Aktivität, ist ein Ritual. Exakt am 30. November eines jeden Jahres erscheinen an die 4000 Männchen auf Campbell Island 700 Kilometer südlich Neuseeland, wo ich sie zweimal besucht habe.

Wie sie nach 30 000 Kilometer langen Nonstop-Flugreisen rings um den antarktischen Kontinent über sturmgepeitschte Meere, unter meist wolkenverhangenem Himmel dieses winzige Eiland, diese »Stecknadel im Heuhaufen« ohne Wegweiser oder die mindesten geographischen Anhaltspunkte finden, ohne daß ihnen die Sonne oder die Sterne die Richtung zeigen, und trotzdem auf den Tag exakt dort eintreffen, wissen nur die Götter.

Am 10. Dezember, also zehn Tage später, übertönt ein Röhren und Krächzen das Orgeln des Sturmes, von dem die Insel fast permanent heimgesucht wird. Erregung läßt die Männchen vibrieren. Die Weibchen werden erwartet... und treffen ebenfalls mit präziser Pünktlichkeit ein. Nach einer Trennung von genau einem Jahr und 40 Tagen feiern die Pärchen Wiedersehen. Sie klappern wie Störche, schnäbeln verliebt, kraulen sich im Halsgefieder, flüstern sich Schmeicheleien ins Ohr und gehen dann zum Ehealltag über: das Nest ausbessern, das im Vorjahr von einem anderen Pärchen benutzt worden war, und das einzige Ei legen.

Zu den Nachbarn halten sie meist 50 bis 100 Meter Abstand, um Streitereien zu vermeiden. So ist es jedenfalls auf Campbell Island und auch auf Enderby Island, das zu den Aucklandinseln südlich Neuseeland gehört. Daneben gibt es noch eine nördliche Rasse des Königsalbatrosses, die unter anderem auf Chatham Island östlich Neuseelands brütet. Hier siedeln die Tiere zu Tausenden dicht an dicht in einer Kolonie. Der Individualabstand ist bei dieser Rasse aus noch ungeklärten Gründen sehr viel kürzer.

Wie nimmt solch eine lebenslange Idealeinehe ihren Anfang?

Kurz nach den letzten verheirateten Weibchen erscheinen die noch Ledigen, die »Teenager« beiderlei Geschlechts, die soeben das achte Lebensjahr erreicht haben. Sie schreiten zur großen Brautschau und kommen zu sogenannten Spielgruppen mit jeweils fünf bis 15 oder noch mehr Teilnehmern zusammen. Bis auf 10 Meter ließen sie mich heran, ohne sich um mich zu kümmern. Sie in Aktion zu beobachten, gehört zum Aufschlußreichsten, was uns diese weißen Prachtexemplare mit ihrem Verhalten lügenfrei vermitteln können:

Zunächst herrschen hier strenge Benimmregeln: Die Erwählte nie direkt anschauen, nur aus den Augenwinkeln anblinzeln. Die gewaltige Waffe, den Hakenschnabel, vom Partner abwenden, damit er sich nicht ängstigt und mit Ablehnung reagiert. Oder den Schnabel in laut röhrender Ekstase steil gen Himmel recken; was wohl soviel heißt wie: »So groß ist meine Sehnsucht nach dir!« Sodann schnäbeln, sich gegenseitig im Gefieder kraulen. Immerzu verbeugt sich der »Bräutigam« tief vor seiner »Schönsten« und umkreist sie ehrfürchtig in abgezirkelter Schrittfolge.

Daraufhin geschieht etwas Seltsames: Zunächst wissen die heiratslustigen Riesenvögel – und bitte, das ist kein Witz – gar nicht, wer Männchen und wer Weibchen ist. Beide sind, äußerlich betrachtet, nicht voneinander zu unterscheiden: weder für uns noch für die Vögel selbst. Sie sind »sexualmonomorph«, wie der Fachausdruck heißt. Später erkennen sie sich an der Stimme, vor allem aber am individuellen Muster des Federkleids. Bei jedem Vogel bilden graumelierte Strukturen im makellosen Weiß des Gefieders geringfügig andere Konfigurationen entsprechend dem Daumenabdruck beim Menschen.

Wer Männchen und Weibchen ist, muß sich erst im Verlauf der Werbezeremonien herausstellen. Die männliche Rolle ist im Tanzspiel der Balz von der weiblichen etwas verschieden. Nur zum männlichen Part gehört beispielsweise der Nackenrückzieher, bei dem der Kopf nach hinten auf den Rücken gelegt wird. Beide Partner haben in unregelmäßigen Abständen abwechselnd die jeweils andere Rolle zu spielen. Wird nun ein Männchen zu oft ins weibliche Bühnenfach gedrängt, behagt ihm das nicht. Dann ist der Partner nämlich auch ein Männchen. Die unwissentlich gleichgeschlechtliche »Liaison« löst sich auf.

Bevor sich zwei eheeinig sind, vergehen viele Wochen immerzu wiederholten Zeremoniells. Noch können Partner getauscht werden, wovon die Partygäste reichlich Gebrauch machen. Die Vögel suchen tatsächlich unermüdlich, ob sich nicht noch »was Besseres findet«. Sie müssen sich ja für die Dauer ihres ganzen Lebens und eines halben Jahrhunderts entscheiden! Wenn letztendlich beide Partner am Gleichklang der Bewegungen in der sogenannten Vorbalz spüren, daß sie miteinander harmonieren, geben sie sich gleichsam das »Jawort« für immerwährende gemeinsame Zukunft.

Es hat absolut bindende Kraft. Untreue, Seitensprünge und Scheidung sind Dinge der Unmöglichkeit. Natürlich ist es bei diesen Tieren kein Moralkodex, der darüber wacht. Vielmehr verhindert der Umstand, erst nach wochenlangem Techtelmechtel miteinander intim werden zu können, jegliche Kurzzeitliaison. Dies ist ein weiteres Geheimnis der lebenslangen Einehe.

Indessen hat das unentwegte Hin und Her auf dem großen Heiratsmarkt so viel Zeit gekostet, daß es in diesem Jahr für die Brut zu spät ist. Erste Schneestürme verkünden schon das Ende des kurzen Sommers. Beide Ehepartner fliegen getrennt auf und davon in die Endlosigkeit der südpolaren Meere und werden sich erst im nächsten Jahr in der Brutkolonie wiedersehen. Dann fackeln sie jedoch nicht lange, sondern feiern gleich Hochzeit, damit die Brut nicht zu kurz kommt. Genauso handhaben sie es auch in Zukunft.

Was also ist das Geheimnis der siebzigjährigen Idealehe der Albatrosse? Harmonieren sie deshalb so gut miteinander, weil sie in der so außergewöhnlich langen Probezeit während der Brautschau den absolut passenden Partner fürs lange Leben gefunden haben? Hält ihre Ehe deshalb so lange in Eintracht, Zärtlichkeit und Harmonie, ohne Streit, ohne den Partner beherrschen zu wollen, ohne Seitensprünge und Ehebruch, weil die Bindung des Pärchens mit solcher Akribie vollzogen wurde? Das soll im folgenden ausführlicher untersucht werden.

Ich habe einem brütenden Königsalbatros aus fünf Metern

Abstand lange in die faszinierenden Augen geschaut. Den Vogel umgibt eine Aura, die an einen Friedensengel denken läßt. Keine Spur von Bosheit, Tücke und Streitlust! Es liegt aber auch etwas Sphinxhaftes darin, eine würdevolle Unergründlichkeit, weit abgehoben von kleinkarierter Alltäglichkeit.

Was geschieht nun aber, wenn ein Ehepartner vorzeitig stirbt, von seiner Wanderung rings um den antarktischen Kontinent nicht mehr zur Brutkolonie heimkehrt? Welche Rolle spielt überhaupt der Tod im Leben jener Wesen, die man Fabeltiere nennen könnte, wären sie nicht von so extrem vitaler Realität?

Während der acht Jugendjahre ist der Tod ihr ständiger Begleiter. Von fünf Jungalbatrossen erreicht allenfalls einer das Erwachsenenalter. Todesursachen sind die folgenden:

1. Verirren in Flautengebiete, in deren Windstille sie nicht fliegen können und, hält sie länger an, verhungern müssen.
2. Geschnapptwerden von einem unter Wasser lauernden Feind, etwa einem Seebären, Seelöwen oder See-Elefanten. Auch treiben selbst in den kalten subantarktischen Gewässern Weißhaie ihr Unwesen. Oftmals veranstalten Sanduhrdelphine oder Schwertwale unterseeische Kesseltreiben auf Schwärme von Fischen oder Kalmaren. Dann fliegen die Fetzen. Allerlei Seevögel und Albatrosse eilen herzu, versuchen, hier abzusahnen, und können, wenn sie nicht höllisch achtgeben, sehr leicht selbst zur Beute werden.
3. Zugrundegehen an einer Krankheit.

Sobald die großen Albatrosse jedoch das heiratsfähige Alter von acht bis neun Jahren erreicht haben, treten unter ihnen kaum noch Verluste auf. Sie haben bis dahin gelernt, über den Südmeeren perfekt zu navigieren. Sie wissen Feinde aller Art und Flautengebiete zu meiden. Und sie kränkeln kaum noch. Bei den weitaus meisten Ehekandidaten können die Partner also ziemlich sicher sein, einen Lebensgefährten zu bekommen, der als Gleichaltriger sehr lange leben wird.

Dennoch treten, wenn auch nur in sehr seltenen Fällen, Verluste ein. Dann geschieht wiederum Bemerkenswertes. Witwe oder Witwer können sich durchaus erneut verpaaren. Der Weg in die zweite Ehe ist allerdings dornig. Das meist ältere Tier gesellt sich zu einer der schon erwähnten Spielgruppen zur erneuten Brautschau. Von den jungen Eheaspiranten wird der oder die Alte jedoch fast durchweg abgelehnt. So halten sich diese wie Mauerblümchen völlig abseits des Rituals auf. Dort bleibt ihnen nichts anderes übrig, als Ausschau zu halten, ob sich vielleicht noch ein Altvogel des anderen Geschlechts einstellt.

Dann reagieren die beiden Alten nicht mehr besonders wählerisch und verpaaren sich. Allerdings haben Beobachtungen gezeigt, daß es in diesen Verbindungen kriseln kann und es eben hier gelegentlich doch zu Ehekrach und Scheidung kommt. Das ändert aber nichts daran, daß eine Albatrosnormalehe in Treue und Eintracht bis ins hohe Alter von unverbrüchlicher Dauer ist.

Nun zu einer weiteren Rekordleistung dieser Luftartisten, dem Flug, so lächerlich zunächst die Startschwierigkeiten aufgrund des Körpergewichts von bis zu sieben Kilogramm wirken mögen. Sie behelfen sich, indem sie entweder, wie kleinere Albatrosarten, ihr Nest in einer Steilküste bauen. Dann genügt ein kleiner Hopser über den Nestrand, ein kurzer Sturzflug, und schon schweben sie elegant davon. Der Sturzstart aus der Steilwand hat jedoch einen Nachteil: Die Landung, das schwierigste Flugmanöver, muß punktgenau auf oder am Nest erfolgen. Bei Sturm ist die Gefahr einer tödlichen Bruchlandung, eines Zerschmettertwerdens am Fels, sehr groß.

Deshalb nisten die großen und nicht so wendigen Mitglieder der Albatrosfamilie, also die Wander- und Königsalbatrosse, auf einer Hochebene, die fast permanent starken Winden ausgesetzt ist, wie etwa auf Campbell oder Auckland Island. Dann breiten sie nur ihre riesigen Flügel aus und heben sogleich wie ein Papierdrachen vom Boden ab. Weht der Wind hier einmal nur schwach, nehmen sie mit watschelnden Schritten Anlauf, stolpern über Grasbulken und Erdlöcher, plumpsen auf den Bauch, rappeln sich wieder hoch und erheben sich schließlich doch noch in ihr himmlisches Element. Einmal konnte ich miterleben, wie totale Flaute herrschte. Da kehrten die Reiselustigen von der Startbahn zum Nest zurück und liebkosten ihre Partner schier pausenlos, bis der Wind wieder auffrischte.

Nach dem Start werden Flugrekorde aufgestellt. Mit seinen gewaltigen »Tragflächen« kann der Königsalbatros bis zu 50 Tage lang in der Luft bleiben, wie sich anhand von Radarbeobachtungen nachweisen ließ. Und er schläft auch im Fluge. Wir Menschen müssen uns von der Vorstellung lösen, im Schlaf wären alle Wahrnehmungen abgeschaltet. Bei vielen Tieren ist das nicht der Fall, vergleichbar jener Menschenmutter, die sich im Schlaf von keinem noch so lauten Verkehrslärm stören läßt, beim geringsten Wimmern ihres Babys aber gleich hellwach ist. Die Kunst des Segelflugs über den Wellen beherrschen Albatrosse buchstäblich im Schlaf!

Ihr großes Problem liegt im Körpergewicht von sieben Kilogramm. Sie sind so muskulös, also so schwer, daß sie gleichsam vor Kraft nicht fliegen können – jedenfalls nicht, wenn sie sich per Flügelschlag fortbewegen müssen. Deshalb haben sie sich auf den Segelflug spezialisiert. Und Sturm ist ihr eigentliches Element für einen »Segelflug ohne thermische Aufwinde«, die es über dem Ozean nicht gibt. Sie praktizieren deshalb etwas Einzigartiges: den sogenannten dynamischen Segelflug – auch eine Rekordleistung! Dies ist seine Technik:

Sinken Segeltempo und Flughöhe, so stürzt sich der riesige Vogel gegen die Windrichtung in ein tiefes Wellental und zieht knapp, ohne die Wasseroberfläche zu berühren, vor dem haushohen Wellenberg wieder hoch. Über der Wellenkrone schleudert ihn dann ein starker »Hangauf- und

Gegenwind« weiter nach oben. Hinzu tritt folgendes: Der Wind wird durch die Reibung an der Meeresoberfläche, die er in Wellenbewegung versetzt, gebremst. Vom Wasserspiegel an aufwärts nimmt die Windgeschwindigkeit bis in Höhen von 50 Metern immer mehr zu. Bis dahin verleiht der Wind dem Vogel einen raketenartigen Auftrieb.

Der Albatros bewältigt Tausende von Kilometern ohne einen einzigen Flügelschlag. Aber es muß Sturm herrschen. Flauten zwingen ihn, aufs Wasser niederzugehen und dort zu verweilen, bis wieder die Winde wehen. Eine riskante Zeit völliger Wehrlosigkeit, in der, wie schon dargelegt, viele Jungvögel zugrunde gehen. Ein erfahrener Großalbatros meidet nach Möglichkeit Seegebiete mit Windstille. In der Seefahrt gilt das Auftauchen dieser eleganten Vögel zu Recht als Vorzeichen eines herannahenden Sturms. Dies trifft allerdings nur auf die großen Albatrosarten zu.

Um immer wieder Tempo und Höhe zu gewinnen, muß der Albatros gegen den Wind »kreuzen«. Liegt sein Reiseziel in einer anderen Richtung, zieht er Schleife auf Schleife, um dorthinzugelangen. Das größte Problem beim Flug ist, daß der Vogel aufgrund seines Gewichts gezwungen ist, eine Minimalgeschwindigkeit von 60 Stundenkilometern einzuhalten. Fliegt er langsamer, stürzt er ab. Um dies zu vermeiden – und das ist kein Seemannslatein –, muß der Albatros seine Geschwindigkeit in Relation zur umgebenden Luft messen. Dies bewerkstelligt er mit folgenden »Instrumenten«:

1. mit den beiden Löchern der sogenannten Röhrennase auf dem Oberschnabel. Sie ist gleichsam ein Luft-Staudruck-Windgeschwindigkeits- und -Richtungsmesser. Zum Beispiel schwenkt der Vogel vor jedem Start den Kopf kurz hin und her, um die Windrichtung und den Startkurs zu bestimmen;

2. mit einem zusätzlichen »Tacho« für präzises Erfassen relativ langsamer Fluggeschwindigkeiten etwa beim Landen. Sinneszellen hierfür liegen an den Federschäften der Flügeldeckfedern und der Brustfedern. Sie registrieren bereits

feinste Turbulenzen und steuern das Ausfahren der schwimmhäutigen Füße, der »Landeklappen« an den Flügeln und das Anheben des Schwanzes als Bremshilfe.

Die übliche Reisegeschwindigkeit der Wander- und Königsalbatrosse beträgt etwa 75, ihr Höchsttempo über 100 Stundenkilometer. Sie legen eine Tagesstrecke von durchschnittlich 500 Kilometer Luftlinie zurück, wobei der wissenschaftlich registrierte Rekord exakt 936 Kilometer beträgt. Mit ihren Flugkünsten operieren die Albatrosse also an den äußersten Grenzen der physikalischen Gesetzmäßigkeiten.

Ist es angesichts des Vollführens zahlloser Schleifen beim Kreuzen gegen den Wind nicht völlig unmöglich, ein angestrebtes Ziel zu erreichen? Wie findet der Albatros überhaupt zu seinem Bestimmungsort?

Dazu folgende Begebenheit, die sich nach dem Ende des letzten Krieges ereignete. Die US-Navy baute auf Sand Island, einem Korallenatoll in der Hawaii-Midway-Inselgruppe, eine Betonpiste für ihre Flugzeuge. Kaum war sie fertig, wurde sie von 5000 Laysanalbatrossen beschlagnahmt, weil sie hier viel bequemer rennen und starten konnten als auf holprigem Gelände. So erwog die Marine, diese Vögel umzusiedeln. In einem Verfrachtungstest transportierte sie 18 Albatrosse mit Flugzeugen je 4000 bis 5000 Kilometer weit nach Kalifornien im Osten, nach Japan im Westen, nach Alaska im Norden und nach Samoa im Süden. Ob man es glauben will oder nicht: Nach elf Tagen waren alle 18 Albatrosse wieder daheim!

Wenn Sie, liebe Naturfreunde, wissen wollen, wie die Luftgiganten diese phänomenale Heimkehrleistung fertigbringen, muß ich die Antwort schuldig bleiben. Das hat noch kein Mensch erforschen können. Wir kennen bei Vögeln zwar einen inneren Sonnen-, einen Magnet- und einen Sternkompaß. Über die übrigen Details aber können wir vorerst nur ehrfürchtig staunen.

Ein mit Farbtupfen gekennzeichneter Wanderalbatros

legte in nur acht Wochen 13 000 Kilometer Luftlinie zurück. Das sind 230 Kilometer pro Tag – und zwar Luftlinie. Rechnen wir alle Schleifen beim Kreuzen gegen den Wind hinzu, addieren sich die Strecken etwa aufs Dreifache. Tatsächlich hat der Vogel also in acht Wochen etwa 40 000 Kilometer zurückgelegt, was einer Erdumrundung auf dem Größtkreis entspricht.

Wozu diese Langstrecken-Rekordleistungen? Albatrosse haben ein Gespür dafür, wo sich zu jeder Jahreszeit ihre Lieblingsbeute aufhält: nämlich die Massengeschwader von Kalmaren. Diese Tiere haben die Angewohnheit, nachts zur Meeresoberfläche aufzusteigen. Folglich ist die Nacht die Hauptjagdzeit der riesigen Vögel. An diesen Stellen wassern sie dann und fischen sich schwimmend ihre Nahrung mit dem Hakenschnabel heraus. Im Magen eines Wanderalbatrosses fanden Forscher zwei Krakenfangarme von je anderthalb Meter Länge!

Des weiteren stehen Heringe, Sprotten und Garnelen auf ihrer Speisekarte. Das Nahrungsangebot variiert im Jahreszyklus im Rahmen der Planktonströme geographisch enorm. Dadurch kommen die globalen Flugstrecken zustande, die Albatrosse auf ihren Nahrungssuchflügen zurücklegen. Die Feinorientierung besorgt die Nase. Gießt man nur einen Liter Lebertran aufs Wasser, stellen sich schon bald einige Albatrosse ein.

Die Röhrennase auf der Schnabeloberseite dient neben ihrer Aufgabe als Staudruck-Windgeschwindigkeits- und -Richtungsmesser als ein Ausflußrohr für konzentrierte Salzlauge aus der körpereigenen Meerwasser-Entsalzungsanlage. Mit ihrer Nahrung nehmen die Flugriesen viel Salzwasser auf. Damit es ihnen nicht wie schiffbrüchigen Menschen ergeht, die nach dem Trinken von Meerwasser wahnumnachtet elend zugrunde gehen, ist ein derartiges Entsalzungssystem unerläßlich. Ähnlich unserer Tränendrüse entzieht es dem Blut auf osmotischem Wege überschüssiges Salz. Es wird durch die Röhrennase von Zeit zu Zeit ausgeniest.

Flautengebiete müssen diese Segelflieger unter allen Umständen meiden, weil Windstille sie am Fliegen hindert. Deshalb hat ihnen die Schöpfung eine Art »innere Fernwetterwarte« eingegeben. Sie teilt ihnen über Entfernungen von bis zu 300 Kilometern stets präzise mit, wo sie die schönsten Stürme zu erwarten haben.

Oftmals sind ihre Fanggründe Tausende von Kilometern vom Brutplatz entfernt. Das bedeutet einen Hin- und Rückflug von 3000 Kilometern, »nur« um das einzige Kind, den sogenannten »Prinzen«, im Nest mit Nahrung zu versorgen. Wiederum eine einsame Spitzenleistung im Tierreich!

Dies erklärt auch, weshalb sich beide Ehepartner so selten sehen. Kommt einer zur Brutablösung, bleibt nur wenig Zeit, allenfalls eine knappe Stunde, für den Austausch von Zärtlichkeiten. Beide schnäbeln miteinander, kraulen sich im Gefieder und führen Flüstergespräche, die ich einmal bei Windstille aus einer Nähe von fünf Metern belauschen konnte. Doch bald darauf muß der andere Partner schon wieder zur mehrtägigen Weltreise starten.

Trotzdem wird kein Tierkind so verwöhnt wie das Königsalbatrosküken. Schon das Riesenei, das mit 400 bis 450 Gramm soviel wiegt wie sieben Hühnereier, wird mehr geboren als gelegt. Allein die Eiablage dauert volle vier Tage unter ständigem Sichwinden, Pressen und Drücken des Weibchens, als ob es unter Wehen zu leiden hätte. Danach muß das einzige Ei 79 Tage lang bebrütet werden – wiederum ein Rekord. Zum Vergleich: Die Kohlmeise im Garten braucht nur 14 Tage.

Es folgt eine weitere Höchstleistung: Das Küken muß während des Schlüpfens bis zu vier Tage lang unter schwerster körperlicher Anstrengung mit der Eischale kämpfen, ehe es das Licht der Welt erblickt. Danach will der kleine Albatroswonneflausch noch neun Monate lang im Nest aufgepäppelt werden. Ebenfalls ein Rekord.

An den ersten Lebenstagen wird es nur mit »Lebertran« gefüttert, einem Magenöl der Eltern. Sie verteidigen ihr Kind auch gegen dessen einzigen Feind, die Skua-Raubmöwen. Aber im Alter von fünf Wochen kann der kleine Prinz sich schon selber schützen. Einem Feind kotzt er seinen Mageninhalt ins Gesicht. Und der stinkt infernalisch. Ein Forscher, der einmal solch eine Ladung im Dienst der hohen Wissenschaft abbekam, wusch seine Kleidung zehnmal mit fernsehgepriesenen Waschmitteln. Seit acht Jahren hängen die Klamotten als Vogelscheuche im Garten – und stinken immer noch!

Nun sieht das Baby Mutter und Vater nur noch alle drei bis fünf Tage. Die Eltern selbst begegnen sich am Nest nur zufällig, das heißt so gut wie nie mehr. Bei jedem Besuch schüttet jeder Elternvogel eine solche Riesenmenge Tintenfische ins Nest, daß ihr Junges in der Nahrung nahezu versinkt und für die nächsten Tage mehr als genug zu futtern hat. Der satte Sproß empfindet das Hocken in seiner stinkigen Behausung, sobald der Hunger gestillt ist, keineswegs als sehr angenehm. So nutzt er die viele Freizeit, um in unmittelbarer Nachbarschaft des Nestes ein zweites Nest zu bauen, ein sogenanntes Spielnest. Übung für spätere Ehezeiten.

278 Tage lang hockt das Kind im Nest. In dieser Zeit schleppen die Eltern etwa 200 Pfund Tintenfische herbei. Der inzwischen recht fette und weit mehr als seine Eltern wiegende Prinz im Nest erreicht etwa am 20. Oktober sein Maximalgewicht. Dann wird er von beiden Eltern verlassen, die ihr Kind nun nie mehr wiedersehen.

Kein Wunder, daß sie sich nach dieser Strapaze erholen müssen und ein Jahr mit dem Kinderkriegen aussetzen. Königs- und Wanderalbatrosse ziehen also nur jedes zweite Jahr ein Junges auf.

Etwa 40 Tage lang hockt das Plüschbaby mutterseelenallein im Nest, zehrt vom angefutterten Fett und trainiert seine Flugmuskeln. Bis am 30. November all die Männchen, die ein Jahr pausiert haben, in der Brutkolonie erscheinen. Dann räumt es seine Wohnung und fliegt allein hinaus in seine Welt der Wunder und Rekorde, die Antarktis heißt.

Heute werden Ehe und Familie lautstark in Frage gestellt. Die Zweifler behaupten, auch Tiere seien entgegen der Meinung von Konrad Lorenz zur lebenslangen Einehe unfähig. Diese Kritiker kennen die Albatrosse nicht und haben folglich keine Ahnung davon, was diese uns über die Ehe erzählen.

Die Frau im goldenen Käfig

Die einzige Methode, sich der Treue seiner Frau zu versichern, besteht darin, sie gleich nach der Hochzeit bei lebendigem Leib in einer Lehmhütte einzumauern. Das jedenfalls glaubten früher die Angehörigen einiger Stämme in Ost- und Südafrika und sperrten ihre Frauen ein, um sie von Seitensprüngen und Untreue abzuhalten, während sie auf die Jagd gingen. Vorgeblich haben sie diese »Frau-im-Tresor-Methode« als Primitivmittel, die Braut an sich zu fesseln, den Gelbschnabeltokos abgeschaut. Die Weisheit der Natur ist unermeßlich. Nur in diesem Fall wurde sie von den Menschen gründlich mißverstanden, wie Verhaltensforscher jetzt herausgefunden haben.

Gelbschnabel- wie auch Rotschnabel- und andere Tokos zählen zur zoologischen Familie der Nashornvögel. Sie tragen einen Riesenschnabel vor sich her und praktizieren in Afrika allesamt die Sitte des Einmauerns ihrer Weibchen in Baumhöhlen. Warum tun sie das? Im Savuti-Schutzgebiet Botswanas konnte ich es 1995 selbst beobachten: Die Tokodame setzte sich, man höre und staune, freiwillig in eine 30 mal 40 Zentimeter messende Höhle und mauerte von innen eifrig mit, als sie vom Ehemännchen eingeschlossen wurde. Der Mörtel ist ein Gemisch aus Holzspänen, zermanschten Tausendfüßlern, Lehm, Speichel und eigenem Kot, das sich zu einer betonharten Masse verfestigt.

Weshalb die Einkerkerung? Es verbirgt sich keine Eifersucht dahinter, sondern die Angst vor plündernden Pavian- oder Meerkatzenhorden, die in den Bäumen umhertoben, sowie vor Baumschlangen, die gern Eier und Küken verspeisen. Natürliche Höhleneingänge von Eßtellergröße mauern die Vögel binnen zwei Wochen zu. Im Festungsbauwerk bleibt nur ein kleiner senkrechter Spalt von 20 bis 30 Zentimeter Länge offen. Er ist gerade groß genug, damit das Weibchen seinen gewaltigen, 13 Zentimeter langen Schnabel hinausstrecken kann, um nach Feinden zu hacken oder die Futterspenden entgegenzunehmen, mit denen es vom Männchen während der nächsten drei Monate versorgt wird. Die Auserwählte ist schier unersättlich. Bei jedem Besuch schleppt der Herr an die 60 Früchte oder Insekten heran. Im Verlauf einer Brutsaison haben Forscher gezählt, daß er nicht weniger als 14 000 Futterbrocken verschiedenster Art herbeischaffte. Das ist ein ganzer Obstmarkt! Als die Wissenschaftler die Lebensmittel näher untersuchten, glaubten sie zunächst, einem Giftmord auf die Spur gekommen zu sein. Der Toko fütterte sein Weibchen nämlich unter anderem mit Nüssen, die eine für Menschen tödliche Dosis Strychnin enthalten. Aber es geschah nichts weiter Aufregendes. Die Vögel sind gegen dieses Gift immun.

Wenn die Eingekerkerte schläft, verschließt sie den Spalt mit der Oberseite des Schnabels wie mit einer gepanzerten Haustür. Also ist sie keine Sexsklavin, sondern sitzt gut beschützt im »goldenen Käfig«!

Eines Tages wurde ein Familienernährer, der neben meinem Camp sein Nest hatte, während der Futtersuche von einem Leoparden getötet. Was sollte nun aus dem eingemauerten Weibchen werden? Mußte es verhungern? Oder konnte es sich selbst befreien? Mit seinem enormen Schnabel als Meißel hätte es sich durchaus heraushauen können. Aber der Ausbruch wäre tödlich gewesen. Denn kaum daß sie fest eingemauert war, verlor die werdende Mutter in einer Explosivmauser alle Federn. So war zwar ein weiches Polster für den brütenden Vogel, die Eier und später die Kücken entstanden. Aber die Mutter hockte fast nackt auf dem Plüsch und konnte nicht fliegen. Die Witwe wäre verloren gewesen, wenn es unter diesen Vögeln in der Nachbarschaft keine Tröster gäbe.

Mehrere Jungmännchen, deren Brautschau kein Erfolg beschieden war, lassen sich während der Brutzeit ständig an den Nisthöhlen der glücklich Verheirateten blicken. Solange ein Männchen sein Weibchen regelmäßig füttert, ist es für die Voyeure tabu. Aber sobald sich nur wenige Stunden lang an der Höhle nichts mehr tut, kommt der Streuner herbei und füttert die Witwe von nun an ebenso aufopferungsvoll, wie es vordem das getötete Ehemännchen getan hatte. Nun sind Witwe und Witwentröster ein festes Paar, obwohl sie sich noch gar nicht gepaart haben. Denn dafür ist der Schlitz in der Mauer viel zu eng. Der neue Mann kommt erst knapp ein Jahr später zu seinem Vergnügen. Solange liebt er nur platonisch, rackert sich aber beim Futterbeschaffen für die ihm nun Anvertraute und die Kinder, die gar nicht seine eigenen sind, nach Leibeskräften ab.

Die Selbstlosigkeit des Trösters ist aber nur ein raffinierter Trick, um in fernerer Zukunft selbst zu Weib und Kindern zu kommen: Das Tokoweibchen dankt ihm für die Arbeit mit Treue. Beide bleiben einander verbunden. Und in der nächsten Brutzeit hat er die besten Chancen, diese Tokodame nun auch wirklich zu besitzen und leibliche Nachkommen mit ihr zu zeugen.

Wenn das erstgeschlüpfte Kücken 21 Tage alt und so groß ist, daß es seinen Schnabel zum Spalt herausstecken kann, ist für seine Mutter die Zeit zur Selbstbefreiung gekommen. Das Federkleid ist in voller Schönheit nachgewachsen. Sie reißt die Mauer ein und fliegt heraus. Mittlerweile hat sich der Hunger der drei, vier oder fünf Kinder dermaßen gesteigert, daß der Vater allein seine Familie nicht mehr ernähren kann. Die Mutter muß beim Füttern mit Mäusen, Eidechsen, Gottesanbeterinnen, Heuschrecken, Skorpionen, Termiten, Ameisen und Früchten tatkräftig helfen.

Unmittelbar nach dem Ausbruch der Mutter werden alle Kinder wieder eingemauert, und zwar, bis das älteste anderthalb Monate alt ist. Dann befreit sich dieses und beteiligt sich sogleich an der Fütterung der jüngeren Geschwister, die unverzüglich erneut eingemauert werden. So geht das weiter, bis das letzte Kind flügge ist und die Höhle verläßt. Die Kerkerhaft ist also ein Patentrezept, um in unmittelbarer Nachbarschaft von Affen und Schlangen überleben zu können.

In baumbestandenen Savannen deckt sich das Revier einer Tokofamilie nämlich exakt mit dem Lebensbereich einer Horde von Meerkatzen, Mangaben oder Pavianen. Und sie leben auch zu beiderseitigem Nutzen in Freundschaft miteinander. Die Affen stöbern für die Vögel Heuschrecken auf. Die Tokos bezahlen dafür mit verläßlichem Wachdienst. Sie alarmieren bei Gefahr durch angreifende Adler oder Leoparden mit lauten Rufen, die alle Tokos ebenso wie alle Affen verstehen. Im Dornbuschland oder auf freier Steppe gehen die Tokos das gleiche Schutzbündnis mit Zwergmungos ein.

Aber da Affen zu gern Nester ausrauben und das Mausen nicht lassen können, muß die Mauer her. Diese skurrilen Umstände sind es also, die zu dem nicht minder außergewöhnlichen Ehesystem der Tokos geführt haben. Im breitgefächerten Spektrum animalischer Eheverhältnisse erstrahlen jedoch noch weitere Glanzlichter: zum Beispiel bei den Nasenaffen, von denen ich im nächsten Kapitel berichten will.

CYRANO DE BERGERAC

Was dem Tiger das Gebiß, der Giraffe der Hals, dem Elefanten der Rüssel, dem Känguruh der Beutel, dem Flußpferd die große Klappe, das ist dem Nasenaffen sein gewaltiges Riechorgan. Die lange Nase als Kultorgan eines animalischen Cyrano de Bergerac!

Bei dem bis zu 76 Zentimeter großen und 22 Kilogramm schweren Männchen hängt sie wie ein Wiener Würstchen bis zu zehn Zentimeter lang weit übers Maul, schlackert ihm bei jedem Sprung an die Backen und muß beim Fressen mit einer Hand zur Seite gehalten werden, damit sich der Pinocchio unter den Affen seinen Riechkolben nicht selbst abbeißt.

Auch sonst ist die fleischig-rote »Gurke« höchst hinderlich. Bei der Paarung mit einem Weibchen ziehen dessen Kinder den Liebhaber an seiner Antlitzzier und wollen ihre Mutter »retten«. Geraten zwei Männer in Streit, ersetzen sie Bisse und handfeste Prügel durch gegenseitiges Tauziehen mit dem ledrig-zähen Zipfel. Gewonnen hat, wer dem anderen buchstäblich eine Nase dreht.

Wozu also der Minirüssel? Einen Vorwärmer für Atemluft wie der Mensch braucht der rotbraune »Holländer mit der Whisky-Nase«, wie ihn die Einheimischen Borneos nennen, im feuchtheißen Überschwemmungs- und Mangrovendschungel längs der Küsten dieser Insel nicht. Auch die Schnüffelei nach Fleischlichem ist seine Sache nicht, denn er frißt nur Blätter.

Aber die elf bis 32 Weibchen in einer Haremshorde begeistern sich für den Riesenzinken. Selbst nur mit einem kessen Himmelfahrts-Stupsnäschen ausgestattet, geben sie Kraftbolzen mit nicht übermäßig ausgeprägtem Gesichtsgehänge in Sachen Liebe keine Chancen. Die Affen-Roxanne hält es bei ihrem Cyrano de Bergerac wie Napoleon, der insbesondere Männern mit großen Nasen Rang und Würden verlieh, weil er Riesenriecher für ein Zeichen von Draufgängertum und Männlichkeit hielt.

So gestalten die Supernasen ihre Balz auch mit unnachahmlicher Theatralik. Erst sitzen sie auf einem Ast und stoßen ein Stakkato nasaler Laute aus, das wie eine gezupfte Baßgeige klingt. Plötzlich kreischen sie laut auf und vollführen Riesensprünge von Ast zu Ast, wobei sie sich erst im Sturz nach einem Landeplatz umsehen. Mitunter geht das daneben. Der Ast bricht. Oder der Artist greift ins Leere, stürzt ab und platscht ins »Fangnetz«, also ins Wasser des überschwemmten Dschungels unter ihm. Das hat neben der Schmach und dem Renomeeverlust bei den Weibchen nicht selten einen Knochenbruch zur Folge.

Untersuchungen von Ramesh Boonratana, Tierarzt in der borneischen Stadt Brunei, haben gezeigt, daß fast jedes Männchen mehrere gebrochene Gliedmaßen aufweist. Zum Glück verheilen die Knochen beneidenswert schnell. Meist können die »Patienten«, obgleich sie niemand schient, schon nach zwei Tagen das Krankenlager verlassen.

Fataler ist, daß sich vom Krawall des männlichen Imponiertanzes nicht nur Weibchen angezogen fühlen, sondern auch Leistenkrokodile, die größten Panzerechsen der Welt, die bis zu acht Meter lang werden. Aus ihrem Rachen gibt es für den Abgestürzten kein Entrinnen. Trotz permanenter Krokodilgefahr gehören die Langnasen zu den wenigen Affen, die nicht wasserscheu sind.

Oftmals durchschwimmen sie bis zu 20 Meter breite Flüsse, doch dies auf sehr rationelle Weise. Zunächst erklettern sie einen besonders hohen, weit übers Wasser ragenden Baum bis in die höchsten Wipfel. Dann benutzen sie einen elastischen Ast als Stabweitsprung-Stange und hüpfen aus Höhen von bis zu 20 Metern möglichst weit in den Fluß hinein, um ihre Schwimmstrecke abzukürzen. Mit dem Hintern voran klatschen sie in das feuchte Element und kraulen behende ans gegenüberliegende Ufer.

Häufig springt eine ganze, etwa dreißigköpfige Sippe gemeinsam in den Fluß, samt allen Müttern und deren Kindern, die sich im Bauchfell oder auf dem Rücken festgeklammert haben. Dabei wird deutlich, weshalb der männliche Anführer der Horde seinen Hochzeitstanz als Mutprobe gestaltet: Er muß der erste sein, der den Sprung vom »20-Meter-Turm« ins Wasser wagt. Taucht er nicht wieder aus den Fluten auf, so hat ihm ein Krokodil seine Lebenszeit von 25 Jahren verkürzt. Wird er wieder sichtbar, folgt ihm die Gruppe unverzüglich nach. Ist er zu feige, bleibt sein Harem am diesseitigen Ufer und muß hungern.

Zum neun Quadratkilometer Streifgebiet der Affengesellschaft gehören nämlich beide Uferseiten. Es ist wohl doch etwas dran, daß große Nasen einen mutigen »Cyrano de Bergerac« verheißen.

Außer der langen Schlackernase hat der Affenhäuptling für Menschenaugen noch einen weiteren Schönheitsfehler: Er schiebt ein ballondickes Bäuchlein vor sich her. Ein wildlebendes Tier, das der Völlerei frönt und dadurch zum behäbigen Pascha wird, der nicht mehr rasch vor Feinden, etwa einem Nebelparder, einer fast gepardengroßen, baumbewohnenden Raubkatze, ausreißen kann? Nein. Der Nasenaffe ist ein reiner Blattfresser und verschmäht sogar Bananen. Laub findet er allenthalben in Hülle und Fülle. Nahrungsengpässe und Hunger kennt er nicht.

Dafür muß er sich mit dieser sehr schwer verdaulichen Kost herumplagen. Sein Bauch ist ein großes, in viele Kammern unterteiltes Gärfaß, in dem die Verdauung mit Hilfe spezieller, zellulosezersetzender Bakterien stattfindet. Ein frisch gepflücktes Blatt verweilt in diesem Bottich vier bis sechs Tage lang. Der »Fettwanst« muß also ebenso viele Tagesrationen in seinem Leib verstauen können.

Bei schlanker Linie und idealer Männerfigur müßte der Nasenaffe verhungern. Je schmaler seine Taille, desto lebensuntüchtiger und als Paarungspartner ungeeigneter ist er. Deshalb lieben die Weibchen nicht nur lange Riechorgane, sondern auch Träger dicker Bäuche.

Wir haben es hier mit einer Entwicklung zu tun, die von einer uns bizarr anmutenden Vorliebe der Weibchen bestimmt wird. Doch dies ist keineswegs die einzige Laune, welche die Tierwelt dem »schwachen« Geschlecht zu verdanken hat. Im nächsten Kapitel über tierisches Gesellschaftsverhalten soll von einer weiteren die Rede sein.

Die Stellung der Frau

Das Weib ist lieblich
wie eine Hinde
und holdselig wie ein Reh.

(Sprüche 5, 19)

DIE SCHIEDSRICHTERIN

Er sieht aus wie ein kriegerischer Kanakenhäuptling. Von den Schultern wallt ein imposanter Herrschermantel. Sperrt er das Maul weit auf, wird ein Leopardengebiß mit angsteinflößenden Reißzähnen sichtbar. Gerät er in Rage, blitzt er zornig mit weißen Lidschatten, und die nackte Brust färbt sich innerhalb einer weißhaarigen Umrandung knallrot. Daher der Name Blutbrustpavian, wie man den Dscheladapavian auch nennt. Stellt er ein Urbild männlicher Terrorherrschaft dar? Wie der äußere Eindruck doch täuschen kann!

Wir besuchen eine zweihundertköpfige Horde in der baumlosen, wüstenartigen Gipfelregion der 4000 Meter hohen Chokeberge Äthiopiens, 240 Kilometer nordwestlich der Hauptstadt Addis Abeba. Hier ist die Heimat der letzten Überlebenden dieser einst in Afrika weitverbreiteten Affenart.

Gegen Mitternacht hören wir in unserem Zelt, wie ein Leopard schaurig faucht, gefolgt vom infernalischen Kreischen der Affen. Ob es einen erwischt hat? Am Morgen darauf kleben alle Paviane noch buchstäblich angstschlotternd in einer fast senkrechten Steilwand. Mit gummiweichen Sohlen und unglaublich starken Fingernägeln an Füßen und Händen finden sie Halt sogar an den Fugen gekachelter Wände im Zookäfig. Jeder Leopard würde sich hier zu Tode stürzen. Aber einen Unvorsichtigen an leichter zugänglicher Randregion schnappt er hin und wieder doch.

Als die Sonne aufgeht, nehmen alle zunächst ein ausgiebiges Sonnenbad am Ostgipfel, um die Kühle der Nacht aus den steifen Gliedern zu vertreiben. Dann marschieren sie in dichter Kolonne, die Halbstarken als Vor- und Nachhut, die alten Haudegen als Eskorte der Weibchen und ihrer Kinder in der Mitte, zu ihren Nahrungsgründen in einem Hochtal. Unterwegs sondern sich Trupps mit je einem Boß, seinem Stellvertreter und Haremsgruppen von bis zu zwölf Weibchen sowie deren Kindern von der Masse des Clans ab.

Eine Gruppe hatte gerade begonnen, vereinzelt stehende dürre Grashalme mit den Händen abzurupfen und zu verspeisen. 80 Prozent ihres Menüs bestehen aus mühsam zusammengeklaubtem Heu. Der Rest sind Zwiebeln und Knollen, die sie mit den langen Fingernägeln wie mit Blumentopfschaufeln ausgraben. Auch tun sie sich an Käfern, Würmern und Eidechsen gütlich, indem sie ihre Krallen wie Pinzetten benutzen.

Da geschah es: Ein fremdes Männchen kam von weither über den Gipfelgrat herbeigelaufen und näherte sich forsch dem Lieblingsweibchen des Paschas, das zugleich die Chefin aller seiner Haremsdamen war. Der Besucher zog die Oberlippe hoch, krempelte sie sogar noch drei Zentimeter hoch über die Nase, so daß sein breites rosa Zahnfleisch sichtbar wurde, und fletschte die Zähne. Dieser »Lipflip« ist jedoch keine Drohgebärde, wie man früher vermutete, sondern äffisches Charmeversprühen höchsten Grades zum Freundlichstimmen von Weibchen: »Schau her, was ich für ein netter Kerl bin!«

Sekunden später warf sich der alte Pascha zwischen sein Weib und den verdächtig freundlichen Fremden. Ein groteskes Duell im Grimassenschneiden begann. Oft siegt hierbei schon, wer die blödesten Fratzen zieht. Beim Unentschieden aber kommt es zwischen den 74 Zentimeter großen und 21 Kilogramm schweren Kontrahenten zum Kampf mit einer Wahnsinnstoberei und barbarischem Gebrüll, der Mord und Totschlag befürchten läßt. Doch mehr als ein paar Kratzer und harmlose Bisse trägt keiner davon. Die Weibchen umringen die beiden Kämpfer und schauen mit sichtlicher Erregung zu. Sie mischen sich aber ebensowenig in das Kampfgeschehen ein, wie auch der Stellvertreter.

Gebalgt wird in Runden von je etwa fünf Minuten. Dann verschnaufen sich beide. Der Fremde besucht in der Pause wieder charmesprühend das Lieblingsweibchen des Paschas, worauf dieser mit abermaligem Wutanfall reagiert. Die nächste Runde beginnt. So wogt der Kampf mehrere Stunden lang hin und her. Schließlich ermüden beide, ohne daß sie eine Entscheidung herbeiführen konnten. Diese wird nämlich nicht von den Raufbolden im Kampf erzwungen, sondern, höchst sonderbar in der gesamten Tierwelt, nach Gutdünken der Lieblingsfrau des alten Paschas von außen herbeigeführt. Sie ist sozusagen die salomonische Schiedsrichterin im Streit der Männer. Prügelerfolge zählen nicht unbedingt.

Ihr Urteil fällt sie, indem sie sich in einer Kampfpause vor ihrem freundlich grinsenden Günstling zu Boden wirft. Meist ist das der fremde »Herr«. Dieser krault sie dann im Kuschelpelz und wendet sich gleich nach der Liebkosung der nächsten Haremsdame zu. Im Grunde ist das nur eine reine Formsache, denn diese verhält sich in jedem Fall so wie ihre Chefin. Wer die führende Matrone für sich gewinnen konnte, erringt automatisch das Wohlwollen des gesamten Damenkränzchens. Hat der Sieger den Weibchen nacheinander seine Reverenz erwiesen, wurde er gleichsam von allen Pavianinnen ganz demokratisch zum Häuptling gekürt.

Der durch Richterspruch seiner Haremsdamen abgesetzte alte Chef bietet nun ein Bild des Jammers. Mitunter tröstet ihn sein Stellvertreter durch zartes Kraulen. Seine Beileidsbekundung währt jedoch nicht sehr lange. Bald biedert er sich beim neuen Hordenherrscher an, um seinen Vizeposten unter ihm zu behalten. Dies ist übrigens kein schlechter Job. Denn in jeder Horde gibt es ein oder zwei Weibchen, die sich in den Zweitobersten verknallt haben. Und der alte wie der neue Chef ist klug genug, solche »schlampigen Verhältnisse« und den Willen der Weibchen zu tolerieren.

Der abgesetzte und arg frustrierte alte Hordenführer wird

nun jedoch keineswegs in die Wüste geschickt. Er darf im Kreis der Seinen bleiben und bekommt eine neue Aufgabe zugeteilt: die Aufsicht über den Kindergarten! Er spielt in rührender Weise mit den kleinen Rabauken. Nur mit den Weibchen darf er keine neckischen Spielchen mehr treiben. Sie sind ein für allemal tabu für ihn – bis zu seinem Lebensende im Alter von etwa 20 Jahren.

Bei vielen anderen Affenarten geschieht nach einer Machtübernahme Schlimmes: Der neue Herrscher tötet alle Babys, deren er habhaft werden kann, um sich die Weibchen mit dieser Terrormethode gefügig zu machen. Dieser »Herodesmord« ist bei den Dscheladapavianen noch nie beobachtet worden. Da hier den Damen die Kür des Herrschers obliegt, würde eine solche Barbarei nur das Gegenteil bewirken und die Weibchen gegen den Pascha aufbringen.

Wie glücklich leben doch die Tiere in einer Gesellschaftsordnung, in der die Weibchen den Ton angeben! Kann man das gleiche auch von der Haremswirtschaft der Robben sagen? Im ersten Impuls möchte man das verneinen. Doch wer nun weiterliest, wird sich wundern!

DIE ENTFÜHRUNG AUS DEM SERAIL

Es ist schwer, auf der kleinen, von Atlantikstürmen umtosten Insel North Rona, 70 Kilometer nordwestlich der Nordküste Schottlands gelegen, einen Landeplatz zu finden. Überall donnert haushohe Brandung gegen die Felsenküste. Doch unser Skipper kennt eine ruhige Bucht. Aber wohin treten? Auf dem ganzen Strand wimmelt es von brüllenden Kegelrobben. Nur widerwillig wälzen sich die 2,20 Meter langen 300-Kilo-Kolosse zur Seite.

Hier sollen mir die Brocken wallenden Fleisches ein Geheimnis offenbaren: Teilen sich die sieben oder acht Weibchen wirklich in der sexuellen Lust, die ein Robbenharem dem allgewaltigen Sultan bietet? Oder gehorchen sie nur der Gewalt oder vielleicht nicht einmal das? Um die Sensation vorwegzunehmen: So paradox es klingt, aber viele Kegelrobbenweibchen bringen das Kunststück fertig, innerhalb ihres Harems eine treue Einehe mit dem großen Unbekannten zu führen, der sie aus dem Serail entführt.

Männliche Zoologen stellten sich bisher den Robbensex folgendermaßen vor: Die stärksten Bullen erobern sich in blutigen Zweikämpfen einen Strandabschnitt. Die etwas später eintreffenden Weibchen suchen sich den schönsten Muskelprotz aus und werden seine Sklavinnen. Aufmüpfige bekommen Flossenklatsche oder werden vom männlichen Koloß zur Strafe breitgewalzt. Ausreißerinnen klemmt sich der Pascha unter die Achsel, schleift sie zurück und wirft sie auf den Haufen seiner anderen Haremsdamen. Das klassische Vielweibersystem mit dem Paarungsmonopol der stärksten Männchen: ein chaotisches sexuelles Gewühl am Strand, in dem nur die rabiatesten Machos zum Zuge kommen. Die Weiblein lassen sich die brutale Unterjochung gefallen, so hieß es noch vor kurzem, weil ihnen auf diese Weise kräftiger Nachwuchs garantiert sei.

»Alles falsch!« sagte 1996 Bill Amos, Verhaltensforscher an der englischen Universität Cambridge. Er brachte die Wahrheit ans Licht, indem er den Tieren einer Kegelrobbenkolonie auf North Rona nicht nur oberflächlich und mit männlichem Vorurteil beladen zuschaute, sondern viel gründlicher an die Arbeit ging. Er führte regelrechte Vaterschaftsnachweise mit Blutproben durch, um herauszufinden, ob die muskelprotzerischen Haremsherrscher tatsächlich die Väter aller Kinder sind, die um sie herumwimmeln.

Überraschendes Resultat: Von jedem dritten im Vorjahr gezeugten Robbenbaby war der gewaltige Platzpascha gar nicht der leibliche Vater. Er wurde von niederrangigen Männchen hintergangen. Diese tauchen in einer Nacht-und-Nebel-Aktion nur kurzzeitig in der Strandkolonie auf und verschwinden nach vollzogener Paarung gleich wieder, um schmerzhafte Abreibungen durch den sogenannten Beachmaster, den Stranddominator, tunlichst zu vermeiden.

In der Verhaltensforschung bezeichnen wir diese Männchen als Schleicher. Sie pirschen nur nachts an Land, wenn der Patriarch schläft oder bei Finsternis und Nebel seinen Harem nicht im Auge behalten kann. Auch entschwinden tagsüber immer einige Weibchen im Meer – zum Fischfang, wie Zoologen bisher annahmen und die Bullen offenbar immer noch vermuten. Jetzt wissen wir, daß die Suleikas auch auf amouröse Abenteuer in Form eines Seitensprungs erpicht sind.

Ferner zeigte sich: Im Harem am Strand sind die Plätze in unmittelbarer Nähe des Paschas bei den Weibchen gar nicht sonderlich beliebt. Sie pfeifen darauf, sich in der Gunst des Herrschers zu sonnen. Die Stattlichsten unter ihnen bevorzugen die Randzonen, und zwar aus zwei Gründen:

1. Ihr Bulle wird oft von kräftigen Rivalen, die vom Junggesellenstrand herüberkommen, angegriffen. In der Hitze des Kampfes nimmt kein Raufbold Rücksicht auf die Robbenbabys. Viele der kleinen molligen »Tönnchen« werden dabei getötet.

2. Das Weibchen entzieht sich bewußt der ständigen Bevormundung durch den »Chef«, um am Haremsrand Liebschaften nach eigenem Geschmack zu suchen.

Nicht weniger als drei von zehn Kindern stammten von einem Männchen ab, das kein Sultan war!

Die größte Überraschung erlebte der Forscher jedoch, als er die Schleichermännchen näher untersuchte. In vielen Fällen hatten die Kinder, die eine Mutter in aufeinanderfolgenden Jahren zur Welt brachte, denselben »außerehelichen« Partner als Vater!

Während der Haremspatriarch in fast jedem Jahr ein anderer ist, bleiben sich »Romeo und Julia« über mehrere Jahre treu! Strebt die Haremsdame also eine Art Einehe inmitten des sexuellen Gewühls am Strand an? Beobachtungen an vielen anderen Robbenarten nähren den Verdacht, daß ein Harem nur das Ideal der Bullen, den Weibchen aber zuwider ist. Nur dort, wo feindsichere Fortpflanzungsplätze knapp und beengt sind, also in Buchten kleiner ozeanischer Inseln, müssen sich die Weibchen notgedrungen unter die Fittiche starker Machos begeben. Aber überall dort, wo weite Flächen zur Verfügung stehen, etwa bei den Ringelrobben auf den endlosen arktischen Packeisflächen oder bei den Krabben-fresserrobben der antarktischen Eiszonen, dort verstreuen sich die »Damen« einzeln kilometerweit, daß während der Paarungszeit ihr Privatbulle keine Nachbarin bauchrut-schend erreichen kann. Sie liebt die Einehe. Nur der »Herr« bevorzugt die Vielweiberei.

Über den Beweggrund der Weibchen können wir vorerst nur spekulieren. Garantieren die muskulösesten männlichen Raufbolde in Wirklichkeit gar nicht den lebenstüchtigsten Nachwuchs? Ist es für das Kind vorteilhafter, anstelle eines tumben Kraftmeiers einen geschickten Schleicher zum Vater zu haben? These: Wenn sich ein Kegelrobbenweibchen ein-mal mit einem Männchen gepaart und von ihm ein gesundes Kind erfolgreich aufgezogen hat, sucht es diesen Erzeuger im nächsten Jahr wieder auf. Jedenfalls ist der Gesichtspunkt von der Schicksalsergebenheit und bedingungslosen Abhän-gigkeit der Weibchen vom männlichen Kraftprotz jetzt end-gültig vom Tisch!

Freilich zeugt ein Beachmaster in einem Jahr mehr Kinder als ein Schleicher. Aber über die gesamte Lebensdauer ge-rechnet, steht auch dies in einem anderen Licht: Die Patriar-chen müssen ständig ihren Harem überwachen, blutige Zweikämpfe mit Rivalen ausfechten und dürfen während der mehrwöchigen Fortpflanzungsperiode nicht ein einziges Mal zum Fischen fortschwimmen. Das zehrt am Fleisch und an den Nerven. Folglich bestimmen sie höchstens zwei, drei Sommer lang das Geschehen. Dann gehören sie schon zum alten Eisen und sterben früh im Alter von etwa 15 Jahren. Die Schleicher schonen hingegen ihre Reserven und erreichen stattliche 40 Lenze. Und in dieser langen Zeitspanne können sie viel mehr Nachwuchs zeugen als die Haremsherrscher in ihrem kurzen Interregnum.

Eine Gewaltherrschaft zahlt sich letzten Endes nie aus und vom Standpunkt der Weibchen aus betrachtet schon gar nicht. Das veranschaulichen uns die Kegelrobben mit ihren insgeheimen Eskapaden. Und die See-Elefanten können uns diese Sichtweise im folgenden nur bestätigen.

Caliban

Frühling 1996 auf der patagonischen Halbinsel Valdes. In hoch aufschäumender Brandungsgischt sucht unser Boot eine kleine, stille Bucht zum Landen. Da empfängt uns schon der Herrscher der Idylle, ein riesenhafter, unförmiger Fleischkoloß, mit barbarischem Gebrüll. »Caliban!« fährt es mir durch den Kopf, frei nach Shakespeares Drama »Der Sturm«, dessen phantastisches Spiel das Zusammenwirken des Übernatürlichen mit dem Natürlichen, des Symbolischen mit dem Wirklichen spiegelt. Und wie Caliban – Herrscher der unbewohnten Insel, entflohener Sklave, verbündet mit bösen Geistern, Spielball der Launen des Schicksals, an den Grenzen des Obszönen wandelnd, aus archaischen Trieben agierend –, mutet dieses Strandungeheuer an. Als hätte Shakespeare einen solchen See-Elefantenbullen schon gekannt und zur allegorischen Figur geformt.

Männliche See-Elefanten sind nämlich Weltmeister im Zusammenhamstern vielköpfiger Haremsverbände. Ein Lexikon meint, ein Pascha brächte es auf 100 Weibchen. Auf der patagonischen Halbinsel Valdes beträgt die Höchstzahl aber 134 Weibchen. An den Gestaden der subantarktischen Vulkaninsel Macquarie, südlich von Neuseeland gelegen, wurden sogar über 1000 »Damen« in einem Harem gezählt.

Andere Flossen-Casanovas müssen jedoch mit nur zwei oder drei Gespielinnen vorlieb nehmen. Im Durchschnitt gehören zu einem Harem zwölf Weibchen. Woran liegt es, wie viele Partnerinnen ein Beachmaster in seinem Serail vereinen kann? An seiner Kraft oder Schönheit oder woran sonst?

Ich habe das bunte Treiben der Viertonnenkolosse bei Punta Delgada, dem Südostkap der Halbinsel Valdes, sechs entscheidende Tage lang aus nächster Nähe beobachten können. Von der 30 Meter hohen Steilküste läßt sich leicht ausmachen, wie sich am Strand eine Haremsgruppe mit nur geringen Abständen an die andere reiht. Auf mehr als 200 Kilometer Küste zieht sich diese »Perlenschnur« dahin. Insgesamt 19 000 fettleibige Schwergewichtler lagern hier, Tendenz steigend. Unschwer erkennt man, welche Uferzonen am beliebtesten sind: feiner Sandstrand und windgeschützte Plätze. Hier drängen sich die Weibchen dicht an dicht. Die Bullen wissen, daß nicht der Typ »schöner Mann« gefragt ist, sondern Wohnlichkeit, und versuchen, sich an diesen Stellen ein Paarungsrevier zu erobern, wenn sie hier Anfang August als erste aufkreuzen. Über die schweren, mitunter tödlich verlaufenden Kämpfe der Kolosse hatte ich schon früher berichtet.

Die Abgeschlagenen, meist etwas jüngeren Bullen, sammeln sich dort, wo es die Weibchen zu unbequem finden: auf felsigem oder kiesigem Untergrund mit weiten, beschwerlichen Anmarschwegen zum Meer. Dort bilden sie Junggesellenklubs und trainieren fleißig für den Ernstfall im nächsten oder übernächsten Jahr. Dabei setzen sie zwar nicht ihr Leben aufs Spiel, doch ohne Blutvergießen geht es auch nicht ab. Ich sah einen Bullen, der ein Auge verloren hatte, und einen anderen, dem ein Sparringspartner das Zungenbein gebrochen hatte. Die Zunge hing aus dem Maul. Ein Todesurteil!

Die Sieger in diesem Catcherverein wagen sich allmählich in die Nähe eines Harems vor. Etwa fünf solcher Aspiranten umlagern ständig eine Dreißigergruppe halbkreisförmig auf der Seeseite, um dem Caliban das Leben schwerzumachen.

Wenn er auf einer Seite seines Harems gerade vollauf damit beschäftigt ist, einen Rivalen zu verscheuchen oder eine Ausreißerin zurückzutreiben, schleicht sich einer auf der anderen Seite an. Ich erkenne so einen »Schleicher« sofort, weil er stets sehr lieb und nett mit dem Weibchen umgeht, es zärtlich mit den Flossen tätschelt, herzinnig zu umarmen versucht, so gut es mit den Flossen geht, und die Paarung nur mit Einverständnis seiner Auserkorenen vollzieht. Der Caliban kennt hingegen weder Rücksichtnahme noch Feingefühl. Der fünf Meter lange Viertonner klemmt sich das nur drei Meter lange und 900 Kilogramm wiegende Weib unter eine Achsel und wälzt seine Wabbelmasse darüber, ohne sich um das Protestgeschrei der Gepeinigten zu kümmern. Eine Ausreißerin bestraft der Tyrann mit Bissen und indem er sie mit seinem Gewicht längere Zeit plattdrückt. Ob es bei den See-Elefanten auch eine »Einehe im Harem« gibt wie bei den Kegelrobben, ist noch nicht mit Vaterschaftsnachweisen erforscht worden. Ich halte es aber für wahrscheinlich.

Caliban muß also seine Weibchenschar rund um die Uhr hüten wie einen Sack Flöhe. Er muß ständig auf der Lauer liegen, um Nebenbuhler zu vertreiben. Zu ernsthaften Kämpfen kommt es, sobald die Weibchen eingetroffen sind, jedoch kaum noch. Die Schleicher wissen, daß sie ihr Leben riskieren, wenn sie sich erwischen lassen. Ihre einzige Chance besteht tatsächlich nur noch im Schleichen.

Gibt es denn für den vielgeplagten Herrscher mehrere Wochen lang überhaupt keine Ruhe? Doch! Wenn Tiefebbe herrscht und die Küste über viele hundert Meter trockengefallen ist, dann können sich die Nebenbuhler nicht mehr heimlich, still und leise, flink und leichtflossig schwimmend dem Harem nähern. Sie müßten übers Watt patschen. Das bemerkt der Beachmaster sofort, erhebt sich mit seinem Vorderteil bis auf über drei Meter Höhe und röhrt markerschütternd. Da gefriert die heißeste Liebe der Rivalen sofort. Somit ist Niedrigwasser für den Caliban Schlafenszeit. Tief in sich zusammengesackt, liegt er dickbäuchig platt auf dem Strand und schnarcht, daß der Boden bebt.

Auch wenn steife, kalte Winde wehen und den Sand vor sich herpeitschen, vergeht Männchen wie Weibchen die Liebeslust. Dann pressen sich alle in ihre Sandkuhlen, suchen Schutz hinter Nachbarins Leib. Nichts läuft mehr. Auch dann ist für alle Schlafenszeit. Doch bei ruhigem Wetter und Flut geht es hier sogar in tiefer Nacht hoch her.

Dabei unterliegen sämtliche Aktivitäten einem exakten Zeitplan. Claudio Campagna, Zoologe an der Universität Buenos Aires, hat ihn erforscht:

Ab 6. August: Ankunft der stärksten Bullen an den Stränden von Valdes. Heftige Kämpfe um die besten Paarungsterritorien. Aufenthalt ohne Nahrungsaufnahme: 57 bis 80 Tage.

27. September: Eintreffen der Weibchen und Wahl der von den Bullen besetzten Plätze. Aufenthalt ohne Nahrungsaufnahme: 28 Tage.

2. Oktober: 80 Prozent aller Babys kommen an diesem einen Tag zur Welt, der Rest etwas später. Fast jedes Weibchen gebiert ein Junges und säugt es 22 Tage lang bis zum 24. Oktober. Die Kindheit wird im Höchsttempo durchlebt. Das Baby kommt bereits als 1,20 Meter langer Lulatsch mit einem Gewicht von 40 Kilogramm zur Welt, ist also so groß wie ein ausgewachsener Seehund. Dann beginnt etwas Kurioses: Die Mutter füllt das Baby, selbst solange fastend und die Hälfte ihres Gewichts verlierend, in den ersten drei Wochen mit 350 Litern Milch ab. Diese weist einen Fettgehalt von 51 Prozent auf. Zum Vergleich: Unsere Kondensmilch enthält nur sieben bis zehn Prozent Fett. Mit diesem Superkraftstoff betankt, nimmt das Kind innerhalb von drei Wochen um das Vierfache seines Geburtsgewichts zu: 160 Kilogramm.

Seltsamerweise wächst es dabei so gut wie nicht. Es schichtet sich nur dicke Fettpolster an, schwillt zum Tönnchen heran und liegt immer brav neben seiner Milchtankstelle.

22. Oktober: Genau 20 Tage nach dem Gebären wird das Weibchen zwei- oder dreimal begattet.

24. Oktober: Zwei Tage nach der Paarung beenden die Mütter das Säugen ihrer Kinder abrupt, verlassen den Nachwuchs auf Nimmerwiedersehen und schwimmen hinaus in die Weiten und Tiefen der südlichen Ozeane.

Mutterseelenallein bleiben die Kinder noch ganze drei Wochen auf dem Strand zurück — ohne jegliche Nahrung. Und plötzlich fangen die Hungernden, nur vom Fettvorrat zehrend, an zu wachsen. Drei Wochen lang! Eine verblüffende Naturerfindung im Reich der Robben. Währenddessen wechseln die Kinder vom anthrazitfarbenen Babykleid ins silberbäuchige Jugendkostüm und spielen miteinander. Die Knaben üben sich im Sumoringkampf. Die Mädchen schnappen nach nicht vorhandener Beute in die Luft und schütteln den imaginären Fang tot.

Dann wird es Zeit für den »Stapellauf«. Sie veranstalten erste Schwimmübungen im seichten Wasser. Schließlich begeben auch sie sich wie ihre Eltern zuvor auf Weltreise, einem für uns Menschen nicht nachvollziehbaren Kompaßkurs folgend.

25. Oktober bis Anfang November: Nachdem sich die Bullen noch um einige Nachzüglerinnen »gekümmert« haben, verlassen auch sie den Strand.

Im Januar kehren alle durchaus friedlich zum Zweck des Fellwechsels an die Strände zurück.

Diese Daten werden von 80 Prozent aller Tiere exakt eingehalten. Lediglich bei 20 Prozent treten Verzögerungen ein. Die Angaben gelten auch nur für Valdes. Auf den Falkland- und anderen subantarktischen Inseln spielt sich alles etwa drei Wochen später ab.

An dieser Stelle muß ich einer alten Ansicht entgegentreten, die sich aufgrund neuester Forschungen als falsch erwiesen hat: sich auf die Seelöwen etwa der Galapagosinseln oder Kaliforniens beziehend, meinten Meeresbiologen, jener Strand, auf den sich die See-Elefanten zurückziehen, sei ihre Heimat, ihr Aufenthaltsgebiet auch während des ganzen übrigen Jahres. Das stimmt nicht. Es ist eher wie bei den Zugvögeln, die bei uns in Europa brüten, danach aber weit, mitunter sogar bis Südafrika oder, wie bei der Küstenseeschwalbe, sogar bis zur Antarktis reisen.

1994 wurde die Exkursion einer See-Elefantin mit Hilfe von Mikroprozessoren und der Satellitentelemetrie im Verlauf eines Jahres genau verfolgt. Dabei wird dem Tier ein in Mikro- und Leichtbauweise erstellter Sender um den Hals geschnallt, der alle drei Stunden ein Peilsignal mit der Angabe des jeweiligen Standorts zu einem Erdsatelliten sendet. Dieser meldet die Meßergebnisse an eine Landstation weiter, die wiederum den Kurs des Tieres auf einer Seekarte automatisch einzeichnet.

Das Resultat: Die See-Elefantin stach an der Küste von South Georgia mit Kurs Südwest in See und schipperte dann an der Westküste der Antarktischen Halbinsel entlang. Dort verweilte sie 40 Tage lang, bis in Tiefen von 760 Metern tauchend und Beute, also Fische und Tintenfische, jagend. (Der Tiefenrekord der Weibchen liegt übrigens bei 1072 Metern.) Dann kehrte sie über die Falklandinseln nach South Georgia zurück. Insgesamt legte sie eine Entfernung von mehr als 5350 Kilometern binnen 240 Tagen zurück. Die Heimat der See-Elefanten ist also nicht dieser oder jener Badestrand, sondern der weite Ozean, die Tiefsee.

Die Bullen tauchen noch tiefer, nach Forschungen von 1996 bis zu 1600 Meter, und übertreffen somit noch den bisherigen Tiefenrekordhalter, den Pottwal, der es nach derzeitigen Messungen »nur« auf 1200 Meter bringt.

Nun zurück zur Frage, wie groß ein Harem sein kann, den sich ein Bulle zulegt. Aufschluß darüber gibt folgendes Ereignis: In bester Lage tummelten sich zwei Haremsgruppen mit 32 und 28 Weibchen mit nur zehn Meter Niemandsland dazwischen. Das Wetter war schön. Die Flut ging zurück. Der Andrang der Schleicher ließ nach. Der Stärkere der beiden Paschas fühlte sich nicht mehr ausgelastet, wuchtete seine

Masse wallenden Fleisches in Richtung »Nachbars Garten« und fiel mit infernalischem Röhren über seinen Kollegen her, woraufhin dieser kampflos das Feld räumte. Nun war der Eroberer mit einem Schlag Herr über 60 Weibchen. Diese behielten allerdings ihre getrennte Lagerordnung bei.

Dem Usurpator gelang nur eine Paarung. Dann glitt die Flut wieder heran. Mit ihr nahm der Druck seiner fünf Stammrivalen wieder zu. Er konnte sein Großreich nicht mehr halten und begnügte sich in dieser Gezeitenphase mit seinem alten Harem.

Daraus geht hervor, daß ein See-Elefantenharem genauso groß ist, wie es die Umstände zulassen: die Körperkraft des Bullen, aber nicht nur diese, sondern auch der Druck, den die Rivalen auszuüben vermögen, dazu die Platzwahl der Weibchen und nicht zuletzt die topographischen Gegebenheiten.

An der Küste der Vulkaninsel Macquarie gibt es eine Bucht, einen zum Teil eingesunkenen, mit Meerwasser gefüllten Krater, der nur eine winzige Einfahrt besitzt. Hier finden, dicht an dicht gedrängt, bis zu 1000 Weibchen Platz. An der kleinen Öffnung sitzt oder schwimmt der dortige Caliban und läßt keinen einzigen anderen Bullen hindurch. Sie alle abzuwehren, beansprucht ihn voll und ganz. Er findet kaum Zeit und Gelegenheit für eine Paarung. Die wenigen Babys, die hier zur Welt kommen, werden meist von den wogenden Massen erdrückt. So ist hier der Chefbulle das frauenreichste männliche Wesen der Welt. Aber sein Erfolg im Zeugen von Nachwuchs ist gleich Null.

Diese schon vom Leibesumfang her alles verdrängende, ausgesprochene »biologische Persönlichkeit« ist also, genau besehen, eine »Niete in Nadelstreifen«. Das macht uns neugierig, ob es in der Tierwelt noch mehr solcher aufgeblasenen Nullen gibt.

Im Regenwald von Kongo-Zaire leben unter vielen anderen Affenarten die Rotschwanz-Meerkatzen, auch Weißnasen genannt. Hier regiert ein halb Meter großer und 6,5 Kilogramm wiegender Affenhäuptling eine etwa vierzehnköpfige Damengesellschaft fast ein ganzes Jahr lang unangefochten. Ein beneidenswertes Paschadasein als »Hahn im Korb« seiner Haremdamen?

Mitnichten – denn seine Pflichten sind Legion. Der Boß muß für seine Schutzbefohlenen Nahrung aufspüren, sie und die Kinder gegen Feinde verteidigen und rührend um aller Wohl bemüht sein. In Sachen Liebe regt sich in dieser Zeit jedoch nichts, weil die Weibchen nur an einem einzigen Tag im Jahr empfänglich sind – und zwar alle gleichzeitig.

Doch plötzlich, wenn dieser langersehnte Tag anbricht, erscheint eine fremde Horde von etwa sieben Junggesellen, um unter den Weibchen amourös zu wildern. Der Pascha giftet überall herum, flitzt von einem Zweikampf zum anderen, versucht, die Rivalentruppe abzuwehren. Doch gegen die Übermacht hat er keine Chance. Während sich die Freischärler mit den Weibchen verlustieren, versucht er zu retten, was nicht zu retten ist, und kommt, von Bißwunden übel zugerichtet, zerzaust und total erschöpft, kaum selbst zum Zuge.

Bei seinen Weibchen tut derweil der sogenannte »Fremde-Mann-Effekt« seine anziehende Wirkung. Den eigenen Herrn und Gebieter kennen sie mitsamt allen Allüren schon zum Erbrechen. Aber die Geheimnisse des »Neuen« verlokken. Undank ist der Lohn der Äffinnen. Oder halten sie sich ihren Pascha überwiegend als Laufburschen? Ein Regent als extraordinäre »Niete in Nadelstreifen«!

Bei den Bisonbullen auf den Prärien Nordamerikas verhält es sich nicht viel anders. Nur sind die Muskelpakete hier an ihrem Versagen selbst schuld. Zunächst hat der Boß einer vielköpfigen Herde unter der »Revolverhelden-Plage« arg zu leiden – just wie einst die Scharfschützen im Wilden Westen. Damals sprach es sich schnell herum, wenn ein Mann seinen Colt wie der Blitz ziehen und damit auch treffen konnte. Dann kamen die Möchtegernhelden von überallher, um sich mit dem »local hero« im Duell zu messen, auch wenn es das eigene Leben kosten sollte.

So ähnlich spielt es sich auch bei den Bisonbullen ab, nur daß sie den Kampf sportlich äußerst fair austragen und trotz höchstem Krafteinsatzes vermeiden, den Gegner zu verletzen oder gar zu töten. Die Lebensgefahr ist sogar so gering, daß das Gerangel auch schwächeren und jüngeren Machos Spaß bereitet und sie keinen Respekt vor dem Boß zeigen. So treten die männlichen Kopfboxsportler auch nach etlichen Niederlagen stets von neuem an und fordern den Meister heraus. Forscher beobachteten sogar oft, wie mittelstarke Bullen gerade zur Paarung schreiten wollten, dann aber plötzlich in der Ferne ihren Lieblingsfeind erblickten, sogleich vom Weibchen abließen und schnurstracks zum Hornduell eilten.

Dann prallten die beiden 1000-Kilogramm-Brocken wie Dampframmen Kopf gegen Kopf. Doch schon 30 Sekunden später ist der Kampf vorbei. Beide Tiere treten einen Schritt zurück und der sich unterlegen Fühlende trabt davon. Der Boß kann fürs erste erleichtert durchschnaufen. Aber bereits wenige Minuten später taucht der nächste Raufbold auf. Wildbiologen haben gezählt, daß ein besonders kräftiger Bulle siebenunddreißigmal pro Tag in den »Ring steigen« mußte. Dauernd spürte er die Faust im Nacken. Er konnte kaum noch fressen, fand so gut wie keine Zeit mehr zu Liebesspielen mit seinen Kühen. Er magerte ab. Sein Fell schlotterte ihm um die Knochen. Schließlich wurde es ihm zu dumm. Er wanderte als Einsiedler in die Weite der Prärie, um endlich seine Ruhe zu finden. Armer Haremspascha!

In einer volkreichen Zoohorde von Rhesusaffen sind Skandale an der Tagesordnung. Haremsdamen des Anführers gehen fremd, schwächere Männchen versuchen, sich im Sichtschutz von Felsen an seine Weibchen anzuschleichen. Halbstarkenbanden necken den Boß, Verschwörer schmieden Bündnisse, um den Tyrannen zu stürzen. Solche Widrigkeiten jagen den Blutdruck des Affenpaschas in die Höhe. Ständiger Streß nagt an seiner Gesundheit. Hektik und Angst um seine Herrscherexistenz zerrütten sein Nervenkostüm. Er schlafft ab und muß seine Spitzenposition an einen Rivalen abtreten.

Primatologen haben 1989 bei Affenchefs die Pulsgeschwindigkeit telemetrisch gemessen, also mit einem Sensor, der seine Ergebnisse über Funk weiterleitete, ohne daß dabei ein Mensch störend in Erscheinung zu treten brauchte. Eindeutiges Resultat: Je höher der Rang eines Rhesusaffen in der Horde, desto schneller das Herzschlagtempo. Nicht nur bei Streitigkeiten, sondern auch im gesamten Tagesverlauf. Und desto größer auch die Anfälligkeit gegen Kreislauferkrankungen bis hin zum Herzinfarkt. Managerkrankheit bei Affen! Die niederen Chargen hält indessen ruhiges Blut bei bester Gesundheit.

Läßt sich dieser Befund verallgemeinern? So ohne weiteres nicht. Zum Beispiel ist es in der Gesellschaft der Wildkaninchen auf dem Acker und in den Hausgärten genau umgekehrt: K. Eisermann, Verhaltensforscher an der Universität Bayreuth, fand jetzt heraus: Je tiefer der Rang eines Hopplers, desto schneller pocht sein Herz – vor allem dann, wenn er seinem Chef begegnet. Das läßt auf seelische Nöte im niederen Karnickelvolk und auf ein schlechtes Betriebsklima schließen.

Eine Sippschaft von zehn bis 20 Männchen und Weibchen bewohnt das weitverzweigte unterirdische Labyrinth eines Wildkaninchenbaues. Seltsamerweise nehmen diese die Rangordnung sehr wichtig. Alljährlich im Januar, kurz vor der sogenannten Rammelzeit, fechten die Langohren in nächtlichen Kämpfen ihren Rang für das kommende Sommerhalbjahr aus: Alle Männchen prügeln sich untereinander, und auch sämtliche Weibchen bekämpfen sich gegenseitig. Jeweils zwei Rivalen setzen sich mit einem Meter Abstand einander gegenüber. Plötzlich springen sie hoch und prallen in der Luft zusammen. Das unblutige Karambolagenturnier dauert so lange, bis einer der Kontrahenten aufgibt und humpelnd den Ort seiner Niederlage verläßt.

Die einmal ausgefochtene Entscheidung respektieren die Unterlegenen ein ganzes Jahr lang, ohne auch nur ansatzweise aufzubegehren. Das ist die Basis für den Seelenfrieden von Chef und Chefin. Beide können es sich auch leisten, huldvoll und gnädig zu regieren. Alle bis zum Schlußlicht der Gesellschaft dürfen im Familienbau mit den 45 Meter langen Gängen wohnen bleiben. Keiner wird an die Luft gesetzt. Kommt der Boß daher, verlangt er nur, daß man ihm eine Handbreit Platz macht. Unterdrückung kann man das nicht nennen.

Trotzdem gibt es, wie Pulsmessungen gezeigt haben, für ein rangniederes Tier nichts Schlimmeres, als den Anblick und den Ruch seines Herrn ertragen zu müssen. Sofort schnellt sein Herzschlag in beängstigende Höhe. Und noch Stunden, nachdem der Verhaßte schon längst wieder verschwunden ist, hat sich das Schnuppernäschen noch immer nicht beruhigt. Wo der soziale Streß voll zuschlägt, kann ein Wildkaninchen sogar an regelrechten Minderwertigkeitskomplexen sterben oder am Gram, den es in sich hineinfrißt.

Ist ein »Urlaub« für den Gestreßten von erholsamer Wirkung? Man kann ihn im Experiment aus dem »schlechten Betriebsklima« in den »Kuraufenthalt« eines salatparadiesischen Einzelgeheges umquartieren. Trotzdem dauert es Wochen, bis die Herztätigkeit wieder normale Werte annimmt. Das nervenschonende Einzeldasein garantiert also nicht den wahren Seelenfrieden – im Gegenteil: Kaum ist das strapazierte Karnickel auf »Privatstation«, hat es nichts anderes im

Sinn, als sich unter seinen Zaun hindurchzuwühlen und so schnell wie möglich wieder in den Streß der Demütigungen seiner Sippschaft zurückzueilen. Experimente haben das eindeutig bewiesen. So ist es letzten Endes zu erklären, daß es in der guten Karnickelstube eine Menge Muff und Mief gibt. Und wenn Schnuppernäschen dort bei schlechtem Wetter lange Zeit herumhocken muß, geht ihm das arg an die Nieren, führt zu Unwohlsein und Krankheiten. Offenbar erkennt das »gemeine Volk« zwar seine Chefs an, leidet aber dennoch unter Minderwertigkeitskomplexen.

Im Gegensatz dazu haben die Häuptlinge volkreicher Affenclans im Zoo so viel mit der Sicherung ihrer Spitzenposition gegen fortwährende Angriffe der Neider zu tun, daß sie sich nicht sehr lange ihrer Führungsrolle und ihres Daseins erfreuen können. Ihre Chefstellung ist äußerst ungesund, während alle Hordenmitglieder, die keine Ambitionen auf den Führungsposten haben, ein Leben in unbeschwertem Spiel und ohne Drangsal führen können.

Es hat den Anschein, als praktizierten die Menschen eine Mischung aus den Nachteilen beider Systeme: Chefs leiden unter dem Streß des Affenverhaltens und werden so zu Versagern in der Betriebsleitung, und Subalterne erliegen dem Streß nach Art der Kaninchen.

Auch in freier Wildbahn nagt bei ranghohen Steppenpavianweibchen der Ehrgeiz an der Gesundheit. Auf den Savannen Ostafrikas konnten Tierärzte 1996 folgendes ermitteln: Die kräftigsten Pavianinnen haben in ihrem »Damenkränzchen« zwar das Sagen. Auch bestehen sie auf ihrem Vorrecht, das beste und meiste Futter sowie die bequemsten Schlafplätze für sich zu beanspruchen. Folglich gedeihen ihre Kinder besser als die des niederen Volkes.

Aber der Erfolg dieser Privilegien wird durch den damit verbundenen Streß wieder zunichte gemacht. Der dauernde Hickhack um die Wahrung der Chefposition, die ständige Besorgnis, ein anderes Weibchen könnte der »First Lady« ein

Privileg streitig machen, die allgegenwärtige Wachsamkeit und Nervosität, der unruhige nächtliche Schlaf, all das Zanken, Kreischen, Jagen und Fellhaareraufen zehren am Wohlbefinden. Die Folge davon ist überraschend und widerspricht einmal mehr der landläufigen Schablone vom schönen Leben hochgestellter Persönlichkeiten: Bei einer Pavianleiterin ist die Zahl der Fehlgeburten erschreckend hoch. Fast jedes zweite Kind kann sie nicht austragen. Sie verliert es. Ein »hohes Tier« bekommt in seinem Leben viel weniger Kinder als ein Weibchen in der ausgeglichenen Stimmung niederen Ranges. Also gibt es auch bei Affenweibchen Nieten in Nadelstreifen!

Russische Forscher konnten Ähnliches durch Beobachtungen an männlichen Mantelpavianen im Zoo von Moskau bestätigen. Sie setzten den Anführer einer Kleinhorde in einen Einzelkäfig. Von dort mußte er tatenlos mitansehen, wie sich ein ihm unbekanntes, schwächeres Männchen mit seinen einstigen Weibchen verlustierte. Erst tobte der Exchef wie wahnsinnig im Käfig umher. Als er seine Ohnmacht einsah, hockte er sich in eine Ecke, schaute nur noch gegen die Wand und erlitt nach neun Tagen einen Herzinfarkt. Chef zu sein ist an sich schon ein gesundheitliches Risiko. Aber noch dazu die Führungsfunktion und das Weibchen zu verlieren, bringt einen Pavian um den Verstand und ums Leben.

Sogar die kleinen Hausmäuslein tun sich mit leitenden Posten schwer. In einem Käfig hatte sich ein Mäuserich zum Boß von 16 Untergebenen aufgeschwungen. Sogleich ging es mit seiner Gesundheit abwärts. Seine Herrschertätigkeit trieb den Blutdruck hoch. Schon nach vier Monaten litt er unter Arteriosklerose. Schwächeanfälle überkamen ihn.

Dies nutzte ein anderes Männchen aus, um die Chefposition an sich zu reißen. Nun schikanierte das einfache Volk seinen einstigen Anführer so sehr, daß die Forscher den Gepeinigten in einen Einzelkäfig weit entfernt von den anderen umziehen ließen. Der ruhige Ort wirkte wie ein Sanatorium.

Bereits nach einer Woche war der Blutdruck wieder normal. Das Allgemeinbefinden besserte sich. Aber nun erhöhte sich beim neuen Chef der Blutdruck auf gesundheitsschädliche Werte.

Wohl denen, die kein ehrgeiziges Statusstreben verzehrt und dafür ein ausgeglicheneres Seelenleben genießen!

Die Familie

Mein Kind,
gehorche deinem Vater
und verlaß nicht das Gebot
deiner Mutter.

(Sprüche 1, 8)

DIE UNENDLICHE GESCHICHTE

Es ist Mitte April bei Kap Evans an der Küste der Ross-Insel, jenem Küstenstreifen am Rande des antarktischen Ross-Schelfeises, von dem Expeditionen während der »heroischen Zeit« aufbrachen, um den Südpol zu erforschen und, wie Sir Robert Falcon Scott, tragisch endeten.

Der Sommer auf der südlichen Erdhälfte ist vorbei. 14 Tage zuvor hatten schon die letzten Adeliepinguine ihre Brutkolonie, vor eisigem Frost und finsterer Polarnacht fliehend, eiligst verlassen. Da stapft eine Gruppe viel größerer Pinguine in entgegengesetzter Richtung im Gänsemarsch polwärts. Den Kopf tief eingezogen, die Federn dick aufgeplustert, kraxeln sie über aufgetürmte Eisschollen, hechten durch unterkühltes Wasser, trotzen dem Schneesturm, der ihnen entgegenpfeift. Ihr Ziel ist der Ort der Liebeslust und der Freuden des Kinderkriegens. Und die Akteure sind die mit ausgestrecktem Hals bis zu 1,20 Meter messenden und 30 Kilogramm schweren Kaiserpinguine.

Ausgerechnet dann, wenn alle anderen Zugvögel vor dem Einbruch des Winters wärmere Länder aufsuchen, begeben sich diese größten aus der Familie der »befrackten Oberkellner« zur kalten Jahreszeit in die kältesten, finstersten und lebensfeindlichsten Zonen der Welt, um sich hier zu lieben und Junge aufzuziehen!

Wie sie bei Nacht und teils auch bei Nebel in jedem Jahr immer wieder denselben Ort finden, um erneut eine Brutkolonie zu gründen, steht in den Sternen. Ihr Ziel nach einer viele tausend Kilometer langen Seereise liegt auch nicht auf festem Land, das man nach Bergen oder Felsen wiedererkennen könnte, sondern auf einer Eisfläche, auf dem Schelf- oder Packeis, das so fest ist, daß es während der nächsten sieben Monate unter Garantie nicht brechen wird. Andernfalls wären alle Küken des Todes. Die Kaiserpinguine sind die einzigen ihrer Familie, die auf einer Eisfläche brüten. Alle anderen, auch die antarktischen Adeliepinguine, sind Sommerbrüter und wählen felsigen oder erdigen Untergrund für ihre Brutkolonie.

Das hat seinen guten Sinn. Im Südsommer wird felsiger Boden von der Sonne lau angewärmt. Im Winter jedoch ist der Eispanzer über südpolarem Wasser wärmer. Die Temperatur des Wassers kann nie unter minus 2,4 Grad Celsius sinken, während die der Felsen ohne weiteres minus 35 Grad Celsius unterschreitet. Das Wasser sorgt also für halbwegs erträgliche Verhältnisse durch die Eisdecke hindurch sogar dann, wenn diese mehrere Meter mächtig ist. Damit ist der Kaiserpinguin der einzige Vogel der Welt, der in freier Wildbahn nie in seinem Leben festen Boden berührt.

Gleich nach der Ankunft in der Brutkolonie versuchen die Männchen ihre vorjährigen Weiblein in der Volksmasse der 30 000 bei Kap Evans wiederzufinden. Sie singen laut im Quäkton einer Kindertrompete und erkennen sich schließlich an der Stimme. Ihre Begrüßungszeremonie beschreibt Jean Prevost, ein französischer Pinguinforscher von Weltruf, wie folgt:

»Beide stehen sich gegenüber, den Kopf weit nach vorn und etwas zur Seite geneigt. So zeigen sie sich ihre bildschönen Balzabzeichen, die Kopfseitenflecke. Plötzlich werfen sie die Köpfe hoch, kippen etwas vornüber und lehnen sich Brust gegen Brust. So verharren sie unbeweglich und scheinen nichts von alledem zu spüren, was rings um sie herum geschieht. Das ist der siebte Himmel der Kaiserpinguine.«

Erscheint der »Herr« zu Saisonbeginn einmal reichlich spät, kann es sein, daß sich bereits ein Rivale an seine »Frau«

herangemacht hat. Dann baut er sich vor ihm auf und stößt ruckartig den »dicken« Bauch gegen den des Konkurrenten, so daß dieser nach hinten umkippt. Damit ist die Sache meist erledigt. Blutige Gefechte liefern sich die Weißbefrackten mit ihrem gefährlichen, messerscharfen Fischkillerschnabel so gut wie nie. Gelegentlich setzt es allerdings kräftige Backpfeifen. Als ein Forscher die Körpertemperatur eines Kaiserpinguins messen wollte, ging er durch solch eine Ohrfeige »bis neun zu Boden«.

Die »Geburt« des einzigen Eies, anders kann ich es nicht beschreiben, findet etwa zwei Fastenmonate nach der Landung statt und trägt nahezu menschliche Züge. Das Weibchen krümmt sich unter Schmerzen, während das Männchen vor Aufregung, ratlosem Helfenwollen und Nichthelfenkönnen immer im Kreis um seine Kaiserin herumwatschelt und sich von ihr widerstandslos mit Schnabelhieben traktieren läßt. Sobald das einzige Ei gelegt ist, wirft sich der stolze Papa platt auf den Boden und stimmt ein Triumphgeschrei an, an dem sich sein Weibchen − nicht ganz so frenetisch − beteiligt.

Bald verlangt der »Herr«, das Ei zu übernehmen. Unter einem speziellen Eigesang und zahllosen »japanischen« Verbeugungen wird das Jongleurkunststück des Eibalancierens von den Füßen der Mutter zu denen des Vaters vollbracht. Das Ei darf höchstens für Sekunden Eis oder kalten Schnee berühren, soll der Fötus nicht absterben. Jeder längere Kontakt führt unweigerlich zum Tode. Hat der Balanceakt ein glückliches Ende genommen, stimmen beide ein neues Lied an, den sogenannten Abschiedsgesang, der ganz anders als der zuvor erwähnte Eigesang klingt. Nun umwatschelt das Weib den Mann. Langsam entfernt es sich von ihm, kehrt wieder zurück, singt ergreifende Abschiedsstrophen und paradiert stelzbeinig. So geht das schier endlos hin und her. Doch jedesmal entfernt sich die Pinguinin ein Stück weiter, bis sie in der Finsternis der südlichen Polarnacht verschwindet und das allein brütende Männchen für volle zwei Monate im Zauber südlicher Polarlichter, aber auch im mitunter wochenlangen Toben der Naturgewalten zurückläßt.

Während die Adeliepinguine im Frühjahr Entfernungen von bis zu 60 Kilometern zu Fuß übers Packeis bewältigen mußten, ehe sie offenes Wasser erreichten, so liegen vor der Kaiserin jetzt bei viel tieferen Temperaturen bis zu 100 Kilometern Fußmarsch über schroffes Meereis und die gleiche Strecke noch einmal für den Rückmarsch. Der Packeisgürtel um den gigantischen Südkontinent wird täglich um 4,2 Kilometer breiter. Stürme türmen Schollen zu Barrikaden. Daher die zweimonatige Trennungszeit.

Manchmal kann der Fußmarsch erheblich abgekürzt werden: dann nämlich, wenn im Packeis durch Meeresströmungen oder ablandige Winde ein eisfreier »See«, eine sogenannte »Polynya«, aufgerissen wird. Hier sammeln sich Fische, Kalmare und Krill in dichten Massen: ein Schlaraffenland! Mit Hilfe der Telemetrie und Satellitentechnik stellten Forscher fest, daß die Pinguine aus großer Entfernung geradewegs auf die Polynya zusteuern. Aber wie die Fußgängervögel diese »Oasen der Eiswüste« finden, bleibt uns vorerst rätselhaft.

Das Los der zurückbleibenden Männchen ist extrem hart. Bei Frost bis minus 40 Grad, Superorkanen mit Windgeschwindigkeiten von bis zu 130 Stundenkilometern, wochenlangen Schneestürmen und lichtblickloser Finsternis ist in drei- bis viermonatiger Hungerzeit ihr einziges Ziel, sich und das Ei durchzubringen. Der Vater balanciert das elf Zentimeter lange 450-Gramm-Ei, das in Relation kleinste Ei der Vogelwelt, auf dem Nestersatz seiner warm durchbluteten Füße und stülpt eine gefiederte Bauchfettfalte als »Eierwärmer« darüber. Berührt das Ei auch nur 18 Sekunden lang Schnee oder Eis, stirbt der Embryo. Der Pinguin lüftet dabei sogar seine Füße an, so daß er nur mit den Karpalgelenken, quasi den »Hacken«, in einem Dauerbalanceakt sondergleichen Bodenberührung hat.,

Wenn der eisige Sturm losbricht, drängen sich die werdenden Väter zu jeweils 500 bis 600 Tieren dicht an dicht im Kreis zusammen, zur sogenannten »Schildkröte«, um sich gegenseitig Wärme und Windschutz zu geben. Die Köpfe eingezogen und an den Vordermann gelehnt, stapfen alle langsam immerzu im Kreis umher, stunden-, tage-, mitunter wochenlang – voll unbeugsamen Willens, die Zeit der Not zu überdauern. Nur nicht stehenbleiben! Nur nicht einschlafen! Das wäre der Tod.

So gelangen die Vögel von der Luv- bald an die günstigere Leeseite in den Windschatten. Zudem rotiert die Masse langsam in sich, damit die außen Laufenden für einige Zeit auch in den Genuß der wärmeren Mitte kommen, wo die Temperaturen um 60 Grad höher liegen als außen.

Das Überleben in der Eishölle ist nur durch eine phantastische »Warmhaltepackung« möglich. Unter der Haut liegt ein zwei bis drei Zentimeter dickes Fettpolster. Dieses wird zunächst von der »Thermo-Unterwäsche« aus flauschigen Daunen und dann von einem wasserdichten, lufthaltigen Federkleid umhüllt. Es isoliert so gut, daß herniederrieselnder Schnee auf dem Rücken nicht schmilzt. Solchermaßen geschützt, halten die Schwimmvögel eine konstante Körpertemperatur von 39 Grad Celsius. Diese Körperwärme ist also um zwei Grad höher als unsere und macht sie zu besonders warmen Warmblütern.

Natürlich könnten die Väter der Eishölle entfliehen, ihr Ei im Stich lassen und zum Fischfang eilen. Aber sie harren hungernd eisern aus – mit zwei Ausnahmen:

1. Wenn der männliche Pinguin in der Endphase des Brütens spürt, daß im Ei keine Eigenwärme produziert wird, der Embryo mithin tot ist, läßt er alles stehen und liegen, wartet auch nicht mehr auf die Rückkehr seines Weibchens und watschelt stracks in Richtung Meer.

2. Sollte sich durch mißliche Umstände seine körperliche Verfassung lebensbedrohend verschlechtern, bricht er ebenfalls die Brut ab. Ganz normal ist eine Hungerzeit von

20 Tagen für den Anmarsch zur Brutkolonie plus 30 Tage für die Balz plus 62 bis 64 Tage für die Brut, also insgesamt fast vier Monate. Ganz normal ist auch, daß der Vater dabei ein Drittel seines Körpergewichts von 30 Kilogramm verliert und zum Skelett abmagert. Aber wenn es noch schlimmer kommt, läutet bei ihm eine Art Alarmglocke und veranlaßt ihn, das Brüten aufzugeben und zum Meer zu eilen. Schließlich kann er, wenn er sein Leben rettet, während vieler nachfolgender Jahre noch zahlreiche weitere Kinder zeugen. Später vermag er sich das Abgehungerte übrigens in 14 bis 24 Tagen wieder anzufuttern, ohne gesundheitliche Schäden zu erleiden.

Kurz vor der Rückkehr der Weibchen sehen die Väter einem freudigen Ereignis entgegen: In ihrer Bauchfalte schlüpft ein brathähnchennacktes Junges aus dem Ei. So ausgemergelt das Männchen auch ist, so liebevoll füttert es seinen hungrigen Sprößling. Ja, womit denn? Mit einem milchartigen Kropfsekret. Jawohl, dieser Vogelmann produziert für sein Kind eine Art »Milch«!

Dann endlich, Anfang August, wenn die Sonne nach langer, nur von Südlichtern erhellter Polarnacht ihre ersten Strahlen über den Horizont schickt, kehrt auch die Kaiserin mit sieben Pfund Fisch im Kropf zurück, um ihr Kind, das »Vati« inzwischen bekommen hat, zu betrachten und zu füttern.

Die zweite Phase der Kinderbetreuung beginnt: der elterliche Futterpendelverkehr. Immer abwechselnd bleibt einer beim Einzelkind, während der andere Nahrung heranschafft. Die Ablösung erfolgt wegen der langen Ab- und Anmarschwege im Bauchrutschmarsch übers Packeis zunächst im vierwöchigen, dann, nach dem teilweisen Rückgang des Eisgürtels, im dreiwöchigen Turnus. Für beide Elternvögel gibt es nur einen Hinderungsgrund, nicht wieder heimzukehren: den Tod. Eine innigere Liebe der Eltern zu ihrem Einzelkind ist kaum vorstellbar.

Auf der Jagd nach Nahrung erweisen sich die Kaiserpinguine als Schwimm- und Tauchartisten von beachtlichem Format. Neuesten Forschungen zufolge können sie ein Marsch-Schwimm-Tempo von elf und eine Höchstgeschwindigkeit von 25,5 Kilometern pro Stunde erreichen. Sie sind also fast so schnell wie ein Passagierschiff. Sie fliegen regelrecht unter Wasser. Das heißt, sie führen mit den Flügeln nicht etwa Brustschwimmbewegungen aus wie wir Menschen, auch keine Kraul- oder Butterflybewegungen wie etwa die Dampfschiffenten Feuerlands. Vielmehr schlagen sie nur auf und ab, wobei sie den Anstellwinkel der Flügel verändern – eben wie ein Vogel.

Ferner können sie, wie neueste telemetrische Forschungen gezeigt haben, bis zu 535 Meter tief und 15 Minuten lang tauchen.

Ihre Beute sind Fische und Tintenfische, vor allem die sogenannten Kleinen Antarktisheringe der Art *Pleurogramma antarctica*, die zeitweise in riesigen Schwärmen auftauchen. Die Jungtiere können gewaltige Portionen davon verdrücken. Wenn das Küken zum Beispiel ein Gewicht von einem Kilogramm erreicht hat, also im Vergleich zu den 30 Kilogramm schweren Eltern noch sehr klein ist, kann es schon 600 Gramm Futter auf einmal verschlucken. Später verschwindet der gesamte elterliche Mageninhalt von etwa zehn Kilogramm Fisch auf einmal im futterheischenden Kükenschnabel. Derart abgefüllt, liegen die Kleinen danach stundenlang bewegungslos auf dem eisigen Boden.

Die dritte Phase der Brutfürsorge läutet das Küken ein, wenn es so groß und so hungrig geworden ist, daß beide Eltern gleichzeitig Futter heranschaffen müssen, um ihren kleinen Gierschlund zu sättigen. Dann geben sie ihr Kind in einen bis zu 200 Mitglieder zählenden Kindergarten. Hier schützen sich die Jungen gegenseitig vor Skua-Raubmöwen. Und bei Schneesturm wärmen sie sich ähnlich den Erwachsenen, indem sie sich ebenfalls zu einer »Schildkröte« formieren.

Die Kaiserpinguinküken sind übrigens die bravsten von allen Jungpinguinen. Wie Kegelfiguren stehen sie da, krakeelen nicht viel herum, streiten sich kaum und warten ohne Murren, bis die Eltern kommen und ihnen Futter bringen. Logisch: An diesem extrem lebensfeindlichen Ort würde jede Unfolgsamkeit unerbittlich mit dem Tode bestraft!

Anfang Dezember bricht unter den wärmenden Strahlen der höher steigenden Sonne der Packeisgürtel in großen Schollen auseinander. Das ist die Zeit für jung und alt im Reich der Kaiserpinguine, die Kolonie in kleinen Geschwadern zu verlassen, um in den Weiten der südlichen Ozeane das Jagdglück und Erholung von den Strapazen der Jungenaufzucht zu suchen.

Es ergibt sich für die Kaiserpinguine folgende Gesamtsituation: Derzeit leben etwa zwei Millionen dieser Vögel in insgesamt 18 Brutkolonien an der Peripherie des großen Südkontinents.

Was die Elternvögel hier zu leisten haben, sei mit folgender Aufstellung noch einmal gewürdigt:

20 Tage Anmarsch vom Meer zum Brutplatz, Ankunft dort Mitte April; 45 Tage Partnersuche, Balz und Synchronisation der Fortpflanzungsphysis bei Männchen und Weibchen, Eiablage Mitte Juni; 64 Tage Brut, Schlüpfen der Jungen Anfang/Mitte August; 100 Tage Jungenaufzucht, Verlassen der Kolonie Anfang Dezember.

Das sind insgesamt 229 Tage pro Jahr voll unsäglicher Mühen, Aufopferung »nur« für das eine Einzelkind und kaum vorstellbarer Entsagung im Ertragen extremer Naturgewalten und bohrenden Hungers. Eine derartige elterliche Leistung (in der Verhaltensforschung sprechen wir von »Eltern-Investition«) wird mit Ausnahme des Königsalbatrosses von keinem anderen Lebewesen übertroffen.

So verbleiben den Kaiserpinguinen im Jahreslauf immerhin theoretisch noch 136 Tage Frei- und Freßzeit. In der Praxis ist das jedoch nicht der Fall. Denn nach etwa vier

Wochen Erholung setzt bei diesen Vögeln die Mauser, das heißt der Gefiederwechsel, ein. Das Federkleid ist zerschlissen, vor allem vom vielen Rutschen auf dem Bauch, und muß erneuert werden. Die Vögel hüpfen wiederum aufs Packeis, marschieren in kleinen Gruppen aus der Gefahrenzone, in der möglicherweise Seeleoparden und andere Feinde lauern, und werfen dort im antarktischen Hochsommer alle Federn zugleich ab. Wir bezeichnen das als »Katastrophen-Mauser«. Die Federn fliegen umher wie Schneegestöber.

Nun stehen sie nicht etwa splitterfasernackt da. Die neuen Federn haben die alten herausgestoßen und schieben gleich nach. Aber die einst so stolzen Kaiserpinguine sehen nun aus, wie von Motten zerfressen, weil das alte Kleid tagelang in Fetzen über dem neuen hängenbleibt. Solange die Federn nicht vollständig nachgewachsen sind, was 35 bis 40 Tage in Anspruch nimmt, können die Kaiserpinguine weder schwimmen noch tauchen, also auch nicht jagen – und müssen abermals vier Wochen lang hungern. Erneut verlieren sie bis zu 40 Prozent des Körpergewichts. Die Haut schlottert ihnen dann buchstäblich am Leibe.

Das neue Prachtgewand muß übrigens mit einer Creme aus der eigenen Kosmetikfabrik gepflegt werden. In der Nähe des Bürzels sitzt eine Drüse, die ein Öl produziert, das die Tiere mit dem Schnabel im Gefieder verreiben, um es wasserabstoßend zu machen. Zudem besitzt das Bürzelöl Antifouling-Eigenschaften, etwa so wie guter Bootslack. Es verhindert, gleichsam als Naturmedizin, den Befall mit Pilzen, Bakterien und Algen.

Ist die Bekleidung endlich perfekt, stehen den Kaiserpinguinen gerade noch 66 Tage, also zwei Monate zur Verfügung, um sich wieder satt- und fitzufressen. Danach zwingt sie schon wieder ein unbändiger innerer Drang, sich auf die Wanderschaft zu jenem Ort zu begeben, an dem die Liebe, aber auch unendlich viel Arbeit und Not auf sie wartet. Trotzdem vermag nichts auf der Welt die wunderlichen Gesellen davon abzuhalten.

Wenn ich mir ein Tier als Symbol der Elternliebe zum Kind erwählen wollte, würde ich mich für den Kaiserpinguin entscheiden.

Nicht minder phantastisch, wenngleich von ganz anderer Art, sind die Liebesdienste, die Walmütter ihren Kindern angedeihen lassen.

DIE GIGANTEN

Das Riesenbaby kam in aller Heimlichkeit zur Welt. Der Mond ließ tausend Sterne auf den Wassern einer verträumten Meeresbucht der patagonischen Halbinsel Valdes glitzern. Leichte Dünung schaukelte unser Boot wie eine Babywiege. Plötzlich ein Gurgeln, ein gewaltiger Wasserschwall. Ein unförmiger, gewaltiger Brocken schoß aus der Tiefe an die Oberfläche. Dann teilten sich neben ihm die Fluten. Schnaufend tauchte eine kleine »Insel« auf, funkelte im Licht des Mondes wie auf Hochglanz poliert: Eine Südkaper-Walmutter hatte auf dem Meeresgrund ihr Kind zur Welt gebracht. Wie ein Sektkorken trieb es nach oben zum ersten Atemzug seines Lebens, von der riesigen Walin auf jedem Flossenschlag begleitet.

Das Neugeborene, das im September zur Welt kommt, ist bereits 5,50 Meter lang und wiegt sechs Tonnen, soviel wie 80 Menschen. Ein wahrer Gigant von Kindesflossen an. Und der personifizierte Riesenhunger. Zunächst sah es aus, als wollte der neue Meeresbewohner den ganzen Leib seiner Mutter mit Küßchen bedecken. Doch er suchte nur nach einer ihrer beiden Zitzen. Unglücklicherweise sind die Mäuler der Bartenwale mit ihren Barten, also dem einen Fenstervorhang ähnelnden Gehänge, das als Krabben- oder Kleinfisch-Fangreuse dient, zum Saugen und Milchnuckeln völlig ungeeignet. Doch die Natur läßt ihre Kinder nicht verhungern. Sie hat die Walmutter mit Milcheinspritzpumpen ausgestattet: Sie kann Ringmuskeln um jede der beiden Zitzen herum zusammenziehen und die Milch ins Babymaul hineinspritzen.

Damit beginnen die neckischen Spielchen zwischen Mutter und Kind. Zuerst lassen die Meeresströmungen das Baby vom sicheren Hort forttreiben, auch während des Säugens. Die Zitze gewährt keinen Halt. Die 95 Tonnen schwere und 18 Meter lange Riesin muß ihrem Kind folgen. Doch bald merkt es, daß es sich bei langsamem Schwimmtempo von etwa drei Kilometern pro Stunde durch die Fahrtströmung an den Mutterleib andrücken lassen kann. Dadurch klappt das Nuckeln gleich viel besser. Mindestens 15 Minuten dauert jede Mahlzeit. Binnen kurzem entwickelt das Kleine eine unersättliche Gier. Ständig will es am Zipfel hängen, bis es der Mutter schließlich zuviel wird. Sie versucht, sich dem Nimmersatt zu entziehen. Doch wie? Sie wälzt sich einfach auf den Rücken. Jetzt ragt der Bauch samt Milchquell in die Luft. Der riesige Kleine versucht hinaufzuspringen, kann die Zitzen aber nicht erreichen. Oder die Walin taucht nach unten weg.

Schwimmen kann der junge Südkaperwal vom ersten Lebensmoment an perfekt. Aber mit dem Tieftauchen hapert es noch. Das muß ihn die Mutter erst lehren. Sie vollbringt das mit solch pädagogischer Raffinesse, das wir nur staunen können. Zuerst legt sie sich an der Oberfläche auf die Seite, das Kind fast im Hautkontakt neben ihr. Dann schlägt sie mit ihrer Seitenflosse, dem Flipper, laut auf die Wasseroberfläche, daß es klatscht und spritzt. Das Kind kapiert sofort, welchen Spaß das bereitet, und macht es der Mutter nach. Und nicht nur das Flippern, sondern auch alles, was nun kommt. Erwecken von Lust als Einführung zum Lernen!

In der nächsten Unterrichtsstunde stellt sich die Mutter senkrecht auf den Kopf. Ihre Schwanzflosse, die Fluke, die eine »Spannweite« von fünf Metern hat, schaut dabei bis zu zehn Minuten lang glitzernd aus dem Wasser. Das ist die bei mehreren Walarten übliche Ausgangsstellung zum Tieftauchen. Nun ist es geradezu rührend zu sehen, wie das Kleine

versucht, den Kopfstand zu imitieren. Es schlägt einen Pur-
zelbaum nach dem anderen, kann die Balance nicht halten,
kippt immer wieder um. Dann kommt ihm ein Geistesblitz:
Es turnt unmittelbar neben der Mutter, so daß sein Schwänz-
chen gegen den Schwanz der Mutter klatscht, sich anlehnen
kann und von ihm aufrechtgehalten wird. Doch dann glitscht
es ab. Wieder ist es nichts mit der Kopfstandakrobatik.

Ein anderes Spiel muß her: Reiten auf der Mutter. Doch
kaum ist das Baby mit einem Luftsprung oben gelandet,
flutscht es gleich links oder rechts wieder herunter und
platscht ins Wasser. Die Walin weiß besser, wie man es machen muß. Sie schiebt im Rückwärtsgang ihre Fluke, groß wie
ein Hubschrauberlandeplatz, unter das Kind. Hier kann es
seine ersten Surfübungen absolvieren. Oder sie reißt ihr Kind
mit einem Flipper hoch, wälzt sich auf den Rücken und hält
ihr so überaus spielfreudiges Wesen, auf ihrem Bauch rei-
tend, mit beiden Flippern fest, als wollte sie es umarmen und
mit ihm »Hoppe-hoppe-Reiter« spielen. Zum »Dank« dafür
hält ihr das Baby bei nächster Gelegenheit das Blasloch mit
seinem ganzen Leib zu. Doch dann pustet die Gigantin ihr
Kind mit einer sechs Meter hohen Fontäne in die Luft.

Das Spiel mit anderen Südkaper-Walkindern ist vorerst
noch unmöglich. Zwar schwimmen die Weibchen, wenn sie
keine Kinder führen, in Gruppen bis zu sechs Mitgliedern
zum gemeinsamen Garnelenfang, doch mit einem Baby an
der Seite halten sie Abstände von etwa drei bis acht Kilometern zueinander. Warum, wissen wir noch nicht. Auch wenn
sich Sporttaucher nähern und auf dem Kind reiten oder sich
an seinen Flossen festhalten wollen, sind die Wale nicht begeistert und entfernen sich gemächlich. Also sind andere
Spielfreunde gefragt.

Oft kommen in den Gewässern um Valdes zu Späßen auf-
gelegte Delphine und südamerikanische Seelöwen herbei.
Sie spielen mit dem Walkind Haschen oder Verstecken. Ein
Delphin stupst es an, prompt nimmt es die Verfolgung auf. In
Schußfahrt geht es zum etwa zehn Meter tiefen Meeresgrund.

Dort wirbelt der Delphin den Schlick auf und verschwindet in einer Schlammwolke. Das Baby spielt nun »Blindekuh«, erkennt den Ausreißer, sobald die Sicht wieder klar ist. Dieser flitzt nun auf die Walmutter zu, springt im hohen Bogen durch die Luft über die Walin hinweg, und wieder weiß das Kind nicht, wo sein Freund geblieben ist. So sind der Phantasie im Kinderspiel keine Grenzen gesetzt.

Staunend können wir diesem Verhalten nur entnehmen, mit welch sensiblem Instinkt die Walmutter ihr Kind schützt und führt. Delphine und Seelöwen dürfen mit ihm spielen, weil sie Spaß daran haben. Sporttauchern entzieht sie das Kind, da sie offenbar irgendwie spürt, daß diese keine echten Spielkumpane sind. Aber sie wahrt die Verhältnismäßigkeit der Mittel und tötet die Taucher nicht etwa durch einen Flossenschlag. Nähert sich aber ein Motorboot mit aufheulendem Motor, umkreist das Kind und versucht, es von der Mutter zu trennen, dann zerlegt sie den Störenfried mit einem einzigen Schlag ihrer Gigantenfluke in tausend Trümmer. Welch ungeheures Feingefühl gehört doch dazu, alle diese Situationen richtig einzuschätzen und entsprechend zu handeln!

Doch eines Tages kam ein anderer Gigant dahergeschwommen, der nur mit der Mutter »spielen« wollte: ein Walbulle. Mit 15 Meter Länge und 65 Tonnen Gewicht war er zwar etwas kleiner als das Riesenweib, aber das Manko machte er durch sein Temperament wieder wett. Alles, was ich von der Hochzeit in meiner kleinen schwimmenden Nußschale mitbekam, war eine »kochende« und sprudelnde Meeresoberfläche, aus der von Zeit zu Zeit die gewaltigen Leiber auftauchten, sich umeinander herumwanden und mit zwei je fünf Meter hohen Fontänen in V-Form ihre Luft ausatmeten. Einmal sah es so aus, als wollte uns der Südkaperbulle, vor Liebe blind geworden, rammen. Aber dann sah er das Boot noch rechtzeitig und schrammte nur unter dem Kiel hindurch.

Als die Paarung beendet war, sagte mein Bootsführer nur:

»Achtung! Den Fotoapparat klarmachen. Gleich springt er.«
Und richtig: Mit gewaltigem Schwall öffnete sich das Meer.
Der Gigant schoß senkrecht aus dem Wasser heraus, wuchtete seine 65-Tonnen-Masse etwa zehn Meter hoch in die
Luft, vollführte eine halbe Schraube, donnerte mit dem Rük-
ken aufs Wasser und verschwand in einer Wolke aus Schaum
und Spritzern. Nur wenige Sekunden später schleuderte er
seine ungeheure Körpermasse ein zweites Mal hoch. Dann
verschwand er in Richtung offene See. Wenn man bedenkt,
daß sich sogar ein durchtrainierter Sportschwimmer höchstens bis zum Bauchnabel aus dem Wasser herausheben
kann, vermag man erst zu ermessen, welch urgewaltige Kräfte
in dem Giganten der Weltmeere stecken!

Es ist viel über die Luftsprünge der Wale, die uns Menschen wie ameisenkleine und schwächliche Kreaturen erscheinen lassen, gerätselt worden. Einige Beobachter wollen
sie als »Drohgebärde der Männer im Kampf um die Frauen«
deuten, andere sehen sie als Mittel der Nachrichtengebung
über große Entfernungen. Nun, in meinem Fall war die Sache eindeutig: Der Bulle sprang nach vollzogener Paarung
aus purer Freude in die Luft.

Ende November, wenn es etwa zwei Monate alt ist, geht die
schöne Spielzeit des Kindes zu Ende. Von der Mutter wurden
ihm etliche Hektoliter Milch eingespritzt. So war es täglich
um 3,5 Zentimeter gewachsen. Unter der Haut hatte sich eine
kompakte Fettschicht gebildet, die bei erwachsenen Tieren
bis zu 36 Zentimeter dick wird. Damit verfügen sie über eine
»Thermodecke«, mit der sich zwischen Eisbergen ausruhen
läßt, ohne das Risiko einer Verkühlung einzugehen. Die Mutter aber hatte in den letzten vier Monaten so gut wie nichts
fressen können und etwa zehn Tonnen an Gewicht verloren.
Nur hin und wieder, wenn sie ihrem Kind den Kopfstand
vormachte, war es ihr gelungen, vom Grund der seichten
Bucht ein paar Krebstiere aufzusaugen. So wurde es also
höchste Zeit, den Rückweg zu den nahrungsreichen Krill-
revieren im südlichen Mittelatlantik anzutreten.

Einige Tage vor dem Aufbruch in die Ferne übte Mutter Südkaper daher mit ihrem Kind, wie man reist. Sie erhöhte ihr bisheriges Bummeltempo auf zwölf Stundenkilometer, schwamm an der Küste entlang zunächst 50, dann 100, dann 200 Kilometer nach Süden und wieder zurück. Nachdem ihr Kind keine Ermüdung mehr erkennen ließ, verließen beide gemeinsam die flachen Warmwasserbuchten von Valdes und der Küste Patagoniens und kreuzten mit Kurs West in Richtung mittlerer Südatlantik um 40 Grad südlicher Breite ihrem Nahrungsparadies entgegen.

Die großen Bartenwale haben ihre Fischgründe untereinander aufgeteilt, um Interessenüberschneidungen zu vermeiden. Am weitesten südlich bis zur Küste Antarktikas, gleichsam im inneren Ring um den Eiskontinent, dort, wo die Schwärme der Krillkrebschen am umfangreichsten sind, beherrschen die Blauwale, mit 35 Meter Länge und 130 Tonnen Gewicht die riesigsten Lebewesen der Erde, die Meere. Darum herum, im mittleren Ring, erstreckt sich das Reich der Finnwale, die mit 25 Meter Länge und 70 Tonnen Gewicht die zweitgrößten Wale sind. In ihrem Lebensraum kommen die Krillschwärme nur in kleineren Mengen und weiter verstreut vor. Daher müssen die Finnwale große Entfernungen von einem Nahrungsplatz zum anderen bewältigen und sind folglich die Schnellsten unter den Bartenwalen. Seit die Blauwale von den Walfängern fast bis zur Ausrottung dezimiert wurden, dringen die Finnwale allerdings in die einst von ihren größeren Verwandten besetzten Gebiete vor.

In einigen antarktischen Meeresregionen, in denen nur spärliche Krillschwärme leben, sind zudem die Buckelwale beheimatet, mit 19 Meter Länge und 45 Tonnen Gewicht ebenfalls sehr beachtliche Angehörige des Titanengeschlechts. Sie verstehen es, die verstreuten Krillkrebschen durch einen Luftblasenzylinder beim Ausatmen zum dichten Verband zu sammeln, am Entweichen zu hindern und dann zu verspeisen.

Noch weit außerhalb dieser Zone, also im äußersten Ring

um die 40 Grad südlicher Breite, erstreckt sich der Lebensraum der Südkaper, den sie sich wiederum mit einer anderen Fangtechnik erobert haben. Sie formieren sich in Gruppen von je sechs Mitgliedern in breiter Front oder zu einer Staffel und durchfurchen mit einem Bummeltempo von drei Stundenkilometern langsam die Meeresoberfläche. Dabei reißt jeder sein Riesenmaul von der Größe eines fünfsitzigen Automobils weit auf, wobei der Unterkiefer wie eine riesige Schöpfkelle wirkt und der Oberkiefer nur mehr als eine Art Deckel. Der Wal fungiert also gleichsam als große lebende Fischreuse, durchsiebt etwa 15 Kubikmeter Wasser pro Minute und filtert sich mit seinen langen Barten alles kleine Getier, meist Krillkrebse, heraus.

Die Beute rieselt dabei schluckweise sanduhrartig in den Magen. Damit unterscheidet sich der Südkaper von den Blau- und Finnwalen, die zu den Furchenwalen gehören und an der Kopfunterseite lange Längsfurchen haben, mit denen sie ihr »Doppelkinn« ziehharmonikaartig nach unten ausdehnen können, um die Beute dort in Portionen zu je sechs Zentnern verstauen zu können, bevor sie langsam hintergeschluckt wird. Im Gegensatz dazu ist der Südkaper ein sogenannter Glattwal. Er hat keine Ziehharmonikafurchen. Dieses Manko gleicht er jedoch durch sein scheunentorartiges Riesenmaul wieder aus.

Dem behäbigeren Schwimmtempo hat der Südkaper auch seinen englischen Namen zu verdanken: Right Whale. Er wurde von den Walfängern, weil er so langsam war und von Ruderbooten leicht eingeholt werden konnte, als der »richtige« Wal zum Fangen angesehen. Sein nächster Verwandter, der Nordkaper, war übrigens der erste Wal, von dem ganze Populationen total ausgerottet wurden, etwa in der Biskaya von baskischen Walfängern bereits im 12. Jahrhundert!

Haben die Südkaper Feinde zu fürchten? Nur die Rudel der Orcas oder Schwertwale können ihnen gefährlich werden. Doch die sind zu der Jahreszeit, in der die Südkaper die Buchten von Valdes als Kinderstuben benutzen – also von

September bis November – nicht in diesen Seengebieten, weil sie sich dann lieber vor den Küsten Südafrikas und Namibias herumtreiben, um südafrikanische Seebären und große Fischschwärme im Benguelastrom zu jagen. Nach Valdes kommen diese Schrecken der Meere erst im Mai. Aber dann sind die Wale schon wieder über alle Wellenberge entschwunden.

KEVIN – ALLEIN ZU HAUS

In finsterer, regenverhangener Maiennacht fegte der Wind durch die Zweige der alten Weidenbäume in den Wiener Donauauen und ließ die Stämme knarren. Ein Waldkauz spukte in der Nähe. »Kevin«, ein junger Nachtreiher, duckte sich ängstlich in die Mulde seines Nestes. Er war allein zu Hause. Seine drei Geschwister hatte in der feucht-kühlen Schlechtwetterperiode eine Krankheit dahingerafft, und die beiden Eltern waren als echte Nachtschwärmer auf Futtersuche ausgeflogen.

Plötzlich spürte Kevin ein eigenartiges Vibrieren im Nest. Unwillkürlich beschlich ihn die Angst vor einer unbekannten Gefahr. Er ruckte mit seinem Kopf hoch und schaute knapp über den Rand. Da bewegte sich doch etwas! Ein dunkles Wesen huschte stammauf, kam näher und näher.

Daß er im Finstern überhaupt etwas sehen konnte, verdankte Kevin einer »Erfindung« der Natur: den Nachtaugen der Nachtreiher. Mit ihnen hat die Schöpfung schon vor Urzeiten das vorweggenommen, was Ingenieure heute als High-Tech-Restlichtverstärker auf den Markt bringen. Hinter der Netzhaut in der Rückwand des Augapfels besitzen die Vögel Spiegelreflektoren. Sie sorgen dafür, daß die empfangenen Lichtstrahlen die Sehzellenschicht mehrmals durchlaufen und sie praktisch gleichzeitig mehrfach erregen. Sie sind so gebaut und angeordnet, daß sogar schwaches Sternenlicht genügt, um die Nacht zum Tag zu machen. Damit könnten sie nachts auch dieses Buch lesen, wenn sie des Lesens mächtig wären. Bei Dunkelheit im Trüben zu fischen, funktioniert auch bei den Elternvögeln mit dem Nachtsichtgerät bestens. Mit diesen superwachen Sinnen wußte Kevin genau, was ihm nun bevorstand.

Er krallte sich im Nestboden fest, bog seinen Hals schlangengleich wie eine gespannte Stahlfeder weit zurück, hob den dolchspitzen Schnabel etwas an und starrte gebannt auf jenen Teil des Nestrandes, an dem der nächtliche Einbrecher, ein Baummarder, gleich auftauchen müßte. Im selben Augenblick, als er sichtbar wurde, stieß das Nachtreiherkind zu und traf den Feind, der ihn eigentlich fressen wollte, voll in die Backe. Er kreischte entsetzt auf, stürzte vom Baum und trollte sich von dannen. Ohne Hilfe der Eltern hatte das Vogelkind ganz allein den ersten Feind abgewehrt.

Doch der nächste Besucher ließ in der unruhigen Nacht nicht lange auf sich warten. Ein Eichhörnchen, das einen Kobel im Nachbarhaus bewohnte, hatte sich vor dem Marder in Sicherheit gebracht und streunte noch etwas im Geäst umher. Kevin entdeckte es gleich. Doch gegenüber diesem Zwerg wandte er eine andere Selbstverteidigungstechnik an. Er schnellte mit seinem Kopf hoch über den Nestrand hinaus, ließ seine Augen froschartig hervorquellen und schaltete darin mittels des Restlichtverstärkers glimmendes Rotlicht ein. Nun wirkten sie wie zwei glühende Zigaretten, umrahmt von einer schwarzen Schädelkontur. Kevin spielte gleichsam Gespenst, um den Fremdling das Gruseln zu lehren. Das Eichhörnchen erschrak und verzog sich, so schnell es konnte. Auch diesen ungebetenen Besucher hatte er ganz allein vertrieben.

Inzwischen war es halb drei Uhr nachts geworden. Die Schlafenszeit in der Reiherkolonie dauert aber nur von zehn Uhr abends bis zwei Uhr. Überall brach der Nachbarschaftsstreit mit Stimmgewalt wieder los. Im selben Baum nisteten

Dutzende von Pärchen in langhalsiger Schnabelhackentfernung neben- und übereinander. Und hier veranstalteten sie ewig zankend und streitend den Lärm einer ganzen Kompanie von Marktschreiern. Überall fanden Schnabelfechtduelle statt, die jedoch ebenso harmlos waren wie Gefechte mit Theatersäbeln. Jungvögel, die etwas älter als Kevin waren und schon vorübergehend ihr Nest verließen, balancierten auf den Ästen heran, und schon mußte sich der Kleine gegen die zudringlichen Rüpel zur Wehr setzen. Bei den Nachtreihern machen die Jungvögel das untereinander aus. Deswegen ruft hier keiner seine Eltern zu Hilfe.

Doch plötzlich rauschte es in der Luft. Der Ast mit Kevins Nest begann zu schwanken. Ein »schwarzer Mann« erschien am Nestrand und nahm eine drohend aufrechte Haltung ein. Kevin, gar nicht feige, holte weit aus und hackte mit aller Kraft zu. Es war jedoch seine Mutter, die in stockdunkler Nacht mit Fischen im Hals heimkehrte, um ihren hungrigen Sproß zu füttern. Bösartiger, undankbarer Rocker-Nachwuchs, der sogar seine eigene, fürsorgliche Mutter mit Schlägen traktierte? Nein! Die Mutter hatte nur vergessen, ihren »fälschungssicheren Personalausweis« vorzuzeigen: die schwarze Kopfhaube. Sie muß mit tiefer Verbeugung vor dem Kind präsentiert werden. Woher soll es im Dunkel der Nacht denn sonst wissen, ob in Gestalt verschwommener Schemenhaftigkeit nicht ein Feind naht: ein fremder Reiher, eine Ratte, Katze, Marder oder ein Mensch? Mit seinen Nachtaugen durchdringt der Nachtreiher zwar ausgezeichnet die Finsternis, aber zum persönlichen Erkennen seiner Ernährer langt es doch nicht ganz.

Aus diesem Grund müssen sich bei den Nachtreihern die Eltern bei jedem Besuch vor ihren Kindern tief verneigen und ihre »Erkennungsmarke« vorweisen. Andernfalls beziehen sie Prügel.

Auch die Ehepartner erkennen sich nachts untereinander nicht mehr, sobald sie vom Nest fortgeflogen sind. Seltsamerweise tun sie auch bei Tageslicht, das ihnen die persönliche

Identifikation erleichtern müßte, so, als hätten sie sich nie zuvor gesehen. Kommen sich dann Mann und Frau beim Fischfang in die Quere, gibt es gewaltigen Knatsch: unwissentlichen Ehekrach. Aber am Nest vertragen sie sich gleich wieder. Ihr gesamtes Verhalten ist auf die nächtliche Lebensweise und nicht auf Tagaktivitäten programmiert.

Sogar in der Liebe bevorzugen die 68 Zentimeter großen und 750 Gramm schweren Schönheiten mit dem schneeweißen Bauchgefieder und dem bläulichen Schimmer im Schwarz des Kopf- und Rückengefieders die nächtliche Romanze. Liebenden Vögeln zaubert die Natur wahrhaft rotleuchtende Augen, wie sie auch Kevin für seinen feindabschreckenden Spuk benutzte. Tags tritt leichtes Erröten hinzu, nicht des Gesichtes, sondern der normalerweise gelben Beine.

Paradox erscheint auch das Phänomen der guten Nachbarschaft. Einerseits gibt es in der Brutkolonie eines Baumes ständigen Streit. Andererseits können diese Vögel ohne die Gesellschaft ihresgleichen offenbar nicht leben. Sie brüten nur in dichten Pulks, in denen es sich herrlich zanken läßt, nie in der Einsamkeit. Ferner kreist der Unternehmungslustige vor jedem Abflug zum Fischen so lange mit heiserem Quäken um die Nistkolonie, bis ihm mehrere Artgenossen folgen. Merkwürdigerweise ist sein Ehepartner meist nicht mit von der Partie.

Beim Fischen in der Nacht oder in der Dämmerung stehen die schmucken Vögel am liebsten in 15 Zentimeter Wassertiefe im Schilf, und zwar regungslos – wenn es sein muß stundenlang. Dann halten die Beutefische auch die gelben Reiherbeine für Schilfhalme und nähern sich ihnen arglos. Zudem stecken die Reiher häufig ihre langen, gelben Fußzehen aus dem Schlick heraus und wackeln damit. Der Fisch glaubt, einen Wurm vor sich zu haben, will danach schnappen und findet sich im gleichen Augenblick im Reiherschnabel wieder. Der Nachtreiher benutzt seine Fußzehen also als Köder zum »Angeln«.

Das sind die Schicksale von Tierkindern: aufopfernd behütet im Elternschoß wie bei den Pinguinen, unter staunenswerten pädagogischen Überlebensanleitungen der Mutter aufwachsend wie beim Südkaperwal, sich in Feindgefahr selbst überlassen wie beim Nachtreiher. Eine weitere ungewöhnliche Spielart bringt der Weißstirn-Spint oder -Bienenfresser ins breite Spektrum der existenzsichernden Strategien.

Im Norden Botswanas, dort, wo sich der Okawango beim Dörfchen Shakawe im Schilfmeer zum Delta auffächert, ist das lehmige Steilufer des Flusses wie ein Schweizer Käse durchlöchert und von farbensprühenden Federn umflattert. An die 400 kunterbunte Vögel, Weißstirn-Bienenfresser, gaukeln umher und hä igen vor den Eingangslöchern zu ihren Bruthöhlen. Pärchen schnäbeln zärtlich miteinander, Nachbarn zanken sich, Lausbuben werden zur Ordnung gerufen. Die Pärchen sind sich lebenslang treu. Doch das Leben kann sehr kurz sein. Falken, Höhlenweihen, Würger, Schlangen und Marder halten grausige Ernte. Es wimmelt von Witwen und Witwern.

Wohl den Vogeleltern, die Pflegepersonal besitzen, das bei der Insektenjagd, dem Heranschaffen von Nahrung und beim Füttern und Bewachen der Jungen hilft. Am liebsten beschäftigen die Weißstirn-Bienenfresser eigene, schon erwachsene Kinder, und zwar bis zu fünf Babysitter pro Haushalt. In Zeiten ungewöhnlicher Not heuern sie auch Fremdarbeiter an.

Diese dienstbaren Geister bezeichnen wir in der Verhaltensforschung schlicht als Helfer. Das Phänomen altruistischen Handelns bereits in voller Reife stehender Jungtiere im Dienste ihrer Eltern und jüngeren Geschwister kennen wir schon von zahlreichen Vogelarten und bei Säugetieren von

Füchsen, Wölfen, Mungos, Erdmännchen, Dingos, Kojoten und anderen in Kleinrudeln lebenden Tieren. Bei einigen dienen nur Töchter als Dienstmädchen, bei anderen ausschließlich Söhne als Arbeitskulis. Wieder andere helfen nicht den Eltern, sondern älteren Geschwistern. In verschiedenen Fällen ist die Hilfe für das Überleben der jüngsten Kinder unerläßlich. Bei anderen Arten nutzt dies Verhalten mehr den Helfern selbst und garantiert sozusagen ein Bleiberecht, wenn sie ringsum keine Existenzmöglichkeit finden können. Oder es dient als Lehrgang in Babypflege, solange die Helfer selbst noch keinen Nachwuchs zu versorgen haben. Oder es kann auf diesem Wege eine zahlenmäßig starke Streitmacht aufgestellt werden zur Landesverteidigung oder zum Erobern benachbarter Reviere wie etwa bei den Buschblauhähern Floridas.

Meistens dienen die Helfer ihren Eltern freiwillig. Sie werden nicht von ihnen aus dem Haus gejagt, wenn sie die sexuelle Reife erlangt haben. Vielmehr versuchen sie zunächst, allein in einer fremden, feindlichen Welt zurechtzukommen, und erst wenn das nicht glückt, kehren sie als »verlorene« Söhne oder Töchter in den Schoß der Familie zurück, von der sie bereitwillig aufgenommen werden.

Doch 1986 wurde eine neue kuriose Variante des Helferphänomens entdeckt, eben bei den Weißstirn-Bienenfressern. Hier sind die schon geschlechtsreifen Kinder ihren Eltern nicht aus freien Stücken behilflich. Der Vater zwingt sie wie ein Pharao mit allen miesen Tricks zum Sklavendienst. Wenn ein Kind in schon gesetztem Alter mit ledigen Weibchen flirtet, fährt er im Sturzangriff wütend dazwischen, hakelt mit den Krallen und versucht, seinen Sprößling im Flug zum Absturz zu bringen. Will sich das widerspenstige erwachsene Kind gar eine eigene meterlange Bruthöhle in den Lehmhang graben, schüttet der Despot die Baugrube immer wieder zu. Hat der Sohn eine verlassene Tunnelröhre gefunden und übernommen, versperrt ihm der Vater den Zugang. Ein »praktisches Jahr« für Einjährige ist Pflicht!

Diese Methode, Arbeitskräfte zu rekrutieren, funktioniert nur unter den besonderen Umständen, unter denen diese Bienenfresser leben: Nestbau ist ausschließlich innerhalb derselben Brutkolonie am selben Lehmsteilhang in nächster Nähe unter Vaters Aufsicht möglich. Und es besteht keine Wohnraumnot wie bei Baumhöhlenbrütern. Brutgänge können dicht an dicht in den Hang getrieben werden. Wenn sich allerdings in einigen hundert oder tausend Metern Abstand ein weiterer Lehmhang befindet, können Auswanderer dort eine Kolonie gründen oder erweitern, ohne daß sie der Sklaventreiber davon abhalten kann.

Indessen kalkuliert die Mutter ihren Haushaltsplan: Hat sie keine männlichen und weiblichen Kindermädchen, legt sie nur zwei Eier, weil Mutter und Vater nie mehr als zwei Küken allein großfüttern können. Kann sie mit einem Dienstboten rechnen, produziert sie deren drei und angesichts von vier Helfern sorgt sie mit fünf Eiern für überquellenden Kinderreichtum. Nachwuchs der nach den äußeren Umständen keine Überlebenschance hat, wird gar nicht erst zur Welt gebracht! Eine erstaunliche »Voraussicht« des 20 Zentimeter kleinen und 34 Gramm leichten Vogels?

Nicht mit der Familie verwandte Bienenfresser können auch als Hauspersonal dienen, tun dies jedoch freiwillig, wenngleich aus nicht ganz selbstlosen Gründen. Ein fremdes Männchen spekuliert beispielsweise darauf, daß der Vater nicht lange lebt. Hilft es in seiner Familie fleißig mit, hat es nach dem Tod des Vaters alle Chancen, die Witwe heiraten und sich in ein gemachtes Nest setzen zu können. Hier liegt es allerdings in der Natur der Sache, daß höchstens zwei sogenannte Fremdhelfer in einer Familie wirken: ein Männchen, das mit dem Tod des Vaters und ein Weibchen, das mit dem Hinscheiden der Mutter rechnet.

Findet eine Witwe keinen Tröster, hilft sie freiwillig einer schon verpaarten Tochter beim Nestbau, Brüten, Füttern und Pflegen ihrer Enkel, während ein Witwer einen seiner verheirateten Söhne unterstützt. Im Laufe seines höchstens achtjährigen Lebens kann ein Vogel öfter den »Beruf« wechseln. Erst ist er Helfer bei seinen Eltern, dann Mutter oder Vater, ein Jahr später vielleicht verwitweter Helfer und danach wieder ein neuverpaartes Elterntier.

Was bekommen die Kindermädchen von der »Pflegeversicherung«? Vor allem das Bleiberecht im Clan. Er besteht aus zwei bis fünf Familien und hält wie Pech und Schwefel zusammen. Am Nakurusee Kenias ermittelten Forscher folgendes: Die vierhundertköpfige Brutkolonie gliederte sich in 62 Clans zu je zwei bis drei Familien. Abends vor dem Schlafengehen besucht sich die Verwandtschaft gegenseitig. Clanangehörige dürfen sogar in die Höhle schlüpfen, um die Brut in der Kükenkammer zu bestaunen. Fremden ist das streng verboten.

Die Zugehörigkeit zu einem Clan bietet einen wichtigen Vorteil: Nur die engste Sippschaft darf ganzjährig im 140 mal 140 Meter großen Jagdrevier der Großfamilie Bienen, Wespen, Hornissen und Libellen jagen. Jeder Fremde wird in wilden Luftkämpfen aus diesem Nahrungsparadies vertrieben.

Am Okawango besitzen die Vögel zwei Jagdreviere. Das eine, das Tagrevier, liegt bis zu acht Kilometer weit von der Brutkolonie entfernt. Hier sitzt der gefiederte Jäger auf einem Lauerzweig, erkennt mit seinen Superfalkenaugen eine Tsetsefliege bereits in 100 Meter Ferne, startet und folgt deren Fluchtmanövern wie eine Cruise missile im akrobatischen Kunstflug. Mit Stacheln bewehrte Beute wie Bienen, Wespen und Hornissen wird am Hinterleib gepackt und auf einen Ast geschleppt, wo der Vogel die mit dem Stachel versehene Körperpartie so lange gegen das Holz schlägt, bis das Gift herausgequetscht ist. Von 300 Angriffen pro Tag sind 225 erfolgreich – eine erstaunliche Erfolgsquote!

Mitunter liegt die Hauptjagdzeit jedoch in der letzten halben Stunde vor Sonnenuntergang. Wie Nebelschwaden tauchen plötzlich Myriaden von Gnitzen, knapp ein Millimeter kleine Stechmücken, aus dem Wasser des Okawango auf.

Unser Motorboot brauste mit Höchsttempo hindurch, damit wir nicht gestochen wurden. Dabei prasselte es uns wie ein Sandsturm ins Gesicht: Beute für Milliarden kleinerer grauer Libellen, auf die wiederum Millionen größerer knallroter Libellen Jagd machen. Und diese beiden sind wiederum eine Delikatesse für die Bienenfresser. Ich weiß nicht, wie diese das Kunststück fertigbringen: Libellen gehören zu den wendigsten, reaktionsschnellsten Flugartisten überhaupt. Trotzdem haben die Vögel nun fast ständig die Schnäbel voller Libellen!

Sobald die Mutter mit Beute heimkehrt, krabbelt ihr das hungrigste Küken im meterlangen, fast hautengen Erdtunnel entgegen und versperrt allen Geschwisterchen den Weg zum Futterquell. Ist es satt, zieht es sich im Rückwärtsgang nach hinten zurück. Das nächsthungrige Kind robbt nach vorn. In einigen Nisthöhlen gibt es einen Babytyrannen, der stets seinen Platz vorn an der Krippe behauptet. Ein Muster an egoistischer Lebenstüchtigkeit? Nein! Er ist der erste, der von Feinden geschnappt wird. Nur der überlebt die 28tägige Nestlingszeit, der zwischen Verhungern hinten im Brutkessel und Gefressenwerden durch einen der eingangs erwähnten Feinde vorn am Höhleneingang den goldenen Mittelweg findet.

Oft geschieht es auch, daß eine Mutter noch vor Brutbeginn ihren Partner verliert und auch über kein Dienstpersonal verfügt. Allein schafft sie es nicht, auch nur ein einziges Kind großzufüttern. Was also mit dem Ei tun, das bereits darauf wartet, ins Nest gelegt zu werden? In diesem Fall bedient sich Mutter Weißstirn-Bienenfresser einer einzigartigen Methode: Sie spielt Kuckuck und schmuggelt das Ei einem glücklicheren Pärchen ins Nest. In jeder sechsten Höhle einer Kolonie hockt ein fremdes Kind und hofft, dort von Stiefeltern mit durchgefüttert zu werden. Die »Kuckucks«-Mutter beobachtet lange die Brutkolonie, wählt ein Nest, dessen Eltern gerade beim Eierlegen sind, wartet, bis beide außer Haus sind, und legt flink ihr Ei zu den übrigen. Ist es erst einmal darinnen, können es die Wirtsleute nicht von den eigenen Eiern unterscheiden und brüten es mit aus.

Um das zu verhindern, sitzt möglichst immer ein Elternvogel oder ein Helfer auf dem Gelege, sogar bei großer Hitze. Das heißt, auch hier sind die Eltern, die über keine Arbeitssklaven verfügen, wieder die Angeschmierten! Auch dies ist mit ein Grund dafür, daß diese Vögel bestrebt sind, Personal zum »Dienst zu verpflichten«.

Tanz der Vampire

Feuerrot brennt der Sonnenball durch den Morgendunst eines heißen Septembertags in der zentralen Serengetisteppe Ostafrikas. Kein Tier läßt sich blicken. Die riesigen Gnu- und Zebraherden sind weit nach Norden über die kenianische Grenze in die Masai-Mara-Steppe fortgewandert. Und die seßhafteren Impalas, Grant- und Thomsongazellen sowie die Topi- und Kongoni-Kuhantilopen halten sich ebenso wie die reviertreuen Löwenrudel mehr in der Dornbuschsteppe auf als auf flacher Grassavanne.

Plötzlich stößt mich mein schwarzer Fahrer Everest Buganga an: »Gleich überholen wir ein Rudel Tüpfelhyänen!« Ich bin wie elektrisiert: ein 28köpfiges Rudel bei Tage im gestreckten Galopp! Die müssen etwas Interessantes vorhaben. Einen Feldzug gegen einen benachbarten Hyänenclan? Oder eine Treibjagd? Aber gegen wen in der beutearmen Einsamkeit? Wir fahren im 50-Meter-Abstand vorsichtig hinterher! Nach sechs Kilometern im Tempo 30 taucht rechts neben dem Fahrweg ein anderes Hyänenrudel aggressiv kichernd auf. Aber »unsere« Tiere beschleunigen auf Tempo 50, lassen ihre feindlichen Nachbarn einfach stehen und traben unbeirrt weiter nach Norden.

Also kein Krieg. Nur eine Durchquerung feindlichen Gebietes. Etwa alle viereinhalb Kilometer wiederholt sich die flüchtige Konfrontation. Hyänenrudel leben fest ansässig in Steppenrevieren von etwa viereinhalb Kilometer Durchmesser.

Warum dann dieser lange Marsch? Eine Völkerwanderung? Um es vorwegzunehmen: Wie wir später feststellten, hatte das Rudel seine gerade erst zwei Wochen alt gewordenen drei Welpen allein zu Hause gelassen, und zwar für volle fünf Tage ohne Bewachung, ohne Bemutterung!

Damit die Babys in der Zeit des Alleinseins nicht von Löwen, Leoparden, Schakalen, anderen Hyänen, Adlern und sonstigen Feinden gefressen werden, wenden die Alten einen Trick an: Sie tragen die Babys zum Abschied an einen Termitenhügel oder Erdhörnchenbau und zwingen sie in Löcher, die so eng sind, daß weder die Eltern selbst noch größere Feinde eindringen können. Dort hocken die Kleinen dann ganz artig die fünf Tage lang, bis das Rudel wieder heimkehrt und den Kindern Milch mitbringt, die sie nun ausgiebig nukkeln können. Also handelte es sich bei unserem Rudel nicht um Auswanderer, sondern um Milchlieferanten.

Auch heute noch ist das Leben der Tüpfelhyänen voller Überraschungen. Erst seit wenigen Jahren wissen wir, daß sie keine feigen und einzelgängerischen Aasfresser sind, keine blutgierigen Allesverschlinger, keine ekelhaften, stinkenden Abstauber, wie man früher mutmaßte, sondern kühne, im Rudel wie Wölfe jagende Raubtiere. Doch das ist noch nicht der letzte Stand der Erkenntnis.

Warum zum Beispiel dieser animalische Ferntourismus unter Verlassen des eigenen Reviers? Nach einer Strecke von 60 Kilometern bekommen wir die Antwort: Im Nordzipfel der Serengeti stoßen die Fernjäger auf die erste Großherde von Gnus, ihren Hauptbeutetieren. Noch im ersten Abendlicht beginnt die Jagd. Das Rudel bildet eine Halbmondformation zum Umzingeln ihrer Opfer. Die buschigen Schwänze angriffslustig nach oben geringelt, gehen sie zunächst noch mit mäßigem Tempo vor.

Die Weißbartgnus gewahren ihre Todfeinde. In dieser Situation tun sie etwas ganz Ausgefallenes: Sie fliehen nicht direkt vom Feind fort, sondern setzen sich in halbschräger Richtung von ihm ab. Der Fachmann sagt, sie sind keine Zentrifugalflüchter wie Reh, Hirsch oder Mensch, sondern Transversalflüchter – etwa so wie das »dumme« Huhn, das vor dem Auto noch unbedingt quer über die Straße rennen muß. Die Gnus rasen aber nicht alle in dieselbe Richtung, sondern die einen nach links, die anderen nach rechts. Dann schlagen sie Haken, quirlen wüst durcheinander. Dabei ist es mir ein Rätsel, wieso sie nicht dauernd zusammenstoßen. So erzielen sie als Folge ihrer Panik beim Feind einen Verwirrungseffekt. Die Angreifer verlieren immer wieder ein fest anvisiertes Ziel aus den Augen. Doch keine Taktik verheißt hundertprozentigen Erfolg. Mit ihrer Halbmond-Angriffsformation gelingt es den Hyänen meist trotzdem, ein Gnu aus der Herde zu lösen und zu isolieren. Dann ist es verloren.

Das Tier wird vom Hyänenrudel innerhalb von 15 Minuten völlig zerfleischt. Nur der Schädel und das Gerippe mit Hautfetzen bleiben übrig. Fraß für die Geier am nächsten Morgen.

Drei- oder viermal muß das Rudel noch jagen, bis sein Bedarf gedeckt ist. Dann haben die Weibchen soviel Milch produziert, daß sie als lebende »Milcheimer« den weiten Heimweg antreten können, um ihren Babys Nahrung zu spenden. So dauert die bis zu 120 Kilometer weit führende Jagdsafari vom Start bis zur Heimkehr fünf Tage. Zu Hause legt die Jagdgesellschaft eine Pause von nur einem Tag ein. Dann geht die gleiche Strapaze wieder von neuem los, bis die Jungen daheim so groß geworden sind, daß sie an ersten Beutezügen teilnehmen und Fleisch fressen können. Das ist durchweg dann der Fall, wenn die großen Huftierherden von ihrer ausgedehnten Wanderung in die zentrale Serengeti zurückkehren. Die Hyänenkinder haben dann nur kurze Wege zum Fraß zu laufen.

Mit dieser langen Reise durch Feindesland lösen die Jäger ein elementares Existenzproblem. Sie ist für sie die einzige

Möglichkeit, jene zeitweise verlassenen Regionen der Serengetisteppe zu besiedeln, in denen sich alljährlich viele Monate lang kaum eines ihrer speziellen Beutetiere aufhält, gleichzeitig ihr angestammtes Jagdrevier mit Wohnhöhlen zu behalten und obendrein auch noch ihre daheimgebliebenen Kinder, die für diesen Gewaltmarsch zu jung sind, zu ernähren. Dreier Kinder wegen nehmen 28 erwachsene Rudelmitglieder die Anstrengungen einer ganzen Serie erschöpfender Laufschrittwanderungen auf sich. Auch können wir über die zeitliche Abstimmung der Geburt mit dem Wanderzyklus der Gnuherden zur optimalen Versorgung der Kinder nur staunen.

Ihre Nachricht heißt: Nur dem wird die Zukunft gehören, der sein eigenes Wohlergehen der Überlebenssicherung seiner Kinder unterordnet.

Aber wie kommen die Hyänenkinder zurecht, wenn sie zum erstenmal in ihrem Leben auf die Jagd mitgenommen werden? Beim Töten der Beute halten sie sich noch etwas abseits. Doch während das Gnu in wenigen Minuten völlig zerfetzt wird, dürften die Kleinen keine Chance haben, auch nur einen Bissen zu bekommen. Im unheimlichen Blutrausch reißt jeder Jäger möglichst große Stücke aus dem Kadaver – ein grausig wirkender »Tanz der Vampire«. Oft gerät ihnen dabei auch das Ohr eines Kumpans zwischen die Kiefer. Daher sind sie fast alle richtige Schlitzohren. Doch die Natur hat es so eingerichtet, daß bei den Tüpfelhyänen die Weibchen, also auch die Mütter, stärker als die Männchen sind. Sie achten auf »Tischmanieren«, das heißt darauf, daß die anderen Unersättlichen den Kindern an ihrer Seite keinen Bissen vor der Schnauze wegschnappen. Kinderliebe trotz bluttriefender Freßorgie!

Eine weitere Entdeckung aus jüngster Zeit betrifft jene Hyänen, die am hellichten Tage in praller Mittagssonne scheinbar als Einzelgänger auf offener Steppe umherstreunen.

Antilopen, Gnus und Zebras halten dann gern im Schatten eines Busches oder einer Schirmakazie ein Schläfchen. Wie aus dem Nichts taucht dann eine Hyäne auf, schlendert, Harmlosigkeit vortäuschend, umher, streckt sich mit etwa 50 Meter Abstand zu den arglos vor sich Hindösenden aus und tut so, als hielte sie ebenfalls ein Nickerchen. Wir bezeichnen sie als »Täuscher«. Doch beobachtet sie, ein echter »Wolf im Schafspelz«, aus den Augenwinkeln, welches künftige Opfer am tiefsten in Morpheus' Armen ruht. Hinterlistigerweise lösen sich einzelne Hyänen beim Spionieren ab, etwa so wie Kriminalpolizisten beim Beschatten eines Verdächtigen. Nie stehen zwei dicht beieinander. Das würde sogleich den Argwohn der Beutetiere wecken.

Die übrigen Jäger des Rudels sitzen entweder in ihrem Erdbau gleichsam wie in Startlöchern oder verstecken sich im hohen Steppengras und schlafen, daß ihr Schnarchen weithin hallt. Hat ein Fahnder ein ahnungsloses, fest schlafendes Opfer entdeckt, spurtet er explosionsartig los, beißt sich irgendwo am Beutetier fest und läßt nicht wieder los, auch dann nicht, wenn es doppelt so schwer ist wie der Jäger.

Doch nun braucht der Bluffer die Hilfe seiner Rudelkumpane. Ohne sie kann sich die Antilope losreißen und entkommt, wenngleich mit schweren, blutenden Verletzungen. Wer mobilisiert die Hilfstruppen? Nicht etwa der Jäger. Der hat sozusagen im festen Biß die »Schnauze voll«. Paradoxerweise ist es das Opfer selbst. Es alarmiert durch seinen Todesschrei. Blitzschnell reißen sich die Rudelmitglieder aus dem Schlaf und hetzen los. Wenn drei Hyänen bei der Beute sind, ist das deren sicheres Todesurteil.

Eine weitere, erst 1995 entdeckte Leidenschaft der Hyänen ist das Sammeln von Trophäen. Es geschah auf der Savutimarsch Botswanas, die besser als trockenster Teil der Kalahariwüste zu bezeichnen ist. Seit Stunden standen wir mit unserem Geländewagen bei einem kleinen, verlassenen Wasserloch, als drei Tüpfelhyänen herangetrottet kamen, um ausgiebige Badefreuden zu genießen. Eine halbe Stunde später horchten die wie in einer Wanne planschenden Tiere auf. Aus der Ferne trabte ein vierter Rudelkumpan herbei und schleppte stolz in der hoch erhobenen Schnauze den vom Körper abgetrennten Kopf einer Sassaby-Antilope. Fleisch war praktisch nicht am Schädelknochen, der Nährwert gleich Null. Aber der »Andenkensammler« hatte das gute Stück einem Rudel von fünf Löwen geklaut.

Aus Beobachtungen anderer Wildhüter rekonstruierten wir folgendes Geschehen: Dem vierköpfigen Hyänenrudel war es in den frühen Morgenstunden gelungen, das Sassaby nach der »Täuschermethode« zu erlegen. Im letzten, blutigen Akt hatte das viel Staub aufgewirbelt und Lärm gemacht. Daraufhin traten die Löwen auf den Plan und vertrieben die rechtmäßigen Besitzer von ihrer Beute. Hier waren also, im Gegensatz zur landläufigen Meinung, die Löwen die Diebe und Aasfresser und die Hyänen die kühnen Jäger.

Während drei der um ihren Erfolg Betrogenen ihren Frust wegbadeten, versteckte sich der vierte in unmittelbarer Nähe der Löwen hinter einem Busch. Nachdem die Raubkatzen ihren heißesten Hunger gestillt hatten, köpften sie ihr Opfer, wie sie es üblicherweise tun. Im geeigneten Moment packte dann die Hyäne den Antilopenkopf und trabte mit ihm als stolzer Trophäe zu den Seinen: »Schaut her! Den blöden Löwen habe ich es mal gezeigt!« Ein Mutbeweis war es auf jeden Fall. Denn Löwen töten Hyänen, wo immer sie diese erwischen können.

Die Kunst des Spielens

Und ich spielte
auf seinem Erdboden,
und meine Lust ist
bei den Menschenkindern.

(Sprüche 8, 31)

DER HERR DER RINGE

Es war wie ein Elfenreigen im Märchenland. Vier erwachsene Delphine umkreisten sich langsam im Dämmerlicht der Meerestiefe, ließen Luftblasen wie Perlenketten aus ihren Atemlöchern entweichen, formten sie mit der Spitze ihrer Münder zu Ringen, durchtauchten sie freiwillig, als müßten sie im Zirkus durch Reifen springen, und ließen schließlich den Zauber zerplatzen – nur um gleich von neuem damit zu beginnen. Dieses Treiben in Neptuns Reich hatte fast so etwas wie eine magisch-okkulte Zeremonie an sich.

In jüngster Zeit häufen sich die Meldungen über ähnliche, an den Seifenblasenclown vom Zirkus Roncalli erinnernde artistische Darbietungen der superintelligenten Meeressäuger – sowohl aus Meerwasseraquarien in aller Welt als auch aus freier Wildbahn der Ozeane. Noch nie hatte ein Tierlehrer hierbei seine Hand im Spiel – im Gegenteil: Übt der Mensch Zwang aus oder gibt er Anreiz mit einer Belohnung, wird es nichts mit der anmutigen Gaukelei, mit dem zauberhaften, jeglicher Erdenschwere enthobenen Reigen.

Hierdurch erschließen uns die Delphine eine völlig neue Dimension des tierischen Spiels. Sah man in dessen Sinn bislang das kindliche Üben von Fertigkeiten im späteren Leben, von Kraft, Reaktionsschnelle und Geschicklichkeit, also als Vorbereitung fürs Erwachsenenalter, so führen uns die Delphine jetzt etwas vor Augen, das man als allein dem Menschen vorbehaltene Fähigkeit betrachtete: eine Handlung ohne Ziel und Zweck, die allein um ihrer selbst willen vollzogen wird. Bei den Erforschern delphinischer Spielereien taucht indessen ein völlig neuer Gesichtspunkt auf: Die Meeressäuger spielen, um ihre Persönlichkeit weiterzuentwikkeln! Und ihre Motivation dazu ist nichts anderes als die reine Lust an der Freud.

Seit 1990 führen Ken Marten und drei seiner Mitarbeiter im Sea Life Park von Makapuu auf der Hawaii-Insel Oahu diesbezügliche Detailforschungen durch. Ihre Mitspieler sind fünf Große Tümmler. Sie gehören zur zoologischen Familie der Delphine und tragen ihren Namen zu Recht, weil sie auch als Erwachsene tatsächlich viel herumtollen und sich »tümmeln« (tummeln). Sie werden übrigens bis zu 3,60 Meter lang, 200 Kilogramm schwer und um die 30 Jahre alt.

Zum Formen von Luftringen im Wasser benutzen sie mehrere Techniken, die sich von denen eines Zigarrenrauchers, der die Qualmkringel mit seinem zum »Hühnerpopo« gerundeten Mund schubweise ausstößt, erheblich unterschieden.

Die erste Delphintechnik mutet im Prinzip recht einfach an: Zunächst drücken die »Flossen-Intelligenzler« ganz vorsichtig eine Luftblase aus dem Atemloch. Der Witz liegt darin, daß die Blase einen Durchmesser von mindestens zwei Zentimetern haben muß. Kommt diese zustande, geschieht alles weitere wie von selbst. Da der Wasserdruck am unteren Pol der Blase größer ist als oben, drückt das Wasser von unten, wie mit einem Daumen gepreßt, ins Innere, bis ein Loch entsteht. Schon ist der Ring fertig. Als Zugabe der Physik wickelt sich die eben entstandene Strömung von unten nach oben durch das Loch auch noch um den Luftring herum und hält ihn für etwa eine halbe Minute stabil, so daß der Flipper eine Weile damit spielen kann.

Je höher der Ring steigt, desto größer wird sein Durchmesser und desto dünner der Reif. Schließlich kann er einen Durchmesser von bis zu 60 Zentimetern erreichen, und der Unterwasserakrobat schlüpft durch sein selbstgebasteltes Turngerät hindurch. Kleinere Ringe setzt sich das friedvolle Wesen wie einen Heiligenschein auf die Melone. Oder es spielt »Rastelli« damit und jongliert sie so, daß sie nicht wahllos nach oben abtreiben, sondern langsam zur Seite oder gar schräg abwärtsschweben, ohne zu zerplatzen.

Luftringe lassen sich auch mit der Schwanzflosse, der sogenannten Fluke, herstellen. Der Unterwasserkünstler schiebt seine Fluke aus dem Wasser, formt sie wie eine hohle, nach unten offene Hand, drückt die mit ihr gefangene Luftblase nach unten und läßt sie erst in größerer Tiefe wieder frei. Der Ring bildet sich dann in der schon geschilderten Weise. Fortgeschrittene vollbringen dieses Kunststück auf noch raffiniertere Art. Sie vollführen im tiefen Wasser einen Kopfstand, blubbern aus dem Blasloch einen Schwall von Perlen hervor, die sie wie im Sprudelbad umhüllen. Erreichen diese den Schwanz, vereinigt ein Flukenschlag sie alle ohne jedes Abrakadabra zu einem Ring.

Bei beiden Techniken müssen Luftmenge und Blasgeschwindigkeit genau dosiert und aufeinander abgestimmt werden. Vor allem sind Wasserturbulenzen, welche die Kreise stören, zu meiden. Wie stellt der Tümmler diese unsichtbaren Wasserströmungen im Wasser fest? Er stößt Serien von Klicklauten aus, schaltet also sein Ultraschallsonar ein, und erkennt die Wirbel mittels der empfangenen Echos.

Wie schwierig dies alles ist, geht daraus hervor, daß Delphinkinder mindestens zwei Monate fleißig üben müssen, bevor sie sich ihre Spielzeuge selbst herstellen können. Voraussetzung ist ein Alter von anderthalb Jahren, das zum Eintritt in die Spielschule berechtigt. Die Erwachsenen machen es den Kleinen vor. Diese schauen lange zu und probieren das Blasenproduzieren dann selbst, anfangs mit dürftigem Erfolg. Doch ganz langsam, Schritt für Schritt, werden sie geschickter. Wenn wir dabei bedenken, daß diese Tiere in einer Delphinschau neue Kunststücke nach nur einmaliger Unterweisung durch den Trainer erlernen, vermögen wir den hohen Schwierigkeitsgrad, der erforderlich ist, um den Status eines »Herrn der Ringe« zu erlangen, erst voll und ganz zu ermessen.

Blasenblubberspiele sind auch anderen Meeressäugern geläufig. Die großen Buckelwale schwimmen unter einem Schwarm kleiner Fische im Kreis und stoßen dabei Millionen Luftblasen aus, die einen zylinderförmigen Vorhang bilden, der die Beute umschließt. Die Fische wagen es nicht, den »Sprudel« zu durchschwimmen, und fühlen sich eingeschlossen. Dann stößt der Wal von unten in seinen Zylinder hinein, steigt darin hoch und schnappt den Schwarm an der Oberfläche. Luftblasen nicht als Spielzeug, sondern als Fischernetz!

Über die Luftikusspiele der weißen Belugawale werde ich noch in einem späteren Kapitel berichten. Zoodirektor Wolfgang Gewalt beobachtete bei den rosafarbenen Amazonas-Flußdelphinen, wie diese mit einer Schnauze voll Luft zum Flußgrund hinabtauchten, dort warteten, bis sich das Wasser beruhigt hatte und dann unter Körperkreisen Luft aus der Schnauze perlen ließen, so daß ein langsam nach oben treibender Reifen entstand, den sie mehrmals zirkusreif durchquerten. Freilebende männliche Zügel- und Schlankdelphine wurden von Meeresbiologen in indonesischen Gewässern gesichtet, wie sie bei Begegnungen mit Artgenossen »Rauchzeichen« mit Luftringen von sich gaben. Warnung oder Freundschaftsgruß?

Besonders geschickte Delphine und Tümmler verfeinern diese Technik noch erheblich, bis sie in der Lage sind, drei bis fünf Meter lange Luftgirlanden ins Wasser zu zaubern, wie ein Flugzeug als Himmelsschreiber: eine Art animalischer Spraydosenmalerei. Hierzu bedienen sich die Meeresgrafiker dreier Techniken.

1. Sie präparieren im Wasser schwebende Luftringe. Sie stupsen mit der Maulspitze einen Reif gegen einen zweiten. Wie aus zwei Seifenblasen, die sich in der Luft berühren, eine größere wird, so vereinigen sich dann auch die beiden Ringe zu einem umfangreicheren Gebilde. Umgekehrt trennen die Tümmler mit einer kleinen Seitwärtsbewegung der Schnauze ein kleines Ringsegment aus einem großen Reif, der sich anschließend wie von Zauberhand

wieder schließt, heraus. Manchmal formen sie auch eine Brezel oder eine Schleife daraus.

2. Sie durchschwimmen einen Kreis von etwa fünf Meter Umfang und prusten dabei einen Kranz kleiner Bläschen aus. Dann unterschwimmen sie die gleiche Strecke noch einmal, wobei ihre Rückenfinne den Blasenkranz durchfurcht. Geschieht dies in angemessenem Tempo, hat das zur Folge, daß sich die Bläschen zu einem langen, spiraligen Band zusammenschließen.

3. Oder sie gehen umgekehrt zu Werke: Erst durchschwimmen sie eine Kreisbahn, erzeugen spezielle Wirbel, und beim zweitenmal blasen sie Luft in die Wirbel so ein, daß ein »arabischer Schriftzug« entsteht.

Ob das tatsächlich so etwas wie eine Schriftsprache ist, konnten die Forscher auf Hawaii noch nicht ergründen. Fest steht, daß sich die Tümmler mit diesen Spielereien nur dann beschäftigen, wenn sie guter Dinge sind, und daß gelungene Kunstfertigkeit ihr Vergnügen noch mehr steigert. Sogar Delphingreise und -greisinnen sind dem Spaß keineswegs abgeneigt. Bis ins hohe Alter um 30 Jahre, also bis fast an ihr Lebensende, treiben sie ihre Kapriolen. Ihr Spiel ist also alles andere als Kinderkram.

Fest steht ebenfalls, daß sie sich mit den Schnörkeln ihrer Stimmung buchstäblich Luft machen und daß ihre Gruppenkumpane mit Interesse beobachten, welche Kunstfertigkeiten jeder zustande bringt. Sogar aus größerer Entfernung lassen diese ihr Sonar klicken, um außerhalb der optischen Sichtweite mitzubekommen, was ihre Genossen gerade veranstalten.

Vom Menschen lassen sich die Delphine hierbei nichts sagen. Weder Dressurkommandos noch Fischbelohnungen verleihen ihrer Kreativität Nachdruck. »Die Kunst muß frei sein!« Aber untereinander regen sie sich gern zum Reigen an. Tritt einer mit einer besonders akrobatischen Nummer auf, versuchen die Zuschauer sofort, es ihm gleichzutun. Jeder möchte seine Kunstfertigkeit immer weiter vervollkommnen.

Einzig auf diese Weise vermag auch der Mensch hier anregend einzugreifen. Als die Meeresbiologen vom Sea Life Park auf Oahu vor der Unterwasser-Sichtscheibe des großen Beckens begannen, Seifenblasen in die Luft zu pusten, eilte sogleich ein Delphin herbei, um ihnen seine viel gekonnteren Reifen vorzuführen: »Ätsch! Wir können das viel besser!«

Doch ist dies wirklich die Ultima ratio des ästhetischen Geschicklichkeitsspiels? Als Mitglied der Forschergruppe ist ein Psychologe damit beschäftigt, das Phänomen der Persönlichkeit zu ergründen. Die bisherigen Arbeiten legen die Vermutung nahe, das Kunstspiel der Tümmler könnte dem Formen einer regelrechten gereiften Persönlichkeit unter den Tieren dienen. Etwa so, wie sich der beste Tennisspieler eines Clubs auch zu einer gewissen Persönlichkeit hochstilisiert.

Doch des Lebens Spiel hat noch zahlreiche andere Facetten aufzuweisen – eine überraschender als die andere. Davon soll im folgenden ein kleiner Abriß gegeben werden.

Des Lebens Spiel

Wir schreiben den 10. November 1992. Der Winter bricht über die kleine Ortschaft namens Churchill am Westufer der kanadischen Hudson Bay herein. Noch ist die Packeisdecke des Binnenmeeres nicht geschlossen. Noch können die Eisbären nicht auf Robbenjagd gehen. Bei ihrer Annäherung würden die Beutetiere von jeder Eisscholle sofort abtauchen und somit entkommen. Seit vier Monaten mußten die Bären Hunger leiden. Nur auf der Müllkippe dieser einsamen Siedlung konnten sie nach spärlichen Resten wühlen.

Plötzlich walzt ein Weißpelz im Schein der untergehenden Sonne auf einen Schlittenhund los, der bei einem einzeln stehenden Haus an langer Kette angeleint ist. Ein Appetithappen für den weißen Riesen? Oft genug haben Eisbären schon Hunde gefressen. Doch dieser Wächter des Hauses flieht nicht! Er wedelt mit dem Schwanz! – Er jault nicht, sondern zeigt mit entblößten Oberzähnen das typische Hundelächeln. – Er erstarrt nicht, sondern beugt, grazil umhertrippelnd, ja, fast tänzerisch, den Kopf nach vorn wie zu einer Spielaufforderung unter seinesgleichen. »Der Eisbär«, so Augenzeuge Stuart L. Brown, Säugetierforscher an der Universität von Vancouver, »scheint die Körpersprache des Hundes zu verstehen und reagiert enthusiastisch mit Friedverhalten kündendem Gebärdenspiel, das soviel heißen soll wie: ›Laßt uns spielen!‹« Schon tollen beide umher, gehen in einen Ringkampf über, bei dem der Petz den Hund mit seinen 1000 Pfund wie eine weiße, weiche Wolke sanft umhüllt. Mehr ein Streicheln, Tätscheln mit den Tatzen und Knutschen! Ein Hund als lebendes Spielzeug für einen wilden Eisbären! Eine Woche lang wiederholt sich das allabendlich. Dann schließt sich die Eisdecke der Hudson Bay. »Weiße Wolke« entschwindet im Ungewissen der Polarnacht.

Wenn es ausgiebig geschneit hat, brechen auch für die Kinder der Japanaffen oder Rotgesichtsmakaken herrliche Zeiten an. Sie walzen die weiße Pracht, wie es Menschenkinder tun, zu dicken Rollen zusammen, schieben sie vor sich her, um anderen zu imponieren, und balancieren auf den Gebilden. Auf die Idee, Schneebälle zu werfen, sind sie bis jetzt allerdings noch nicht gekommen.

Das schönste Spiel der Elefantenkinder ist der Rüsselringkampf. Oft balgen sich auch größere Rabauken mit viel kleineren Herdenkumpanen herum. Unfair? Offenbar haben die großen ein Empfinden für echten Sportsgeist und gehen vor dem Kampf in die Knie. Der Kleine soll seine Chance bekommen. Wenn zwei Gleichstarke rangeln, muß der Sieger der ersten Runde in der zweiten den Verlierer spielen. Andernfalls bekommt er von Mutters Rüssel einen übergezogen. Gewinnen oder verlieren hat für die Jumbos keine Bedeutung. Das Kampfspiel selbst ist die Hauptsache.

Bei den Aras, Papageien im brasilianischen Urwald, übernimmt das stärkste Männchen sogar in jedem Fall und immer wieder von neuem die Verliererrolle. Daher macht es allen Schwarmmitgliedern stets einen Mordsspaß, mit dem Chef, also dem Vater, einen Schnabelhakelkampf auszufechten und sich dabei körperlich zu ertüchtigen.

Das Spielen gehört untrennbar zum Leben der Säugetiere und Vögel wie auch zum Menschen. Reptilien und Fische sind hingegen spielunfähig – mit Ausnahme junger Warane und Tapirrüsselfische. Im 18. Jahrhundert vermuteten Biologen, daß Spielen nur Spaß bedeute und keinem Zweck diene. Das Losgelöstsein von jedem praktischen Ziel galt geradezu als Definition des Spielverhaltens. Doch seit 1950 wandelte sich das Bild. Es wurde bewiesen, daß Tiere im Spiel einerseits ihre Kraft, Ausdauer und Geschicklichkeit trainieren sowie andererseits ihre Wahrnehmungsfähigkeit und Reaktionsgeschwindigkeit verbessern. Nunmehr ist noch ein weiterer Sinn erkannt worden, und zwar der wichtigste: Durch das Spiel wachsen junge Tiere zu Mitgliedern ihrer Gemeinschaft heran. Das soziale Rollenverhalten.

Zum Beispiel degeneriert ein Hundewelpe, der im Zwinger in Einzelhaft gehalten wird und bis zur einschließlich siebten Lebenswoche nie eine Gelegenheit zum Spiel bekommt, dauerhaft zu einem sturen Klotz, mit dem niemand etwas anfangen kann. Oder er wird gar zu einem unberechenbaren, gefährlichen Beißer. Nach der achten Lebenswoche hat alle Liebe und Zuwendung keinen Sinn mehr. Er bleibt asozial.

Ähnlich verhält es sich bei allen in Gemeinschaften lebenden Tieren. Stirbt in freier Wildbahn die Mutter eines Schimpansenkindes, hört der Waise sofort zu spielen auf, wird depressiv und geht langsam zugrunde. Wächst das Junge im Zoo im Einzelkäfig auf, ohne je Umgang mit seinesgleichen zu pflegen, ist er später als Erwachsener sogar unfähig zu Liebesspiel und Paarung. Forscher haben in Unwissenheit um die verheerenden Folgen ihrer Experimente in zahlreichen Versuchen junge Affen, Seehunde, Papageien, Hausmäuse und Kinder vieler anderer Arten am Spielen gehindert. Stets erwuchsen aus ihnen Wesen, die zu jeglichem Gemeinschaftsleben unfähig waren. Die Resultate waren für die Tierkinder so niederschmetternd, daß solche Experimente heute nicht mehr durchgeführt werden. Gott sei Dank!

Andererseits zeigte sich, daß es vergnügte Tollereien sind, die im Tierkind flexibles Verhalten wecken, es zu einem Hansdampf in allen Gassen machen und in die Lage versetzen, später mit unerwarteten Geschehnissen fertig zu werden, sowie soziale Bindungen einzugehen und ein vollwertiges Mitglied der Gemeinschaft zu werden. Für eine gesunde körperliche und seelische Entwicklung eines Tierkindes ist das Spiel ebenso wichtig wie schlafen, fressen und trinken.

Gespielt werden kann auf die vielfältigste Weise:

1. Das Spiel mit sich allein. Zum Beispiel treffen die Orang-Utans, die in den Regenwäldern Sumatras und Borneos weitgehend als Einzelgänger leben, fast nie auf Spielkameraden. Dann hängen sie sich oft kopfunter an einen Ast, pendeln hin und her und patschen dabei lustig ins Wasser eines Flusses unter ihnen.

2. Das Geschicklichkeitstraining mit einem Spielzeug. Junge Möwen und Rauchschwalben picken oft nach Federn oder Blättern, lassen sie im Flug fallen, fangen sie wieder auf und versuchen, sich das nutzlose Lustobjekt gegenseitig abzujagen. Auf der Galapagosinsel Seymour beobachtete ich junge Blaufußtölpel, die große Stöcke eine halbe Stunde lang immer wieder in die Luft warfen, um sie geschickt wieder aufzufangen. Junge wie erwachsene Seelöwen balancieren auch in Freiheit Äste oder Muschelschalen auf der Nase, als wären sie im Zirkus. Hausmäuse vertreiben sich die Langeweile, indem sie im Tretrad Karussell fahren. Delphine benutzen die Bugwelle eines Schiffes, mitunter auch die eines Wales als Reitpferd oder suchen badende Menschen als Spielkumpel auf. Mutter Gepard bringt ihren Kindern, wenn sie sechs Monate alt sind, lebende Gazellenkitze vom Jagdausflug mit. Bis zu

zwei Stunden lang spielen diese dann damit »Katz und Maus«, also Beutefang.

3. Der Spielkampf: Wettlauf, den Verfolgten einholen, ihn anspringen, mit ihm boxen und ringen, gefährliche Bisse ansetzen, aber nicht fest zubeißen und den Partner verschonen. Das kennen wir von unzähligen Tierarten. Einige haben dabei besondere Kampfspiele entwickelt. Zum Beispiel veranstalten junge Schakale Tauziehen mit einer Straußenfeder, einem Stock oder einer Schlange. Tüpfelhyänen treiben den gleichen Sport, jedoch zerren die zähen Kerle dabei nicht an einem Tau oder Stock, sondern jeder an einem Ohr des Partners: Wer ist der Zugkräftigste, und wer kann Schmerzen am besten ertragen! Wenn Wölfe Überfall auf ihre Geschwister spielen, ist es wichtig, sich gegenseitig ständig mit Freundlichkeitssignalen erkennen zu geben, daß die Angriffe nicht ernst gemeint sind. Nur dann wird aus dem Spiel kein blutiger Ernst.

4. Einfache Sozialspiele. Bei Junglöwen ist »Schweinchen in der Mitte« besonders beliebt. Zwei Rabauken versuchen, einen Dritten zwischen sich in die Zange zu nehmen und zu drücken. Der Witz liegt darin, der Falle zu entrinnen. Junge Steinböcke spielen »Burgverteidigen«: Einer steht auf einem Felsen, die anderen greifen von unten an, um ihn von der Spitzenposition zu verdrängen. Und viel Ähnliches mehr.

5. Schwierige Sozialspiele. Junge Bärenpaviane versuchen oft, einem stärkeren Affen, der ihnen übel mitgespielt hat, beleidigende Grimassen zu schneiden, aber auf solch raffinierte Weise, daß dieser sie nicht prompt verprügeln kann. Sie setzen sich beim Fratzenmachen dicht hinter den Hordenboß. Droht der Feind zurück oder startet er spornstreichs eine Strafaktion, bezieht der ahnungslose Chef den Angriff auf sich und beißt den Unschuldigen. Dies Verhalten ist auch als »beschütztes Drohen« bekannt. Beluga-Weißwale schließen spielend Freundschaf-

ten, indem sie sich gegenseitig mit Flipper und Fluke betätscheln, streicheln und massieren.

6. Spiele unter Artfremden. Das schon geschilderte Techtelmechtel zwischen Eisbär und Schlittenhund ist ein Beispiel dafür. Wenn ein Südkaperwal aus Lust an der Freud Luftsprünge vollführt, kann es im Seegebiet um Kap Hoorn geschehen, daß Jacobitadelphine, mit 1,40 Meter Länge und 40 Kilogramm die kleinsten, aber mit einem Schwimmtempo von bis zu 70 Stundenkilometern auch die schnellsten ihrer zoologischen Familie, mit acht Meter hohen Sprüngen über die dicken Wale hinwegsetzen: »Ätsch! Ich kann das noch viel besser!« Junge Löwen verstecken sich zur abendlichen Spielstunde gern im hohen Steppengras. Trotten dann Antilopen arglos des Weges, stürzen sie mit Gebrüll hervor und genießen es ganz offensichtlich, den Huftieren einen Schrecken eingejagt zu haben.

Spielen Tierkinder untereinander, werden die Spielregeln von ihnen selbst aufgestellt und meistens auch eingehalten. Oft wachen auch die Eltern darüber, daß die Regeln beachtet werden. Das ist einer der wesentlichen Grundpfeiler sozialen Zusammenlebens. Bei Wölfen achtet der Vater, also der Rudelführer, stets darauf, daß seine Kinder keine Gemeinschaftsregel verletzen. Querköpfe wären später als Erwachsene eine Gefahr für die Gemeinschaft.

Was erzählen uns die Tiere am praktischen Beispiel ihrer Spiele über das eigentliche Wesen dieses Phänomens?

Von der Position tierlichen Spielverhaltens gelangte anno 1994 Stuart L. Brown, Psychiater an der Universität Houston, Texas, zu erschütternden Rückschlüssen auf den menschlichen Bereich. Tiere sind für ihn, um mit Goethe zu reden, »des Lebens Spiel, die Welt im kleinen« und Modellfälle für den menschlichen Bereich. Er war vom Gouverneur beauftragt worden, die Beweggründe eines fünfundzwanzigjährigen Amokschützen zu untersuchen, der auf dem Campus mit einem Schnellfeuergewehr 13 seiner Kommilitonen getötet und 31 schwer verletzt hatte.

Brown ermittelte zwei Ursachen. Zum einen war der Massenmörder als Kind von seinem Vater mehrfach mißbraucht worden. Zum anderen hatte ihm dieser von klein auf das Spielen verboten und ständig zum Arbeiten gezwungen. Was wirkte sich gravierender aus: die körperliche Qual oder der Spielentzug?

Im folgenden untersuchte der Professor das Vorleben von 26 verurteilten Mördern im Zuchthaus der Stadt. Von diesen hatten 23, also fast alle, als Kinder niemals spielen dürfen – weder mit Freunden noch für sich allein. Weiterer Kommentar überflüssig.

Im Grunde liegt die Hauptursache tiefer: nämlich in mangelnder Liebe der Eltern zum Kind. Mangelndes Urvertrauen und ein Defizit am Gefühl der Geborgenheit lassen die Aggressions-Angst-Balance aus den Fugen geraten, die psychische Entwicklung verkrüppeln. Mangelnde Zuwendung der Eltern zum Kind hat aber auch mangelnden Ansporn zum Spiel mit dem Kind zur Folge. Gute Eltern sollten ihren Kindern im eigentlichen Sinne des Wortes ein Bei-Spiel geben.

Es wäre außerdem wichtig, einmal zu testen, ob ein täglich vielstündiger Umgang mit einem Computer als persönlichkeitsbildendes Spiel wirkt oder, da die unmittelbare persönliche Begegnung, also das eigentliche soziale Element, fehlt, zu möglicherweise ähnlichen Charakterstörungen führt wie totaler Spielentzug.

Menschliches und Tierliches, wie dicht liegt hier einmal mehr beides beisammen! So erscheint es mir durchaus gerechtfertigt, im Anschluß hieran auf Teilaspekte der Menschwerdung überzugreifen, wie sie brandaktuell aus Arbeiten der Menschenaffenforschung zu uns sprechen.

Die Menschwerdung

Gehe hin zur Ameise, du Fauler,
siehe ihre Weise an und lerne!

(Sprüche 6, 6)

Die ersten Moralapostel

Es geschah an den regenwaldüberwucherten Steilhängen des Gombereservats am Ufer des ostafrikanischen Tanganjikasees. Unvermittelt wurde die Stille der schwüllastenden Luft vom Kreischen zahlreicher Schimpansen zerrissen. So höllisch das Geschrei, so denkwürdig entwickelte sich aus dieser Ouvertüre eine Lehrstunde in Sachen Moral.

Was war geschehen? Drei männliche Schimpansen hatten einen kleinen Colobusaffen, der sich von seiner Horde entfernt hatte, im hohen Astwerk entdeckt, gemeinsam nach wohlbedachtem Plan in einer Treibjagd umzingelt und mit Genickbiß getötet. In dieser Region pflegen die Menschenaffen ihre fast durchweg vegetarische Kost mit gelegentlichen tierischen Proteinschüben aufzubessern. Dies geschieht nicht gerade sehr häufig, nur etwa zweimal im Monat. Man gönnt sich sozusagen etwas ganz Besonderes, einen Festtagsbraten.

Auf das höllische Kreischen hin, das anderthalb Kilometer weit durch den Dschungel drang, kamen zwölf weitere Hordenmitglieder herbei, um am Schmaus teilzunehmen. Hatten sie eine Chance, durch Betteln etwas abzubekommen? Wer zwei bis drei Minuten nach dem Fang zur Stelle ist, gilt als Jagdkumpan und darf sich einen großen Brocken, Brust oder Keule, von der Beute abreißen. Dabei ist es gleich, ob er aktiv an der Jagd teilgenommen hat oder nicht. So genau können Schimpansen das im Eifer des Gefechts nicht übersehen. Aber wenige Minuten später, wenn sich jeder Jäger etwa zehn Meter vom Tatort entfernt hat, ist sein Beuteanteil unantastbares Privateigentum. Niemand darf es ihm wegreißen oder stehlen, auch nicht viel Stärkere, ja nicht einmal der Hordenführer. So verlangen es die Spielregeln der Menschenaffengesellschaft.

Das nun folgende Bankett zog sich bis zu neun Stunden lang hin. Dabei hockten drei bis fünf Bettler um jeden Fleischbesitzer und starrten gierig auf den »Braten«. Jedesmal war es eine dramatische Frage: Wer bekommt was und wieviel von wem, und wer geht leer aus? Der Angebettelte ließ sich nur alle halbe Stunde gönnerhaft herab, kleine Spenden unters Volk zu verteilen und genoß offensichtlich seine Monopolstellung. Einmal bettelte der Hordenchef beim Rangtiefsten mehrere Stunden und bekam schließlich – nichts!

Wie kommt man zu einem Bissen? Auf dreierlei Weise:

1. Ein Bettler kann winzige Stückchen vom Boden aufheben, sich quasi von den Krümeln nähren, die vom »Tische« fallen. Das tun jedoch nur Kinder oder jene Erwachsenen, die so tief im Ansehen des Fleischbesitzers stehen, daß sie das Betteln von vornherein für aussichtslos halten.

2. Ein Nachzügler kann sich selbst ein Stück von der großen Portion abbeißen. Das ist jedoch nur erlaubt, wenn es das eigene Kind ist, das von seiner Mutter etwas haben will, wenn beide Geschwister sind oder wenn die bei einem Männchen bettelnde Schimpansin gerade sexuell etwas zu bieten hat. Dirnenunwesen im Urwald!

3. In allen anderen Fällen muß der Habenichts stundenlang ausharren. Er blickt dem Fleischbesitzer in die Augen, starrt begehrlich das Fleisch an, streckt wie ein bettelnder Mensch die muldenförmig geöffnete Hand aus, berührt damit die Lippen des vermeintlichen Spenders oder tippt das Fleisch an. Dabei wimmert er zum Gotterbarmen oder jault ein klägliches »Huhu« zum Himmel.

Meist tut der Besitzende so, als sei dies alles für ihn Luft. Wird der Bettler aufdringlicher, so zieht er das Fleisch weg, wechselt den Ort, kreischt laut, fuchtelt mit den Armen und stößt den Bittsteller von sich. Doch Ausdauer wird mitunter belohnt. Der eine bekommt eher und öfter ein Stückchen, der

andere wird erst nach langem Betteln mit einem Minikno-
chen abgefunden – wohl nur, damit er endlich Ruhe gibt.

Der Zweck der bis zu neun Stunden dauernden Gemein-
schaftsmahlzeit liegt nicht in der Ernährung. Dafür ist viel
zuwenig Fleisch vorhanden. Ihr Sinn beruht vielmehr auf der
Regelung sozialer Beziehungen innerhalb der Horde.

Zunächst betonen die glücklichen Besitzer durch langes
Hinauszögern der Spende die Wichtigkeit des Fleischver-
schenkens. Ein Braten ist nichts, was man leichtfertig ver-
schleudert. Wer sich in jüngster Zeit gegenüber dem Fleisch-
verteiler mies verhalten hat, wird abgestraft, bekommt nichts
und kann während der langen Bettelei über seine Sünden
nachdenken. Wer aber dem plötzlich zu Reichtum Gelangten
zuvor behilflich gewesen war, etwa beim Streit mit Dritten,
oder wer sich freundschaftlich gezeigt hat, bekommt nun
seinen Lohn. So vergilt der Eigner vorangegangene Wohlta-
ten, Hilfeleistungen, Freundesdienste des Bettelnden, aber
auch Übervorteilung, Bedrohung, Hintansetzung, Kränkung
nach dem Prinzip »Wie du mir, so ich dir«.

Das Leben der Schimpansengesellschaft unterliegt einem
ungeschriebenen Gesetz, das all das beinhaltet, was man darf
und was nicht, was sich schickt und was allgemein verpönt ist.
Da kein Hordenmitglied weiß, wer nach der nächsten Jagd
glücklicher Fleischbesitzer sein wird, kann es vorteilhaft sein,
sich mit allen Kumpanen gut zu stellen. So arrangiert man
sich in der Gemeinschaft. Und die Basis dafür, daß so etwas
funktioniert, ist das Moralempfinden.

Der aus Sichtweise des Verteilers moralisch Gute bekommt
seinen Lohn für die »gute Tat«, den Indifferenten läßt man
stundenlang zappeln und speist ihn schließlich mit Minder-
wertigem ab, den »Bösen« läßt man Tantalusqualen leiden
und straft ihn mit Verachtung. In der Tat ein soziales Regulativ aus moralischen Empfindlichkeiten zur Verbesserung der
Sitten des Zusammenlebens in der Horde!

Beim Menschen hat dies in gewisser Weise Ähnlichkeit mit
dem moralinsauren Klatsch und Tratsch auf der Hinter-

treppe. Nur mit dem, allerdings entscheidenden, Unterschied, daß demjenigen, der gegen die allgemeine Schicklichkeit verstoßen hat, sein Fehlverhalten in direkter Gegenüberstellung vor Augen geführt wird. Daraus resultiert die Katharsis. Wenn Menschen über andere herziehen, tun sie das anonym und ohne dessen Wissen. So verbessern sie nichts.

Bei Schimpansen verstärkt das moralische Regulativ die Bande der Zusammengehörigkeit, schweißt Freunde enger zusammen, läßt Sünder Reue zeigen und führt dazu, daß es sich Grobiane künftig gründlich überlegen, bevor sie einem Hordenmitglied übel mitspielen. Zudem hat das niedere Menschenaffenvolk mit der Fleischverteilung ein Machtmittel in der Hand, dem Leittier Dankbarkeit für erwiesene Dienste, etwa im Kampf gegen einen Leoparden, zu zeigen oder ihm seine Mißbilligung zu demonstrieren, ihm durch die Verweigerung der Fleischspende zu verstehen geben, daß er als Chef versagt oder sich schlecht benommen hat. Hin und wieder bietet ein Schimpanse aber einem anderen Fleisch an, auch ohne zuvor angebettelt worden zu sein. Das ist dann der Beginn einer großen Freundschaft.

Der in USA arbeitende holländische Menschenaffenforscher Frans de Waal erblickt in diesem Verhalten die Wurzeln menschlicher Moral. Das ist selbst für abgebrühte Zoologen eine Herausforderung. Noch Thomas Henry Huxley, der militante Wegbereiter Darwins, sah die Natur als durch und durch böse an und hielt sie für höchst indifferent in Fragen von Recht und Ordnung. Für ihn konnte die Moral nur eine menschliche Errungenschaft sein: »Ein Schwert, geschmiedet vom Homo sapiens, um den Drachen seiner animalischen Vergangenheit zu erschlagen«. Damit stand die Moral außerhalb des Reiches der Biologie.

Auch Richard Dawkins, der 1978 gemeinnütziges Verhalten aus der These vom »egoistischen Gen« erklärte, meinte, daß im Gemeinschaftsinteresse zusammenarbeitende Menschen nur wenig Beistand von der biologischen Naturauffassung erwarten könnten: »Laßt uns versuchen, Edelmut und Uneigennützigkeit zu lehren, da wir als Egoisten geboren sind.«

De Waal vertritt nun einen optimistischen Standpunkt: »Ohne unseren Hang zum Bösen zu leugnen, sind wir zugleich in unserem Kern moralische Wesen.« Es muß bereits von Natur aus in uns eine Veranlagung stecken, moralische Systeme zu entwickeln und zu verstärken: fest verankerte Ansatzpunkte für den weiteren Ausbau durch geistige Kräfte.

Neue Beobachtungen untermauern das. Bei Schimpansen, die im Zoo von Arnheim fast so ungezwungen wie in Freiheit leben, bemerkte Frans de Waal folgendes: Ein schwächeres Männchen hatte im Schutz der Horde einen stärkeren Widersacher bis zur Weißglut gereizt. Dieser sann auf Rache, beschaffte sich einen drei Kilogramm schweren Stein und versteckte ihn, bis die Gelegenheit kommen würde, es dem Bösewicht heimzuzahlen. Das Vorhaben hätte in einem Mord enden können. Doch als es soweit war und der Rächer seine Waffe holen wollte, war sie nicht mehr da. Drei Weibchen hatten sie im Vorbedacht, die Bluttat zu verhindern, insgeheim beiseite geschafft.

Ein andermal entdeckte ein starkes Schimpansenmännchen im Yerkes-Primatencenter in den USA, wie ein Jüngling mit seinem Lieblingsweibchen flirtete, und wollte den Nebenbuhler umbringen. Sechs Weibchen ahnten das Unheil, umringten die beiden Kontrahenten und bellten dem Angreifer im Chor mit schrillem Stakkato ihren Protest ins Ohr. Da brach der Bösewicht den Überfall mit Angstgrinsen ab. De Waal: »Er hatte die Botschaft verstanden.« Allgemeine Empörung gegen das Zufügen von Unrecht verhinderte das Schlimmste. Die Moral hatte gesiegt.

Zitat de Waal: »Unser Verstehen der Wurzeln unseres Moralempfindens war lange Zeit durch das Versäumnis, das Zentrale unserer sozialen Natur zu erkennen, verdunkelt. Der Mensch entstand nicht als Robinson Crusoe, nicht als Einzelwesen, das sich erst später im Verlauf seiner Geschichte vergesellschaftete. Wir waren vielmehr von unseren Uranfängen an soziale Wesen mit einem Kodex von Verhaltensnormen.

Die Entdeckung moralischer Empfindlichkeiten zum Einhalten dieser Regeln bei Schimpansen zeigt uns nunmehr, wo die Wurzeln zu suchen sind, und was daraus erwachsen kann.«

Die sieben Aufrechten

Wer kann uns erklären, wie der Weg vom Vierbeiner zum aufgerichteten Wesen verlief? Nun, es gibt viele Tiere, die sich auf die Hinterbeine stellen können. Schon der altgriechische Philosoph Plato spottete, der Mensch sei nicht mehr als ein »federloser Zweibeiner«, wobei er auf den aufrechten Gang der Vögel anspielte. Nun watscheln und hüpfen außer uns zwar auch Pinguine und Känguruhs zweibeinig umher, Häschen und Eichhörnchen machen possierlich »Männchen«, von einigen fleischfressenden Dinosauriern zu Urzeiten gar nicht erst zu reden. Menschen sind sie allesamt aber noch lange nicht. Umgekehrt war jedoch der aufrechte Gang die Grundvoraussetzung für das Entstehen fundamentaler, spezifisch menschlicher Eigenschaften.

Drei biologische Anpassungen betrachten wir als entscheidend für das Entstehen des Menschen: das große Gehirn mit der Eigenschaft, eine abstrakte Sprache zu entwickeln, die Fähigkeit zum Herstellen von Werkzeug, was die Ausbildung der Hand voraussetzt, und eben den aufrechten Gang.

Andererseits verfügen wir als aufrechte Wesen über eine noch ziemlich unausgereifte Knochenkonstruktion. Plattfüße, Bandscheibenschäden, Meniskusverletzungen, Hüftbeschwerden beweisen, daß der Übergang vom Vier- zum Zweibeiner bei der Verlagerung des gesamten Körpergewichts auf nur zwei Beine noch keineswegs perfekt vollzogen ist.

Wegen dieser Mängel ist es auch schwierig, ausschließlich am Skelett abzulesen, wann in der Ahnenreihe unserer Vorfahren der aufrechte Gang, der als Kennzeichen des Menschseins gilt, entstanden ist. Schimpansen können wir diese Eigenschaft nicht im vollen Maße zubilligen. Sie stehen nur kurzzeitig aufrecht, wenn sie Ausschau halten oder an Büschen Beeren pflücken. Auch zum Nachbarbusch laufen sie zweibeinig, wenn es nur wenige Meter sind. Die Bananenernte bringen sie ebenfalls zweibeinig in Sicherheit, weil sie die Arme benötigen, um größere Mengen zu transportieren. Außerdem tragen sie, wie die Gorillas, Angriffe auf Feinde zweibeinig vor, um diese mit ihrer Größe einzuschüchtern. Aber in allen anderen Fällen bewegen sich diese Menschenaffen vierbeinig über den Urwaldboden. Sie sind nur »gelegentliche Zweibeiner«.

Wann aber stellte sich der »Dauer-Zweibeiner« auf die Füße? Erst als Frühmensch vor etwa 100 000 Jahren, oder waren es dessen bis dahin bereits ausgestorbene Vorfahren? Um dies zu erforschen, benutzte 1994 Fred Spoor, Anthropologe an der Universität London, ungewöhnliche Anhaltspunkte. Da ihm Arm- und Beinknochen keine zuverlässigen Erkenntnisse vermitteln konnten, wählte er ein anderes Organ, dessen perfektes, spezielles Funktionieren die Voraussetzung für die bipedale Fortbewegung ist: den Gleichgewichts- und Drehsinn der drei Bogengänge des Labyrinths oder Vestibularapparates am Innenohr, das im Schädelknochen fest eingebettet liegt und daher fossil Jahrmillionen überdauert.

Die Röhren der Bogengänge enthalten eine Flüssigkeit, deren schwankende Bewegung von bürstenartigen Sinneshärchen erfaßt und über Nerven zu Augenmuskeln und zum Gehirn gemeldet wird. Folgender leichter Test gibt über die Funktionsweise Aufschluß: Beim Lesen dieses Buches schwenke man es hin und her. Sogleich verschwimmt das Schriftbild zur Unkenntlichkeit. Danach halte man das Buch still und wackle mit dem Kopf. Nun bleibt das Gedruckte klar leserlich. Über den Gleichgewichtssinn werden die Bewegungen des Kopfes ebenso wie jene des ganzen Körpers mit den optischen Sinnen so verrechnet, daß der Eindruck eines feststehenden, deutlich erkennbaren Bildes entsteht. Nur wenn der Kopf sehr schnell hin und her bewegt wird, funktioniert dieser Bildstabilisator nicht mehr. Aber für den Menschen als Langsamläufer genügt das vollauf.

Zwar haben die Vormenschen noch keine Bücher gehabt, aber diese Sehkorrektur ist beim Erfassen schnell fliehender Beute oder im Höchsttempo angreifender Feinde und beim Anpeilen von Greif- und Trittpunkten für die Hände und Füße wichtig. Ohne sie fällt man gleich auf die Nase.

Im einzelnen gibt es drei Bogengänge, die alle senkrecht zueinander stehen: einen fürs Kopfschütteln (»Nein-Bogen«), einen fürs Nicken (»Ja-Bogen«) und einen für die Schräglage des Kopfes (»Vielleicht-Bogen«).

Die Größe der einzelnen Bogen kann uns genaue Einzelheiten über die Fortbewegungsweise des zugehörigen Wesens erzählen, auch wenn es längst ausgestorben ist: Je schneller die Geschwindigkeit eines Tieres in der zugehörigen Ebene, desto größer sind die betreffenden Bogengänge ausgebildet. Mit hohem Tempo von Baum zu Baum hangelnde und springende Gibbons haben größere Bogengänge als Langsamschleicher wie Gorillas oder Potto-Halbaffen. Bei Affen, die im Kronendach der Urwälder dreidimensional nach oben und unten, vor, zurück und seitwärts springen, sind alle drei Bogengänge gleich groß. Bei Tieren, die nur zweidimensional auf dem Erdboden laufen, ist der »Ja-Bogen« (für Auf und Nieder) wenig im Gebrauch und daher kleiner als die übrigen. Der Wechsel vom vierbeinigen zum zweibeinigen Gang erforderte eine massive Umorganisation des Knochenbaus wie auch des Gleichgewichtsorgans. Deshalb sind die »Nein«- und »Vielleicht-Bogen« beim Menschen am meisten ausgeprägt. Sie müssen die großen Gleichgewichtsprobleme, die der aufrechte Gang mit sich bringt, wenigstens einigermaßen kompensieren.

Mit dem Wissen, wie die Bogengänge beschaffen sein müssen, um den aufrechten Gang zu ermöglichen, nahm sich Fred Spoor über 100 Schädelknochen lebender und fossiler Tiere sowie von frühen bis hin zu späten Hominiden (Menschenartigen) vor. Es ergab sich das folgende aufschlußreiche Bild:

Zunächst wurde der Australopithecus afarensis (Süd-Menschenaffenartiger) untersucht, dessen Fossilien erst 1990 bei Maka und Hada in Äthiopien freigelegt worden waren und der als »Lucy« Berühmtheit erlangt hatte. Er galt zunächst als das ursprünglichste Mitglied der zum Menschen führenden Linie und lebte vor vier bis zweieinhalb Millionen Jahren. War er schon ein haariger Mensch oder noch ein aufrechter Affe? So fragten sich die Forscher. Indessen offenbarte die Innenohruntersuchung, daß dieses Wesen wie die Menschenaffen noch teils in Bäumen herumkletterte und teils zweifüßig auf dem Erdboden lief. Er zeigte noch keinen ausgeprägteren aufrechten Gang als die heutigen Schimpansen.

Vor zweieinhalb Millionen Jahren trat *Homo habilis* (geschickter Mensch) auf, ein kleinerer, graziler Typ. Er unterschied sich von anderen Hominiden durch einen besonders großen »Ja-Bogen«. Also lebte eindeutig auf Bäumen, etwa so wie der heutige Gibbon. Er kann also noch nicht zu den Aufrechten gehört haben.

Erst vor anderthalb Millionen Jahren erlangte der *Homo erectus* (aufgerichteter Mensch) tatsächlich ein Gleichgewichtsorgan, das große Ähnlichkeit mit dem des modernen Menschen aufwies. Dieser Menschenvorfahr war somit das erste aufrecht gehende Wesen in unserer Ahnenreihe.

Im Gegensatz zur bisher vorherrschenden Ansicht, daß alle frühen Hominiden nur Affenähnliches an sich gehabt hätten und Zweibeinigkeit das ausschließliche Attribut des Menschen sei, gilt nunmehr auch Homo erectus als Prototyp des heutigen Menschen. Vor etwa einem Jahrhundert sprachen

Anthropologen mehr scherzhaft von den »sechs Aufrechten« in der Ahnenreihe des Menschen und meinten damit den Java- und den Pekingmenschen, den Neandertaler, den Cro-Magnon- und den Steinheimmenschen sowie last not least den Homo sapiens. Wenngleich diese Systematik neueren Perspektiven nicht mehr standhält, so kann man, um beim Bild zu bleiben, doch sagen, daß es jetzt »die sieben Aufrechten« gibt.

Soll der aufrechte Gang weiterhin einen Grenzstein zwischen Mensch und Tier markieren, so müssen wir die Scheidelinie jetzt auch auf diesem Gebiet weiter in jenen Bereich verschieben, der einst als ausschließlich den Tieren vorbehalten galt.

Andere Grenzsteine mußten wir ja bereits auf den Gebieten vorsprachlicher Leistungen, der Werkzeugfertigung, des ästhetischen Empfindens, altruistischer Handlungsweisen und vieler anderer Dinge in gleicher Weise versetzen. Der Übergang vom Animalischen zum Menschlichen wird zunehmend fließender! Immer deutlicher erkennen wir die Wurzeln, die uns im großen Kontinuum der Schöpfung mit der Ausgangsbasis unseres Seins verbinden.

Der Planet der Affen

Es ist ein Moment wie jener, da der sagenhafte Titan Prometheus den Menschen das Feuer brachte: Ein Zwergschimpanse betrachtet grüblerisch einen Stein in seiner Hand, blickt dann auf den Boden und erneut auf den Stein, hebt ihn hoch und schmettert ihn dermaßen heftig auf den Beton, daß er zersplittert. Nun sucht sich der Menschenaffe das schärfste Bruchstück heraus, läuft damit zu einem mit Bindfäden verschnürten Päckchen, zerschneidet mit dem selbst hergestellten Werkzeug die Fäden und gelangt auf diese Weise an den darin eingepackten Leckerbissen. Eine Sternstunde der Vormenschheit?

»Eine neue Technologie ist geboren!« jubelte Nick Toth, Sprachforscher an der Universität von Atlanta, Georgia, am 23. Februar 1991. Die Heldin ist »Kanzi«, eine Zwergschimpansin, besser weiblicher Bonobo genannt. Bei ihr handelt es sich übrigens um dasselbe Wesen, das schon zuvor durch seine Sprachkünste weltberühmt wurde. »Vom Wortschmied wurde sie zum Steinschmied«, wie der Forscher sagt.

Galt bis dahin die Fähigkeit, Steinwerkzeuge herzustellen, als Grenzpfeiler, der die Menschen von den Affen trennt, so erzählt uns jetzt Kanzi, wie es Roger Lewin, Herausgeber der englischen Wissenschaftszeitschrift *New Scientist*, formuliert, eine andere Geschichte. Die alte Meinung gründete sich auf der Annahme, daß dieser Rubikon überschritten wurde, als der Frühmensch begann, die ersten Steingerätschaften anzufertigen. Nunmehr nährt Kanzi den Verdacht, daß diese für die Menschwerdung epochale Innovation schon viel früher vollzogen wurde, und zwar von unseren menschenaffenähnlichen Vorfahren. Damit würde sich die Trennungslinie zwischen Mensch und Tier viel weiter in den bisher als rein animalisch betrachteten Bereich verschieben.

Wie mag sich die Entwicklung zum Werkzeugmacher vollzogen haben? Den Anfang bildete zweifellos die Fertigung nichtsteinerner Geräte, wie sie uns heute noch wildlebende Schimpansen mit ihren Termitenangelstäbchen, Blattschwämmen, Knüppelwaffen, Grabstöcken, Zahnstochern, Blattservietten und vielem mehr vor Augen führen. Auf dieser Stufe entwickelte sich die mentale Fähigkeit, sich Gegenstände nutzbar zu machen. Sie war die Voraussetzung, in der zweiten Phase auch Steine zu benutzen, und zwar nicht nur unbearbeitet als Hammer oder Amboß.

Den nächsten Akt der Steinbearbeitung zeigte uns nun Kanzi: Man nehme einen Stein, werfe ihn zwecks Zertrümmern auf harten Untergrund und wähle aus den Splittern den geeigneten aus.

Die folgende Stufe müßte logischerweise darin bestehen, die Splitter durch weitere Bearbeitung zweckgerichtet zu verbessern, etwa zum Faustkeil, Hack- oder Schneidemesser, zum Schaber, Hobel, Meißel, Lochstecher. Hierbei müßte der Wahl des geeigneten Materials Priorität eingeräumt werden. Auch hierzu sind wildlebende Schimpansen fähig. Im Taiwald der Elfenbeinküste nehmen sie zum Knacken der hartschaligen Pandanüsse schwere Granitsteine als Hammer, während dieselben Tiere zum Öffnen der weicheren Colanüsse handlichere Quarzitsteine suchen.

Doch wie steht es damit, wenn ein Steinsplitter zu einem flachen Schaber umgeformt werden soll, mit dem man Fleisch vom Knochen oder, noch schwieriger, vom Innenfell abkratzen will? Oder wenn ein Stein als Speerspitze noch schlanker gemacht werden soll?

Zu Beginn einer Tagung über protohominide, also vormenschliche Fähigkeiten bat der Veranstalter alle versammelten Wissenschaftler, zum mit Feuersteinen übersäten Meeresstrand zu gehen und selbst zu versuchen, Werkzeuge nach Steinzeitart herzustellen. Was vor Jahrtausenden »primitiven« Menschen gelang, würden hochintelligente Professoren doch wohl heute erst recht zustande bringen können! Das Ergebnis war niederschmetternd. Außer einer Menge blaugeschlagener Finger kamen keine brauchbaren Produkte dabei heraus, die zumindest geringe Ähnlichkeit mit jenen Steinwerkzeugen gehabt hätten, wie sie etwa von den Oldoway-Vormenschen (Homo habilis) vor zweieinhalb Millionen Jahren angefertigt worden waren. Eine schmachvolle Niederlage des Zivilisationsmenschen auf dem »Planeten der Affen«!

Nick Toth versuchte nun, sich diese Fähigkeit selbst anzueignen, um sie als Lehrer an Kanzi weiterzuvermitteln. Der Selbstunterricht gestaltete sich äußerst schwierig. Anzunehmen, es genüge, zwei Steine einfach nur zusammenzuschlagen, erwies sich als geradezu naiv. Vielmehr galt es, unbedingt drei wesentliche Punkte zu beachten:

1. Der zu bearbeitende Stein mußte bereits eine flache Kante mit einem spitzeren Winkel als 90 Grad haben. Rundungen und stumpfe Stellen ließen sich nicht mit Steinwerkzeugen in schärfender Weise behauen.
2. Der »Hammer« mußte mit einem einzigen kräftigen Streifschlag präzise einen Zentimeter von der Kante entfernt das Werkstück treffen.
3. Der Hieb durfte nur in Richtung auf einen Grat oder Wulst im zu bearbeitenden Stein geführt werden, sonst waren die Bemühungen umsonst. Die Steinzeitwerkstatt erforderte also eine herausragende Geschicklichkeit und Handfertigkeit.

Würde Kanzi je so weit zu bringen sein, sich diese Fähigkeit zu erlangen? Um es kurz zu sagen: Bis zum März 1995 schaffte der Schimpanse es nicht. Der Urzeitsteinmetz begann, wie man es ihm vorgemacht hatte, zwei Steine zusammenzuschlagen: zuerst, indem er einen Stein auf den anderen warf, später, indem er einen Stein in die Hand nahm und damit das auf dem Boden liegende Werkstück traktierte. Zunächst ging er vorsichtig zu Werke, dann schlug er mit wachsender Begeisterung immer härter zu, bis schließlich zufällig eine scharfe Schneide absplitterte. Mit Freudengeschrei ergriff er sie und eilte damit zum Futterpaket, um dessen Schnur zu durchschneiden. Allmählich aber lernte er durch Versuch und Erfolg, die Schläge auf die Ecke des Steines zu richten und nicht, wie zu Anfang, auf die Mitte. So gelangte er durch Verbesserung seiner Technik schneller und nicht mehr rein zufällig zum Erfolg. Zwar stellte er nun scharfe Bruchstücke her, doch zu langen Steinschabern, wie wir sie vom Oldoway-Menschen kennen, reichte es nicht.

Das ist der Stand der Forschung von 1997. Wir können also festhalten: Als Nebenprodukt hat sie uns Einblicke in die unerwartet schwierige Technik der Anfertigung von Steinwerkzeugen gestattet. Zudem zeigt sie uns, daß aufschlußreiche und unverzichtbare Vorstufen dazu bereits auf der Entwicklungsebene der heute lebenden Menschenaffen zu finden sind. In höchster Vollendung beherrschen diese die Fertigkeit aber ebensowenig, wie sie uns Zivilisationswesen wieder verlorengegangen ist. Eine feste Grenze, hie Mensch, dort Tier, wird sich wohl nie festlegen lassen. Die Wurzeln unseres Menschseins reichen bis weit in die Sphären unserer Vorfahren zurück.

Das Staunen über die Bonobos weckte den Wunsch, sie, da sie noch intelligenter und menschenähnlicher als Schimpansen sind, auch in freier Wildbahn zu beobachten und ihr soziales Zusammenleben zu studieren. Die Männchen sind mit bis zu 43 Kilogramm Gewicht und einer Größe bis 90 Zentimeter etwas kleiner, aber auch graziler und eleganter als die mit ihnen nahe verwandten Schimpansen. Auffallende Merkmale sind die hohe Stirn, das offene Gesicht und ihr freundliches Wesen. 1944 starben alle Bonobos im Tierpark München-Hellabrunn bei einem Bombenangriff, jedoch nicht durch Waffeneinwirkung, sondern infolge Angst und Schrecken, während die robusteren Schimpansen im Nachbarkäfig überlebten. 98 Prozent der Erbsubstanz haben sie mit dem Menschen gemeinsam. Ihr Erscheinungsbild ist mit den Australopitheciden, einer Vormenschenart, die vor dreieinhalb Millionen Jahren Ost- und Südafrika besiedelte, zu vergleichen.

Die Bonoboweibchen sind mit 33 Kilogramm noch leichter als die Männchen, verstehen es aber trotzdem, sich gegen sie durchzusetzen. Sie führen das Regiment. In den Regenwäldern südlich des großen Kongobogens leben heute kaum noch 10 000 Bonobos. Erst 1933 wurden sie als eigenständige Art identifiziert, und schon sind sie vom Aussterben bedroht!

Die ersten Zoologen, die ihr Verhalten in freier Wildbahn erforschen wollten, wurden von den Menschenaffen sofort in hundertköpfiger Horde angegriffen, was ich für einen weiteren Beweis ihrer Intelligenz halte. Denn fast durchweg begegneten ihnen die Menschen als Feinde, die nur an ihrem Fleisch interessiert waren. Takayoshi Kano, Primatologe an der Universität Tokio, fand jedoch eine Urwaldregion, in der es für Einheimische tabu ist, ihre haarigen Verwandten zu töten. Hier, im Wambadschungel Kongo-Zaires, forscht er seit zwei Jahrzehnten als Freund unter Freunden, kennt 150 Bonobos persönlich und machte erstaunliche Entdeckungen.

Bereits die Schimpansen verfügen über mehrere den Menschen auszeichnende Eigenschaften und Fähigkeiten in ersten Ansätzen: die kooperative Jagd, das Teilen von Nahrung, den Werkzeuggebrauch, Rangfolgestrategien als protopolitische Taktik sowie die Kriegführung gegen Nachbarhorden. In Menschenobhut erlernen sie eine Zeichensprache. Und sie erkennen sich selbst in ihrem Spiegelbild, womit sie beweisen, daß sie durchaus ein Bewußtsein ihrer selbst besitzen. All diese staunenswerten Dinge werden vom Bonobo noch übertroffen.

Takayoshi Kano wurde mit einer Gesellschaftsordnung konfrontiert, die im bedauerlichen Gegensatz zu jener des Menschen von einem beneidenswert friedvollen Zusammenleben geprägt ist. Den Kern einer Horde bilden etwa 50 Weibchen. Obwohl vom Körperbau her schwächer als die Männchen, beherrschen sie diese – und zwar ohne Handgreiflichkeiten. Bekommt ein Weibchen mit einem Macho Streit, kreischt es schrill. Daraufhin flitzen sämtliche Weibchen in Übermacht herbei, umringen die Zankenden und starren den Mann aus Dutzenden weit aufgerissener Augen unverwandt an. Diesem bleibt nun nichts anderes übrig, als mit einem Angstgrinsen, einer Frohsinn vortäuschenden Furchtgebärde, verschämt den Rückzug anzutreten. Alle Weibchen, einander in enger Freundschaft verbunden, vereinigen sich gegen Übergriffe seitens der Männer.

Dieser Strategie haben die Männchen nichts entgegenzusetzen. Zwar gibt es auch unter ihnen Bündnisse, doch sind ihre Rivalitäten so groß, daß ein gemeinsamer Beistand gegen die Weibchen erst gar nicht zustande kommt. Ein Bonobomann ist in erster Linie mit seiner Mutter verbündet, und zwar lebenslang. Gerät er in Schwierigkeiten, verteidigt ihn seine schwächere Mutter sogar bei Rangkämpfen der Männer untereinander. Da Weibchen bei Rangeleien mit Männchen nicht angetastet werden dürfen, gehen die Mütter dabei kein großes Risiko ein. So erlangen Söhne ranghoher Weibchen durch die Macht ihrer Mütter entsprechende gesellschaftliche Positionen in der bis zu 200 Mitglieder umfassenden Horde. Eine Art Erbadel, der von den Müttern garantiert wird!

Unter dem Eindruck dieser Forschungsergebnisse muß die bisher vorherrschende Vermutung von der Dominanz der Männer über die Frauen bei den frühen Hominiden, also den menschenartigen Vormenschen, als äußerst fragwürdig betrachtet werden. Aspekte der Gleichstellung der Frau erhalten volle Rückendeckung. Bei den Bonobos bilden die Weibchen sogar den Kern der Gemeinschaft. Sie spielen die maßgebliche Rolle und prägen die Sozialstruktur.

Die Großhorde der Bonobos ist im Gegensatz zur straff organisierten Gemeinschaft der Schimpansen ein recht lockerer Verband. Kleine Grüppchen und Einzeltiere stromern oft tagelang auf der Suche nach Früchten im Dschungel nach eigenem Gutdünken umher. Treffen sich zwei Gruppen, bleiben sie einige Zeit beieinander und trennen sich meist in anderer Zusammensetzung wieder. Ein Haufen von ausgesprochenen Individualisten! Nur Mutter und Kind bilden eine dauerhafte Einheit. Aber alle 200 Mitglieder kennen sich persönlich.

Nicht zum Clan gehörende Männchen werden konsequent verjagt. Außerhalb ihrer Gemeinschaft haben sie nicht die geringste Überlebenschance. Daher bleiben sie lebenslang in ihrem »Stamm«. Die Weibchen wandern jedoch, sobald sie die Reife erlangt haben, aus. Im fremden Clan werden sie willkommen geheißen, wenn sie gerade sexuell empfänglich sind. Oder sie treffen dort auf frühere Freundinnen, die vor ihnen ausgewandert waren. Doch auch mit fremden Weibchen versuchen sie erste Kontakte zu knüpfen. Das Mittel dazu sind sexuelle Berührungen und gegenseitiges Lausen. Hieraus kann sich eine innige Frauenfreundschaft entwickeln. Ist eine solche Verbindung zustande gekommen, werden die weiblichen Neulinge auch von allen anderen Mitgliedern der neuen Horde akzeptiert. Nach der Geburt eines Kindes ist der soziale Status der Mutter unwiderruflich gesichert.

Feste Paarbindungen oder gar die Einehe kennen die Bonobos ebensowenig wie die Schimpansen, Gorillas und Orang-Utans. Somit ist ihnen auch die Elternfamilie unbekannt. Die Väter beteiligen sich nicht einmal andeutungsweise an der Kinderfürsorge. Bei der praktizierten sexuellen Freizügigkeit ist es auch höchst ungewiß, wer wes Kindes Vater sein könnte. Eine Mutter sorgt als Alleinerziehende für ihr Kind, bringt aber nur alle fünf bis sechs Jahre ein Baby zur Welt. Während sich Schimpansinnen aber nach jeder Geburt fünf Jahre sexuell enthalten und so bei den Männern einen Triebstau mit stark aggressiven Entladungen verursachen, ist Frau Bonobo bereits nach einem Jahr wieder zu Sexspielen mit mehreren Männchen bereit, zu Liebeleien, die, was das Kinderkriegen betrifft, ohne Folgen bleiben. Wie diese Menschenaffen das anstellen, ist noch unbekannt.

Es zeigt aber, daß die Sexualität neben der Fortpflanzung noch einem weiteren, vom Kinderkriegen völlig losgelösten Zweck dient: dem Aufrechterhalten des Friedens in der Gemeinschaft. Damit stehen die Bonobos in der gesamten Tierwelt einzigartig da. Bei allen anderen Tierarten hat der Sex als höchst egoistisches Verhaltenselement eine gemeinschaftssprengende Eigenschaft. Er heizt die Aggressionen an und hetzt die Männchen gegeneinander auf: Sex makes war, not peace! Sogar bei den Schimpansen ist nichts den Bonobos Ebenbürtiges zu beobachten. Hinsichtlich menschlichen Verhaltens erhalten diese Forschungen aber eine besondere Bedeutung, da ja auch bei uns soziale Wandlungen praktiziert werden wie die Auflösung der Einehe, sexuelle Freizügigkeit, Sex als vermeintlicher Friedensstifter. Schauen wir uns also noch näher bei diesen menschenähnlichsten aller Menschenaffen um.

Erste Szene: Zwei Männchen geraten sich mittels einer Kombination aus Ring-, Box- und Tretkampf ernstlich in die Wolle. Nach einer Weile sind beide erschöpft und verschnaufen. Statt nun weiterzukämpfen, umarmen sie sich in brüderlicher Weise, küssen sich sogar auf den Mund und verlegen sich auf sexuelle Kontakte. Offenkundig genießen sie das. Der Streit ist vergessen, der Frieden wiederhergestellt.

Oder: Ein Bonobomann hat eine besonders schmackhafte Frucht gepflückt. Ein in der Nähe weilendes Weibchen hat das gesehen und möchte den Leckerbissen gern haben. Es bietet sich dem Männchen zum Sexspiel an, und während dies im schönsten Gange ist, entreißt es ihm die Frucht. Es gibt keinen Streit, keine Rache, keine Strafe. Nahrung wurde mit Sex bezahlt.

Oder: In das Zoogehege wird ein Ball geworfen. Zwei Bonobos wollen zugleich mit ihm spielen. Einer droht, woraufhin der andere die Situation sogleich mit Sexkontakten entschärft. Statt sich mit Gewalt durchsetzen zu wollen, beruhigt er den Partner auf erotischem Wege.

Oder: Eine Sechsergruppe hat im Regenwald einen kleinen Busch mit reifen Früchten entdeckt. Fast alle andersartigen Tiere würden sogleich versuchen, sich den Schatz allein unter den Nagel zu reißen. Nicht so die Bonobos. Sie nehmen untereinander sexuelle Kontakte auf. Das unterdrückt den Futterneid und ermöglicht die gemeinsame Mahlzeit – ohne Fauchen und Prankenhiebe wie bei Löwen, ohne Zur-Seite-Drängen und Ohrenzerfetzen wie bei Hyänen, sondern gesittet und in Eintracht. Ein erster Schritt zur Eß- und Friedenskultur?

Oder: Wollen sich zwei Männer ans Fell, signalisiert eine Streitschlichterin, die sich gerade in der Nähe befindet, beiden Kontrahenten ihre Paarungsbereitschaft. Ein Sexspiel zu dritt beginnt, und es herrscht sogleich wieder Harmonie.

Frans de Waal, Primatologe am Yerkes-Primatenforschungszentrum und an der Universität von Atlanta, Georgia, begeistert sich: »Bonobos setzen ihre Erotik gezielt zum Entschärfen sozialer Spannungen ein!« Aus diesem Grund hat es die Natur auch so eingerichtet, daß die Weibchen nicht nur an wenigen Tagen im Zyklus sexuell erregbar sind wie die Schimpansen, sondern, wie der Mensch, fast während des ganzen Jahres. Permanente sexuelle Kontakte sorgen in der Horde für Frieden und Harmonie. Nur gegenüber den allernächsten Familienangehörigen werden sexuelle Handlungen unterdrückt, offenbar aufgrund eines Inzesttabus. Aber da Mutter und Kind eh eine unverbrüchliche Einheit bilden, ist unter ihnen der Sex als Friedensvermittler auch gar nicht nötig.

Während zwei Jahrzehnten hat Takayoshi Kano keinen einzigen Fall beobachtet, in dem sich Männchen im Kampf getötet oder sie gar Kinder umgebracht hätten, wie es bei vielen anderen Affenarten recht häufig geschieht.

Damit das in der gesamten Tierwelt einzigartige Friedenssystem der Bonobos funktioniert, müssen allerdings drei Voraussetzungen erfüllt werden:

1. Da eine Mutter nur alle fünf bis sechs Jahre ein Junges zur Welt bringt, muß sie dafür sorgen, daß unter Berücksichtigung einer Tragzeit von acht Monaten etwa vier bis fünf Jahre lang alle ihre Liebesspiele »ohne Folgen« bleiben. Wie sie das fertigbringt, ist, wie bereits erwähnt, gegenwärtig noch nicht erforscht. Diese Voraussetzung können wir Menschen uns jetzt mit der Antibabypille erfüllen.

2. Zwischen Männchen und Weibchen darf es keinen persönlichen Besitzanspruch und keine Eifersucht sowie unter den »Herren« keine Rivalität geben. Das gelingt nur, wenn in der gesamten Gemeinschaft egoistischer Sex zur höheren Form der altruistischen Erotik weiterentwickelt wird. Die Bonobos sind die einzige Spezies, der das bisher gelungen ist. Die Vorbedingung dazu war, daß den Männchen in der etwa hundertköpfigen Horde stets genug Weibchen »zur Verfügung« stehen und diese ihre Partner in Damenwahl nach Gesichtspunkten persönlicher Freundschaft aussuchen und danach, wie hilfreich ihnen die Bewerber

bislang gewesen sind. Wir Menschen sind noch so urgewaltig dem Niveau des egoistischen Sex verhaftet, daß mir der Versuch, Frieden und Harmonie darauf zu gründen, als utopisch erscheint.

3. Das Prinzip der unangefochtenen Damenwahl. Jeder Mann, der sich dagegen auflehnt oder gar eine Vergewaltigung versucht, bezieht von den Weibchen Massenkeile und bekommt beim in enger Freundschaft zusammenhaltenden »schwachen« Geschlecht künftig nie wieder eine Chance. Eine solche Frauenallianz mag das Ideal sogenannter Emanzen sein, ist in unserer Gesellschaft aber nicht praktikabel. So bleibt bei uns alles doch wieder beim alten, bei der guten, alten Einehe. Für die Liebe à la Bonobo auf dem »Planeten der Affen« sind wir noch nicht reif.

Der Tod

Denn der Staub
muß wieder zur Erde kommen,
wie er gewesen ist,
und der Geist wieder zu Gott,
der ihn gegeben hat.

(Prediger 12,7)

Das indische Grabmal

Das Ufer des Yamunaflusses am Rande der indischen Stadt Agra wird von einem der prachtvollsten Bauwerke der Welt geschmückt: dem Taj Mahal, einem aus weißem Marmor errichteten Mausoleum für die 1631 verstorbene Lieblingsfrau Mumtaz des Mogulkaisers Shah Jahan. Schon zu ihren Lebzeiten wurde mit dem überirdisch herrlichen Bau begonnen, fügte sich Stein auf Stein wie das Schlagen des Stundenglases zur Unvergänglichkeit des flüchtigen Lebens.

Doch kenne ich kaum eine künstlerische Inspiration des menschlichen Geistes, kaum ein Traumbild unserer Phantasie, das nicht im Königreich der Tiere zumindest in ersten Ansätzen sein Analogon besäße. Wollen wir das »indische Grabmal« der Vogelwelt betrachten, müssen wir jedoch nach Südamerika fliegen. Dort heißt der gefiederte Architekt »Töpfervogel«. Die Argentinier nennen den amselgroßen, rotbraunen Baumeister »Hornero« (von horno, Backofen) und die Engländer ebenfalls »Ovenbird«, also Backofenvogel. In der Tat ähnelt das Nest, das er sich töpfert, einem Backofen – einzigartig in der Tierwelt. Daß die Brutstätte auch als Grabmal dient, der Einmaligkeit also noch die Krone aufsetzt, wurde erst 1995 entdeckt.

Das sich lebenslang treu ergebene Pärchen beginnt gemeinsam mit den Bauarbeiten, sobald im Frühjahr nach langer Trockenzeit der erste Regen fällt. Als Material schleppen beide im Schnabel erbsengroße Lehmkügelchen zu je drei bis fünf Gramm aus Radspuren der Feldwege heran. Oder sie wählen frischen Kuhmist. Während der Bauzeit von zehn bis

16 Tagen verarbeiten sie etwa 2500 »Mörtel«-Kugeln. Um die Festigkeit der Keramik zu erhöhen, ziehen sie zähe Grashalme in die noch feuchtweiche Mauer ein. Sie wirken wie Moniereisen im Stahlbeton.

Zunächst planieren sie einen kreisrunden Sockel auf einer Astgabel, einem Zaunpfahl, Stromleitungsmast oder auf dem Kopf eines Denkmalhelden im Stadtpark von Buenos Aires. Dann ziehen sie die Seitenwände zu einem fußballgroßen Gewölbe hoch. Die Außenmauer ist dreieinhalb Zentimeter dick. Die Hitze der Sonnenstrahlen brennt die Keramik zu steinerner Härte. Ich erlebte in der nordargentinischen Provinz Corrientes allerdings einmal, wie schwere Regengüsse in Begleitung eines Tornados alle noch nicht vollständig gehärteten Nester zerstörten. Doch unbeirrt begannen die kleinen Baumeister anderntags mit dem Wiederaufbau.

An der Stelle, die für den Eingang vorgesehen ist, biegen die Vögel die Seitenwand nach innen ein. Es entstehen der Hausflur und Windfang: elf Zentimeter hoch, fünf Zentimeter lichte Breite und 15 Zentimeter lang. In diese Sackgasse wird ganz hinten und oben ein kleiner Durchschlupf eingearbeitet, um zum »Allerheiligsten«, der Brutkammer, im Inneren zu gelangen. Weder Marder noch räuberische Vögel können hier »um die Ecke« langen. Der eigentliche Nestraum hat einen Durchmesser von 13 Zentimetern und wird mit Heu und fremden Federn ausgepolstert.

Die feste Burg wiegt bis zu 6,75 Kilogramm und bietet Schutz vor Regen und zahlreichen Feinden. Viele können die Betonmauer nicht aufmeißeln. Geierfalken und Opossum-Beutelratten geben ihr Vorhaben auf, wenn sie nach dem Aufhacken oder Durchnagen der Außenwand auf die zweite Mauer des Windfangs treffen. Nur der Guirakuckuck und der Blaubussard arbeiten sich in seltenen Fällen zu den drei oder vier Küken im Inneren durch und fressen sie. Diese hohe Baukunst ist das Geheimnis des außerordentlich großen Verbreitungserfolgs des argentinischen Nationalvogels.

Das Bauwerk überdauert bis zu drei Jahre, ist also haltbarer als nötig, denn die kleinen Maurermeister errichten für sich jedes Jahr ein neues Haus. Dann wird das verlassene Heim von Schwalben, Stärlingen, Wespen und Hornissen bezogen. Während bei uns in Europa Naturschützer bedrohten Tierarten Kunstnester zur Verfügung stellen, übernimmt in Argentinien der Töpfervogel unwissentlich diese Aufgabe.

Von wem hat der Töpfervogel sein so überaus kompliziertes Handwerk gelernt? Das Grundmuster der Bauzeichnung ist ihm von der Natur gleichsam im Ei als Instinkt mitgeliefert worden. Geschicklichkeit und Raffinesse in der Bauausführung aber müssen aufgrund langer Erfahrung angeeignet werden. Ein Männchen, das am Bau pfuscht, wird vom Weibchen gleich wieder sitzengelassen. Ebenso ist die Ehe im umgekehrten Fall zum Scheitern verurteilt. So üben und proben beide als Jungvögel viele Monate lang, ehe sie sich den Meisterbrief ausstellen. Auch außerhalb der Brutzeit genügen der spärlichste Regenfall und die minimalste Menge feuchten Lehms, und schon bauen beide für sich getrennt kleine, sogenannte Spielnester. Nur wenn sie zu perfekten Maurern herangereift sind und sie untereinander voll harmonieren, kann das Werk die Meister loben. Jeder Ehekrach würde es ruinieren.

Darin liegt der Grund für die lebenslange Einehe dieser Vögel. Den richtigen Partner zu finden, ist schwer. Die Brautschau zieht sich über vier bis fünf Monate hin. Eine Prozedur, die jene Tiere, wie die Albatrosse, nicht jedes Jahr von neuem beginnen wollen.

Entsprechend »glücklich« ist die Ehe, wenn sich erst die passenden Partner gefunden haben. Keine Minute lassen sie sich mehr aus den Augen. Fast unaufhörlich schwätzen sie miteinander, was sich, ein wenig idealisiert, wie ein Fortissimo-Blockflöten-Duett anhört. Jede Sangesstrophe dauert drei bis sechs Sekunden und umfaßt zehn bis 40 Silben. Song und Gegensong verschmelzen derart zu einer Einheit, daß der zweibeinige Lauscher nicht entscheiden kann, wann der eine geendet hat und der andere beginnt. Exakte Beobachtungen ergaben, daß immer nur einer von beiden nach Insektennahrung sucht, während der andere Wache hält. Der Wechselgang bedeutet dann soviel wie: »Hallo! Hältst du auch gut Wache?« und »Ja, ja! Ich passe schon für dich auf!«

Am anstrengendsten im etwa achtjährigen Eheleben ist die Brut. Schon im Frühjahr kann in Argentinien die Sonne glühend heiß herniederbrennen. Dann wird das tönerne Nest tatsächlich zu einem Backofen für die Insassen. Die Vögel vergrößern das Schlupfloch zwischen Windfang und Brutkammer. Kühle kann hindurchstreichen. Es entsteht so etwas wie eine Klimaanlage mit Einschränkungen. Der Körper des brütenden Vogels dient nicht mehr zum Wärmen der Eier, sondern als Isolation, damit die Temperatur des Geleges nicht auf tödliche Werte steigt.

Das belastet den Kreislauf des Brütenden enorm. Vor allem bei älteren Weibchen kann dann das Herz versagen. Es stirbt am Hitzschlag.

Was dann geschieht, hat mein Freund Marcelo D. Beccaceci, Zoologe an der Universität Buenos Aires, 1995 erforscht. Ihm war aufgefallen, daß es unter den zahlreichen Lehmnestern stets etliche mit zugemauertem Eingang gibt. Er öffnete welche und entdeckte zu seiner größten Überraschung, daß in jedem dieser geschlossenen Nester ein mumifizierter Töpfervogel lag. Der Überlebende hatte den Leichnam seines Ehepartners eingemauert, um ihn davor zu schützen, von Feinden gefressen zu werden. Die Keramikbruthöhle war zum Mausoleum geworden, zum Grabmal für den verstorbenen Ehepartner.

In stürmischer, verregneter Sommernacht war Vater Dachs in seinem Erdbau gestorben – Alterstod mit 16 Jahren. Da setzte sich die soeben verwitwete Dächsin vor das finstere Loch im Waldboden und heulte ein schauriges Klagelied in die Nacht. Eiskalt lief es mir den Rücken herunter. Trauer um Tote unter Tieren!

Bald darauf kamen zwei andere Dachse durch hohe, triefend nasse Farnfelder herbei: Söhne des Verstorbenen, die in Kilometerferne schon eigene Familien gegründet hatten. Sie zogen den Leichnam aus dem Bau heraus und schleppten ihn zu einer nahen, unbewohnten Kaninchenhöhle, begruben ihn darin, verrammelten sämtliche Zugänge und jaulten herzzerreißend. Sie vollzogen ein echtes Begräbnis, wie wir es unter Tieren sonst nur von afrikanischen Elefanten kennen.

Für uns Menschen Unfaßbares spielt sich in der Tierwelt ab. Was wir nicht einmal erahnen, ist mancher Kreatur Gewißheit. Hunde und Katzen spüren den herannahenden Tod – bei Herrchen und Frauen, aber ebenso bei sich selbst.

Ariane F. aus Lübeck liebte Familienfeste, Hauseinladungen, Trubel und Heiterkeit. Bis unheimliche Dinge geschahen. Ihrer Mischlingshündin Sita waren die vielen fremden Menschen zuwider, und sie hielt sich, solange der Besuch da war, in anderen Räumen auf. Doch einmal kam sie unvermittelt ins Wohnzimmer, hob die Nase steil nach oben, vollführte damit langsam und laut winselnd kreisförmige Bewegungen in alle Richtungen und zog eine seltsame Grimasse. Wenige Tage darauf verstarb Onkel Martin, einer der Besucher.

Zuerst dachte sich niemand etwas dabei. Doch zwei Monate später geschah Ähnliches. Diesmal verstarb Neffe Friedrich an einer Krankheit. Seither wußte die Familie, was das merkwürdige Verhalten des Tieres zu bedeuten hatte: Jemand würde bald das Zeitliche segnen. Dieses Schicksal widerfuhr auch dem Großvater. Er lag zwar krank darnieder, aber niemand befürchtete Schlimmes. Die Diagnose des Arztes machte den Angehörigen Hoffnung auf baldige Genesung. Aber dann ließ Sita am Krankenbett ihre unheilverkündende Nase kreisen. Am Tage des Todes legte sie ihren Kopf ganz traurig und mit leerem Blick auf den Sterbenden. Das gleiche geschah, als der Vater einige Jahre später verschied. Einerseits ist es gut, andererseits aber auch beängstigend, wenn man einen Hund besitzt, der den Tod im voraus wittern kann. Nachdem sich die »hellseherischen« Fähigkeiten des Tieres herumgesprochen hatten, wagte kaum noch jemand, das Haus zu betreten.

Sehr mysteriös sind diese Vorfälle. Dennoch gibt es eine Erklärung: Schon der berühmte Arzt Paracelsus von Hohenheim, der 1541 zu Salzburg starb, erkannte einen Sterbenden am »Facies hippocratica«, dem Gesichtsausdruck eines Todgeweihten. Freilebende Wölfe erfassen in Sekundenschnelle mit dem Auge, ob ein soeben aufgespürter Elch gesund und ein gefährlicher Gegner oder aber siech ist. Nur im zweiten Fall beginnen sie mit dem Angriff. Die Krankheit eines Rudelgenossen erkennen sie am Geruch und gewähren ihm Rast und Ruhe bis zur Genesung. Und sie spüren auch, wenn ihr krankes Leittier nicht mehr lange leben wird und ordnen die Befehlsstruktur ihres Rudels neu. Diese Fähigkeit hat auch in den Hunden, den Nachkommen der Wölfe, größtenteils überlebt. Auch unter ihnen gibt es häufig einen Paracelsus!

Ähnliche Beobachtungen sind so zahlreich, daß ich wirklich nicht verstehe, wieso unter vielen Leuten immer noch die Meinung vorherrscht, das einzige Wesen auf Erden, das ein Gefühl dafür besitzt, was der Tod bedeutet, sei der Mensch. Viele einfache Menschen, die ein Herz für Tiere haben, wissen es besser.

Zum Beispiel Maria D. aus Bad Hersfeld. Ihre ganze Familie liebte den Schäferhund Foxi über alle Maßen. Er war lieb, gescheit, sehr wachsam, anhänglich und treu. Er begleitete den Adoptivvater, einen Polizisten, ein Hundeleben lang auf allen Dienstwegen. Später, im hohen Hundealter von 21 Jahren, litt das brave Tier unter Schwerhörigkeit, fraß nur noch wenig und wurde immer schwächer. Schließlich konnte Foxi sein Lager kaum noch verlassen. Eines Tages aber, die Familie saß gerade beim Mittagessen, erhob sich der Hund mühsam von seinem Platz, ging von Stuhl zu Stuhl, von einem zum anderen, schaute allen traurig ins Gesicht und gab jedem Familienmitglied noch die Pfote. Daraufhin schleppte sich Foxi zu seinem Lager zurück, legte sich langsam nieder – und verschied.

Allen traten Tränen der Rührung in die Augen. Foxi hatte also seinen eigenen Tod erspürt, sich mit letzter Kraft aufgerafft, um sich für immer von allen seinen Lieben zu verabschieden. Ähnliches habe ich auch mit dem Kater meiner Nachbarin erlebt.

Doch viele Tiere ahnen nicht nur im voraus, wenn der »Sensenmann« vor der Tür steht. Darüber hinaus wissen sie genau, was auf sie zukommt, ohne sich selbst etwas vorzumachen. Daß sich Foxi unmittelbar vor dem Sterben ein letztes Mal hochrappelte, um seinen menschlichen Freunden für immer Lebewohl zu sagen, rührt uns tief. Doch es zeigt uns noch mehr: Der Gruß gilt auch bei Tieren ganz allgemein als Freundschaftsbeweis. So ersehen wir aus diesem Beispiel wieder einmal, wie wichtig diese Tiere den Gruß im Sozialverhalten nehmen, ob beim Willkommen, beim Abschied und sogar auch beim Verlassen dieser Erde. Wir sollten uns das zu Herzen nehmen und auch im alltäglichen Umgang mit unseren vierbeinigen Freunden niemals den Liebesbeweis des Grußes vergessen.

Ebenso auf freier Wildbahn. Von meinen vierzigjährigen Weltreisen zu Tieren in allen Kontinenten der Welt kann ich viel berichten: Da ist die Geschichte eines einsamen, uralten afrikanischen Büffels. Als er den Tod nahen fühlte, wanderte er zu einem der Sümpfe am Fuße des Kilimandscharo. Dies blieb einem Löwenrudel nicht verborgen, und es fiel über die vermeintlich leicht zu erlegende Beute her. Doch in dem

Greis flammte noch einmal die alte Kampfeslust auf. Normalerweise greift ein einzelner Büffel niemals Löwen an, weil das glatter Selbstmord wäre. Was in dem alten Haudegen vor sich ging, kann natürlich niemand sagen. Aber plötzlich gab er sich einen Ruck, stürmte auf die Löwen los und schleuderte einen mit den Hörnern in die Luft. Doch dann brachten ihn die anderen zu Fall und zerfetzten ihn. Wollte er, anstatt erbärmlich im Sumpf zu versinken, seinem Leben im Kampf ein Ende setzen?

Auch afrikanische Elefanten scheint das Grausen zu packen, wenn sie sich auf der Steppe nachts einer Lodge nähern, vor deren Tor die bleichen Schädelknochen ihrer Artgenossen als Schmuck dekoriert wurden. Schon wiederholte Male haben sie diese Gebeine mit dem Rüssel aufgenommen und in feierlicher Prozession entführt. Ebenfalls ist bereits oft beobachtet worden, wie die gerade gestorbene Anführerin einer Herde weiblicher Elefanten von den ihren regelrecht begraben wurde. Die Überlebenden rissen Grassoden aus und Äste von den Bäumen, warfen sie über den Leichnam, bis er zur Gänze davon bedeckt war. Dann traten sie die »Kuppel über der Gruft« so fest, daß weder Löwen noch Hyänen hier zu Leichenfledderern werden konnten.

Ein seltsames Gefühl beschleicht mich gleichfalls beim Anblick von Geiern, Ernest Hemingways Todesboten. In seiner Erzählung *Schnee am Kilimandscharo* liegt der Schriftsteller Harry Street im Zelt am Fuße dieses Berges im Sterben. Er ist von tödlichem Wundstarrkrampf befallen und nicht von einem harmlosen Furunkel, wie es der Film zeigt! Seine Frau will ihn hoffnungsvoll stimmen. Er aber deutet in Richtung eines nahen Baumes, auf dem viele Geier hocken: »Schau zu denen. Die wissen es besser.«

Wenn ich auf ostafrikanischer Steppe unterwegs bin, beobachte ich stets den Himmel. »Wo Geier kreisen, sind Löwen am Riß«, dachte ich früher, bis mich die Todesvögel eines anderen belehrten: Sie schweben bereits lange über einer Stelle, an der der Tod in Gestalt von Löwen erst demnächst zuschlagen wird. Aus großer Höhe sehen sie, was deren Opfer noch nicht einmal ahnen: daß sich Löwen an eine Herde von Zebras, Gnus oder Antilopen heranpirschen. Oder wo ein Rudel Raubkatzen in einem Hinterhalt liegt, auf den eine Herde geradewegs arglos zumarschiert. Die Geier aber ahnen die Jagd schon voraus und wissen, daß hier in Kürze Reste für sie abfallen werden.

Doch das Erstaunliche kommt erst: Handelt es sich bei dem voraussichtlichen Opfer nur um eine kleine Thomsongazelle, kreisen höchstens fünf Geier über dem künftigen Ort des Todes. Die übrigen segeln wieder davon, wohl wissend, daß für sie nichts mehr übrigbleiben wird. Etwa zwei Dutzend Geier bedeuten für ein Zebra den baldigen Tod, 40 und mehr sind die Unterweltsboten für einen Büffel.

Kurioserweise verhalten sich sogar die Gänsegeier im Salzburger Tiergarten Hellbrunn ähnlich. Sie leben in völliger Freiheit und fliegen nach Gutdünken zwischen ihrem Rastplatz auf dem Mönchsberg und dem Zoo hin und her. Sehen sie auf der Straße eine gebückt dahinschlurfende alte Dame oder einen Greis mit Krückstock, landen sie und watscheln begehrlich hinterher: Fressen für die Geier! Merken sie an den Bewegungen eines Menschen, daß sein Leben allmählich zu Ende geht? Auf humpelnde jüngere Leute mit Gipsbein reagieren sie bezeichnenderweise nicht!

Die Supersinne

Gleichwie du nicht weißt
den Weg des Windes und wie die Gebeine
im Mutterleib bereitet werden,
also kannst du auch
Gottes Werk nicht wissen,
das er tut überall.

(Prediger 11, 5)

SCHTONK! ODER DAS PARFÜM

Es geschah in jener Region des kalifornischen Death Valley, des berühmten Tal des Todes, in dem schon immer nicht alles mit rechten Dingen zuging. Weit im Nordwesten, nur mit dem Geländewagen zu erreichen, breitet sich zu Füßen der Panamint-Gebirgskette ein trockengefallener Seeboden aus, der aus hartem und absolut ebenem Sand besteht. Darauf liegen einige zentnerschwere Felsbrocken, die eine Kriechspur, wie von Geisterhand geschaffen, mehrere Dutzend Meter weit hinter sich herziehen: eine deutlich vom Stein in den Untergrund eingedrückte Fährte. Geschwindigkeit ein bis zwei Zentimeter pro Jahr. Felsbrocken, die laufen können!

Welcher Titan bewegt sie? Sind hier geheimnisvolle Erdkräfte am Werk? Es gibt mehrere Erklärungsversuche, eine verwegener als die andere: von angeblichen Berggnomen bis hin zum vielstrapazierten Faktor Psi. Am wahrscheinlichsten klingt diese These: An einigen Wintertagen fällt einer der im Death Valley sehr seltenen Regengüsse. Die Hochebene wird mit einer dünnen Wasserschicht überzogen, die in der nächsten Nacht zur Schlittschuhbahn gefriert. Wenn dann Stürme mit Macht über die Bergkette brausen, bewegen sie die Felsen im Zehntelmillimetertempo vorwärts. Die Richtigkeit dieser Annahme vermochte bislang noch niemand zu bestätigen.

In ebendieser Region treibt auch ein »Nachtgespenst« im schwarzweißen Pelz sein Unwesen: das Stinktier, in vornehmerer Form als »Skunk« bezeichnet. Wie der negative Held in Patrick Süskinds Roman *Das Parfüm* ist auch dieses Wundertier der Herr der Düfte. Im körpereigenen Labor produziert es berauschenden Liebeszauber ebenso wie chemische Keulen, die einen Mann glatt umhauen. Dazu ist es mit einem Geruchssinn begabt, der die empfindlichste Hundenase bei weitem übertrifft und seinen Besitzer mit nahezu hellseherischen Fähigkeiten ausstattet.

Liegt die Mojavewüste, zu der auch das Death Valley gehört, in der Gluthitze des Tages nahezu ohne tierisches Leben wie ausgestorben da, so beginnt sich mit Anbruch der Abenddämmerung allenthalben in Erdlöchern und unter Büschen einiges zu regen. Auch der »Stänker« wird aktiv und trollt sich auf eine nahe Hügelkuppe, seinen Aussichtsturm oder besser: »Ausriechturm«. Er richtet sich auf, bläht die Nasenlöcher und schnüffelt nach allen Richtungen gegen den lauen Wind. Sogleich hat er sich mit der Lage vertraut gemacht: Zwei Meilen weiter ist sein Nachbar ebenfalls schon rege. Fünf Meilen westwärts schleicht ein Puma auf die Pirsch. Hundert Meter nach Norden kriecht eine Klapperschlange aus dem Loch. In gleicher Entfernung Richtung Süden hoppelt ein Kaninchen umher. Beides sind Leckerbissen. Für welchen soll er sich entscheiden? Er wählt das Giftreptil und trottet im Bewußtsein seiner Unangreifbarkeit ebenso gemächlich wie unbekümmert los. Wozu eilen? Ihn kann nichts überraschen. Die Düfte, die ihn umwabern, verraten ihm allezeit, was seine noch völlig arglose Beute gerade tut und wohin sie sich wendet. Nichts bleibt ihm im Dunkel der Nacht, die ihm seine Nase zum Tage macht, verborgen.

Verfügt er über magische Kräfte? Der Ruch jedes Säugetiers setzt sich aus 21 Duftkomponenten unterschiedlicher, aber typischer Stärke zusammen. An ihnen erkennt der Meisterschnüffler die Tierart wie auch das Individuum, sofern es ihm bekannt ist, und dessen Gemütszustand – Angst, Wut oder Liebesstimmung. Einer dieser Düfte verflüchtigt sich relativ schnell. Seine Stärke dient dem Stinktier als Maß der Entfernung zur Geruchsquelle. Da seine Nase noch zehntausendmal empfindlicher als die eines Spürhundes und letztere wiederum millionenfach besser als das Riechorgan des Menschen ist, entzieht sich dieses exorbitante Riechvermögen völlig unserem Vorstellungsvermögen. Doch ist sie eine sinnesphysiologische Tatsache.

Plötzlich stutzt das Fleckenstinktier. Seine Schnüffelnase meldet ihm, daß ein Kojote auf leisen Sohlen, aber im gestreckten Galopp geradewegs auf es zukommt – ein noch junger, unerfahrener Steppenwolf. Also ist doppelte Vorsicht geboten. Ausreißen? Dergleichen hat ein Stänker mit seinen zwei Kilogramm Körpergewicht nie im Sinn! Sich verstecken? Auch das ist unter seiner Würde. Aber seine Nase folgt dem Feind wie ein Radargerät. Dann stehen sich beide im fahlen Mondschein gegenüber.

Der Kojote will gleich zuschnappen, stutzt aber, als der Skunk nicht zurückweicht, sondern giftig zischend ein paar Schritte vorprescht, mit den Vorderpfoten wütend auf den Boden stampft, nach hinten Staubwolken wirbelt und sein Fell sowie den langen, buschigen Schwanz zur doppelten Größe sträubt. Der junge Präriewolf weiß noch nicht, daß dies die letzte Warnung ist, bevor die vermeintliche Beute ihre Geheimwaffe einsetzt: Das Fleckenstinktier schaut dem Feind mit hypnotischem Blick ins Gesicht, geht in den Handstand, kippt dabei wie ein Zirkusartist mit dem Allerwertesten etwas nach vorn über und spritzt bis zu sechs Meter weit zielgenau ins Gesicht des Gegners. Im Detail sprühen zwei Afterdrüsen zwei Stinkstrahle derart, daß sie sich in genau berechneter Entfernung kurz vor dem Feind treffen und gegenseitig zerstäuben. Das erhöht den Schtonk noch in vortrefflicher Weise.

Diese chemische Keule, die bis zu achtmal nacheinander zuschlagen kann, stinkt 600 Meter weit nach einem Gemisch aus Knoblauchessenz, faulen Eiern und versengtem Gummi. Dem so beschossenen Menschen stockt der Atem. Er meint, ersticken zu müssen, und erbricht sich unter heftigem Würgreiz. Die Kleidung kann man nur noch verbrennen. Auf der Haut dringt das »Parfüm« porentief ein. Ein Bad bringt keine

Abhilfe. Nach etwa einer Woche verfliegt der Gestank jedoch von selbst. Werden die Augen getroffen, kann das zu vorübergehender Erblindung führen.

So war auch der Kojote wie vom Schlag getroffen. In seinem Fell hielt sich das Odeur vier Wochen lang. Er stank buchstäblich meilenweit gegen den Wind. Hasen, Kaninchen, Ratten und Mäuse flohen so früh vor dem verräterischen Duft, daß an das Fangen dieser Beute nicht zu denken war. Vier Wochen lang litt er Hunger und konnte sich nur mit Würmern, Schnecken, Heuschrecken und Käfern mühsam am Leben erhalten. Nie wieder in seinem Leben würde er sich mit einem Stinktier einlassen.

Ähnlich ergeht es auch anderen Feinden wie Puma, Silberdachs, Rotluchs sowie Rot- und Graufuchs. Ein bespritzter Pitbullterrier ließ sich allerdings nicht abschrecken und verbiß sich nur noch heftiger in den Skunk. Adler, große Eulen und Bussarde haben praktisch keinen Geruchssinn. Folglich versagt bei ihnen die Geheimwaffe der Stinktiere. In die Augen getroffen, können sie allerdings kurzzeitig erblinden. Diese Greifvögel sind ihre Hauptfeinde.

Auf Menschen üben die Iltisverwandten eine gewisse, mit Vorsicht gepaarte Faszination aus. Camper füttern sie gern mit Fleischlichem. Deshalb sind die Stänker im Zeltlager häufige Gäste und trotten dort ziemlich unbekümmert umher. Von ihrer unliebsamen Seite zeigen sie sich jedoch, wenn Autofahrer meinen, an Tieren, die eine Straße überqueren, rücksichtslos vorbeirasen zu können. Dann wird deutlich, wie blitzschnell diese reagieren und ihren »Saft« noch in ein offenes Seitenfenster spritzen können.

In den USA und Mexiko halten sich Tierfreunde besonderer Art auch Skunks im Haus. Die seidenweichen Streicheltiere werden schnell sehr zutraulich, anhänglich wie Hunde und stänkern keineswegs überall herum. Abends werden sie munter, springen Herrchen und Frauchen auf die Schulter, verwirren die Hauskatze, spielen mit dem Hund und mit bunten Bällen. Farmer und Rancher schätzen sie, weil sie mit Schlangen kurzen Prozeß machen. Sie schrecken nicht einmal vor großen Klapperschlangen zurück, sind sie doch gegen deren Gift immun. Nahe der brasilianischen Stadt Manaus wurde ein Stinktier zehnmal von einer Buschmeister gebissen, einer der giftigsten Schlangen der Welt. Der Skunk zeigte nicht die geringste Wirkung. Doch das Reptil bezahlte den Giftspritzenangriff gegen den Giftgaskrieger mit dem Leben.

Bei der Beutejagd nach Unterweltlern ist die Begabung mit dem Supersinn ebenfalls von Vorteil. Würmer, Schlangen, desgleichen Wespen- und Hummelnester wittert der Oberirdische noch in 15 Zentimeter Tiefe am Geruch. Im Handumdrehen gräbt er die Beute mit seinen kräftigen, spatenartigen Krallen aus und verzehrt sie mit Behagen. Auch Giftstachel stören ihn nicht beim Genuß. Einmal wurden in der Zunge eines Skunks 65 Bienenstachel gezählt. Er schleckte lustig weiter am Honig, den er erbeutet hatte.

1994 war ein Skunk in einem Vorort von San Diego in eine Kirche eingedrungen und hatte sich unter den Bänken versteckt. Als die Gläubigen zur Sonntagsmesse das Gotteshaus betraten, stöberten sie ihn auf und wollten ihn verjagen. Die Hatz endete damit, daß alle Kirchenbesucher mit vorgehaltenen Taschentüchern ins Freie flüchteten. Der einzige, der in der Kirche ausharrte, war die »lebende Stinkbombe« selbst.

Macht dem Tier sein eigener Duft etwas aus? Es heißt ja: »Wer stinkt, riecht selbst nichts!« Das ist wohl nur zum Teil richtig. Mehrmals wurde beobachtet, wie ein Skunk, der unter einen Busch gekrochen war, beim »Parfümieren« auch einige Zweige streifte und so mit der eigenen Duftnote in Berührung kam. Das war ihm offensichtlich äußerst unangenehm, denn hernach wurde er geradezu zum Putzteufel und traktierte sein Fell dermaßen mit beiden Vorderpfoten, daß die Haare flogen.

Da liegt es nahe zu fragen, ob die Skunks, wenn sie in Streit geraten, auch gegen Artgenossen anzustinken versuchen. Es ist seltsam, aber hierüber weiß die Wissenschaft noch nichts. Dabei sind die sonst so liebenswerten Tiere während der Paarungszeit recht streitsüchtig. Rivalen verfolgen und beißen sich. Doch vom »Supergau« einer Duftexplosion unter Konkurrenten ist bisher noch nichts bekannt.

Vor der Paarung im Februar oder März hüllt sich die Braut in eine Spray-Aura von Düften, die wohl nur Stinkermännchen betörend finden. Der Herr flitzt herbei und nimmt als echter Draufgänger das Genick seiner etwas kleineren Liebsten ohne Umschweife zwischen die Zähne, wirft sich auf die Seite und umklammert sie mit allen vieren, so wie er es mit einem Kaninchen macht, wenn er es totbeißen will. Doch gleichzeitig fiept er in den höchsten Tönen und stößt zwischendurch Kollerlaute aus. Das soll soviel heißen wie: »Keine Angst, ich will dich nur aus Liebe fressen.«

Die zwei bis zehn Babys, die nach einer Tragzeit von 59 bis 77 Tagen geboren werden, sind ganz nackte und blinde Winzlinge. Aber sie besitzen bereits ihre beiden Stinkdrüsen. Vom achten Lebenstag an liefern diese auch schon Miefmunition. Und wenn der kleine Wicht zu Beginn der dritten Lebenswoche zum erstenmal seine Augen öffnet, kann er seine Abwehrwaffe schon gezielt einsetzen, wenn ihn Feinde fressen wollen. Bereits als Kleinkind macht sie ihn unangreifbar. Dennoch erleben sieben von zehn Kindern ihren ersten Geburtstag nicht. Sie fallen Krankheiten zum Opfer, nicht zuletzt der Tollwut. Das ist die Schattenseite des sonst so perfekten Duftschutzschilds: Da es nur wenige Feinde gibt, müssen Krankheiten eine Überpopulation verhindern. Doch wer diese kritische Zeit überlebt, hat alle Chancen, das Höchstalter von zwölf Jahren zu erreichen.

Es gibt Pflanzen, die laubfressenden Tieren nicht wehrlos ausgeliefert sind. Sie schlagen zurück, und zwar mit tödlichen Waffen. Als Antwort darauf »erfanden« die Vegetarier Gegenwaffen, woraufhin die Laubgewächse ihrerseits wiederum Abwehrmaßnahmen entwickelten. Erst jetzt entdeckten Forscher in Südafrika dieses hochdramatische Kapitel im Kampf zwischen Giraffen und den Kameldornakazien.

So muß es sich vor vielen Jahrmillionen abgespielt haben: Weil ihnen die riesigen Herden der Antilopen, Gnus und Zebras am Steppenboden alles Gras wegfraßen, wichen die Giraffen in höhere »Etagen« aus. Ihnen wuchsen lange Hälse, so daß sie mit einer Gesamtgröße von bis zu 5,80 Metern in den Kronen der Bäume Laub weiden konnten.

Die erste Abwehrwaffe der Akazien: Zwischen den Blättern sprießen bis zu fünf Zentimeter lange, stahlharte, nadelspitze Dornen hervor, die sich aus Blättern entwickelten. Fischgräten erscheinen im Vergleich dazu als harmlose Weichspeise.

Doch die Giraffen wußten sich mit zwei Gegenmaßnahmen zu helfen. Zum einen statteten sie Zunge, Rachen, Speiseröhre und Magenwände mit einem für Dornen fast undurchstechlichen Lederpanzer aus. Diese »Schwertschlukker« könnten kiloweise Stecknadeln verspeisen, ohne daß sie sich ernsthaft verletzen würden. Zum zweiten beißen sie nie senkrecht in einen Zweig hinein, sondern mampfeln alles, Dornenzweige wie auch weiches Heu, mit seitlichen Unterkieferbewegungen in sich hinein, wie jedermann im Zoo gut beobachten kann. So berühren sie die Dornen nicht an der Spitze, sondern von der Seite, was nicht im mindesten schmerzt. Außerdem formte sich das Leckorgan zu einem 40 Zentimeter langen, aber sehr schmalen Instrument, dessen Spitze dünne Blätter umschlingen und mit großer Geschicklichkeit zwischen den Stacheln herauszupfen kann.

Doch auch hiergegen konnten die Akazien ein hochwirksames Mittel entwickeln: Sobald eine Giraffe in einer Baumkrone zu weiden beginnt, dauert es gerade mal fünf bis zehn Minuten, und die Pflanze produziert in ihren Blättern ein in größeren Mengen tödlich wirkendes Gift. Es handelt sich, wie Wouter Van Hoven, Zoologe an der südafrikanischen Universität Pretoria, herausgefunden hat, um eine Gerbsäure, die Chemikern als Tannin bekannt ist. Wenn Tiere sich dieses Zeug zusammen mit dem Laub einverleiben, bemerken sie einen immer stärker werdenden ekelerregenden Geschmack und beenden die Mahlzeit. Tun sie das sofort, haben sie unter der Giftwirkung noch nicht zu leiden.

Zu einer Katastrophe großen Ausmaßes kam es jedoch im Südsommer 1990 in der südafrikanischen Provinz Transvaal. Farmer hielten sich dort riesige Herden der Großen Kuduantilopen als Weidevieh in eingezäunten Arealen. In der damals herrschenden Dürreperiode war das Steppengras abgeweidet. So stiegen die Kudus auf die Hinterbeine und fraßen vom Laub der Akazien. Ihr Hunger war, anders als bei den Giraffen, stärker als das Ekelgefühl vor dem Blattgift. So starben mehr als 3000 Kudus innerhalb weniger Tage einen qualvollen Tod, ohne daß ein Farmer die Ursache herausfand.

Giraffen, die in der Steppe frei umherwandern können, reagierten darauf jedoch vor Urzeiten abermals mit einem Gegenmittel: Sie tun sich nie länger als fünf bis zehn Minuten an ein und derselben Akazie gütlich. Sobald sie den erst jetzt entstehenden Bitterstoff schmecken, wandern sie zum nächsten Baum.

Doch hierbei versalzen ihnen diese Bäume die »Suppe« auf eine bisher kaum für möglich gehaltene Art und Weise. Eine angeknabberte Akazie produziert nämlich nicht nur schnell das Gift zum eigenen Schutz, sondern gleichzeitig auch einen Alarmduft, den sie aussendet. Er signalisiert den umstehenden Akazien: »Achtung! Feind im Anmarsch! Rettet euch, indem ihr schon jetzt mit der Giftproduktion beginnt!« Diese befolgen die Warnung umgehend. Nicht von ungefähr gehören die Akazien zu den hochempfindlichen Mimosengewächsen. Mit Windunterstützung nehmen die Empfängerbäume im Umkreis von bis zu 50 Metern den Alarmduft auf und erzeugen ebenfalls binnen fünf bis zehn Minuten die Gerbsäure. Erscheinen dann die Giraffen bei diesen Akazien, bleibt den Laubfressern nicht einmal eine Minute Zeit zur Blattmahlzeit. Sie müssen unverrichteter Dinge weiterziehen. Der Baum behält seinen grünen Mantel.

Es klingt fast so, als wären die Kameldornakazien mit telepathischen Kräften begabt. Es ist, als wären sie wie Herdentiere im Wald, als verfügten sie als Pflanzen ebenfalls über eine Duftstoffsprache und würden bei einer Verletzung altruistisch zum Wohle ihrer Nachbarn reagieren! Und die Alarmduft-Adressaten scheinen ihrerseits auch hochsensible Empfänger und Supersinne für die Aufnahme dieser »Luftpost« zu besitzen – gleichsam die »Augen der Laura Mars«!

Doch Giraffen sind schlau. Sobald die Blätter einer von ihnen beweideten Akazie bitter zu schmecken beginnen, schreiten sie nicht ungezielt irgendwohin zu einem anderen Baum, sondern gegen den Wind zu einem »Blattspender«, der noch nicht alarmiert worden sein kann. Oder bei Windstille laufen sie mindestens 50 Meter weit, also über den Dunstkreis der Duftwarnung hinaus, bevor sie wieder zu knabbern beginnen.

Diese Schädigung vermeidet eine andere Akazienart. Sie läßt jeden Stachel aus einer radieschengroßen Hohlkugel erwachsen. In ihr ist ein Löchlein zu einem vorbestimmten Zweck eingestanzt. Falsche Blüten strömen einen Honigduft aus und locken damit Ameisen an. Diese finden in den kleinen Höhlen willkommene Heime, nisten sich hier ein und schützen die Pflanze als Leibwache vor Blattfressern aller Art, wie etwa den Raupen, und auch vor Giraffen! Denn diese fürchten die Ameisen weit mehr als die Stacheln und meiden den Baum wie die Pest. Die sogenannten Ameisenakazien haben sich in letzter Zeit vor allem im Norden der Serengetisteppe stark vermehrt. So verteidigen sich Pflanzen äußerst trickreich und mit unbegreiflichen Sinnen begabt gegen Kahlfraß.

Doch was Akazien können, das vermögen viele andere Pflanzen auch. Weshalb produzieren beispielsweise Kaffeebäume in ihren Bohnen Koffein, Teesträucher in ihren Blättern Thein und Tabakskraut Nikotin? Um uns Menschen Genuß zu verschaffen? Wohl kaum. Die auf uns anregend oder beruhigend wirkenden Stoffe sind eigentlich Gifte und Pestizide, mit denen die Pflanzen jene Insekten und Raupen töten, die ihre Früchte oder Blätter fressen wollen.

Als Forscher Mehlwürmern, Schmetterlingsraupen und Mückenlarven geringe Mengen Koffein verabreichten, fraßen die Tiere nichts mehr, zitterten wie elektrisiert, krochen hektisch umher und stellten ihr Wachstum ein. Größere Mengen töteten sie binnen 24 Stunden. Mit Koffein besprühte Tomatenpflanzen rührte kein Freßinsekt mehr an.

Bergsteiger im Himalaja legen kleine Zweige einer dort heimischen Zedernart im Schlafzelt über ihren Kopf. Dem Holz entströmt ein für uns wohlriechender Duft. Doch Mücken werden von ihm vertrieben sowie Kleidermotten, Käfer, Kakerlaken und Stubenfliegen getötet.

Noch raffinierter geht eine Wildkartoffel Südamerikas mit ihren Feinden um. An ihren Blättern sitzen zwei Typen winziger Härchen wie auf der Brennessel. Knickt eine krabbelnde Blattlaus eines dieser Härchen um, sondert es eine Art Leim ab. Der Saftsauger klebt daran fest und stirbt. Bricht ein Härchen des zweiten Typs, entweicht ein Gas. Es gleicht dem Alarmduft, den Blattläuse aussenden, wenn sich Marienkäfer, Florfliegenlarven oder Ohrenkriecher über sie hermachen. Die Tierchen glauben, eine andere Laus signalisiere: »Achtung! Feinde im Anmarsch!« und ergreifen die Flucht. Die Blätter sind gerettet.

Pflanzenzüchter sind bereits dabei, die Wildkartoffel mit Kulturkartoffeln zu kreuzen, um sich den Einsatz chemischer Pflanzenschutzmittel künftig zu ersparen. Sämtliche Insektizide, die Pflanzen zum eigenen Schutz auf natürliche Weise herstellen, wirken haargenau gezielt gegen deren spezielle Feinde. Alle anderen Lebewesen lassen sie unbehelligt. Das ist der große Unterschied zu den Produkten der chemischen Industrie. Auch auf diesem Gebiet können wir viel von Tieren lernen.

Von Menschen wie von Tieren gefürchtet ist der Burserabaum in Mittelamerika. Rupfen Ziegen, Kühe oder Menschen an den Blättern, werden sie von über ihnen hängendem Nachbarlaub bis zu 15 Zentimeter weit mit einer ätzenden Flüssigkeit überstäubt. Eine Spritzkanone mit Verteidigungsspray!

Wenn in den USA ein Maisfeld von Raupen des Maiszünslers befallen wird, senden die Pflanzen einen SOS-Duft aus. Er lockt Schlupfwespen an, welche die Raupen töten. Eine Pflanze, die den »Kammerjäger« herbeirufen kann!

Einige Tiere drehen den Spieß um. Sie sind nicht nur gegen das Schutzmittel der Pflanzen unempfindlich, sondern sammeln sogar das Gift, das sie mit den Blättern verspeisen, in ihrem Körper, um es als Abwehrwaffe gegen Feinde zu benutzen! Die Raupen eines sehr schönen Schmetterlings, des in Mittel- und Nordamerika lebenden Monarchfalters, fressen sich an den giftigen Blättern der Seidenpflanze dick und rund. Deren Gift sammeln sie in einer Blase. Nachdem sich die Raupe verpuppt hat, wird der Chitinpanzer, der Leib und Flügel des werdenden Schmetterlings umhüllt, mit diesem Gift durchtränkt. Die Menge des Todeselixiers eines einzigen Falters reicht dann aus, um drei Hunde oder Katzen umzubringen. Freßfeinde wie Blauhäher sind gegen das Gift bis zu einem gewissen Grade resistent. Dennoch werden sie schwer in Mitleidenschaft gezogen. Wenn sie sich wieder von ihrer Krankheit erholt haben, rühren sie nie wieder Monarchfalter an. Und sie verschonen künftig auch alle Falter, die so ähnlich aussehen: etwa den Vizekönigschmetterling. Obwohl dieser ein völlig ungiftiger Leckerbissen wäre, profitiert er vom Gift eines anderen Falters.

Aus der chemischen Feindabwehr der Gräser ziehen auch Zebras, Gnus und Impalaantilopen Vorteile. In den Savannen Afrikas sprießen etwa 300 verschiedene Grassorten. Einige sind dermaßen voll von Bitterstoffen, daß die Huftiere sogar in Zeiten der Hungersnot halbmeter hohe Grasareale durchqueren, ohne einen Halm zu fressen. Andere Gräser besitzen im oberen Halmteil Appetitverderber. Nur den Impalas schmecken sie trotzdem gut. Sie knabbern ausschließlich die zarten Spitzen ab. Der übrige Halm ist ihnen zu holzig und bleibt unangetastet. Sobald die Impalas weiterziehen, kommt die Zeit der Gnus. Die für sie ungenießbaren Spitzen sind von ihren Vorkostern entfernt worden. Der nahrhafte Mittelteil der Grashalme steht ohne Geschmacksbeeinträchtigung zur Verfügung. Aber den unteren Teil lassen auch sie stehen, weil er ihnen zu strohig ist. Die dortigen dicken, festen Halmreste sind für die kräftigen Zebras gerade das Optimale. Die oberen Halmteile wären für sie nur wertlose Ballaststoffe.

So sorgen die Gräser mit ihren eigentlich zur Abwehr von Pflanzenfressern gedachten Schutzmaßnahmen nur dafür, daß der »Kuchen« unter mehreren Tierarten aufgeteilt wird. Erst kommen die Impalas zu ihrem Recht, dann folgen die Gnus und schließlich die Zebras. Alles in der Natur unterliegt einer höheren Gesetzmäßigkeit. Insgesamt gesehen hat also die Schöpfung Vorkehrungen getroffen, daß weder die Akazien kahlgefressen werden, noch die Giraffen verhungern, daß weder jegliches Laub noch alle Gräser vertilgt werden, noch die Tiere bis hinab zur kleinen Blattlaus ihrer Daseinsberechtigung beraubt werden. Gleichsam ein Friedensabkommen zwischen Tier und Pflanze. Das ist es, was uns all die vielen Tiere erzählen und in diesem Fall sogar auch die Pflanzen.

Mit besonderen Supersinnen begabt ist auch ein drolliges Wesen, das unverdienterweise in Europa kaum ein Mensch kennt, es sei denn nur sehr nebulös aus einem Lied, das einst Hans Albers so herzbewegend sang: der Scheidenschnabel. Ihm sei das nächste Kapitel gewidmet.

Die alten Kap-Hoorn-Umsegler aus der großen Zeit der Windjammer sangen einst das Lied von »La Paloma, der weißen Taube«, die sie übers Meer fliegen sahen, über die sturmgepeitschte Drakepassage zwischen Kap Hoorn, dem südlichsten Punkt Amerikas, und der Antarktischen Halbinsel. War das so echtes Seemannsgarn wie die Phantasie von blonden Meerjungfrauen? Tauben fliegen ohne besondere Dressur bekanntlich nicht übers Meer. Dennoch liegt ein Wahrheitskörnchen darin: Die Fahrensleute sahen einen schneeweißen, taubenähnlichen Vogel, nämlich den Scheidenschnabel. Die Argentinier nennen ihn bezeichnenderweise auch »Paloma antarctica«, obwohl er gar nicht zu den Tauben gehört, sondern zu den Regenpfeifern.

Der Vielbesungene heißt übrigens »Scheidenschnabel«, und nicht etwa »Seidenschnabel«, wie fälschlicherweise in einem vielverkauften Antarktisbuch zu lesen steht. Vermutlich konnte sich der Autor unter einem Scheidenschnabel nichts vorstellen. Der bis zu 42 Zentimeter große und 600 Gramm schwere Vogel trägt im Gesicht tatsächlich eine hornige Scheide, in die er einen Teil seines Schnabels hineinstecken kann wie ein Schwert in die Scheide, und zwar bis über beide Nasenlöcher. Wahrscheinlich dient die Hülle als Schutz der Atemwege bei Schneesturm.

Mit dieser Errungenschaft und anderem ungewöhnlichen Überlebenswitz, die mitunter ans Clowneske grenzen, bringt es der Scheidenschnabel als einziger Landvogel fertig, auf der Antarktischen Halbinsel zu brüten.

Einmal erzählte mir ein Zoologe, der auf den Kerguelen im südlichen Indischen Ozean arbeitete, wie ihm ein Scheidenschnabel inmitten einer Pinguinkolonie, anstatt auszureißen, auf Schritt und Tritt mit nur drei Meter Abstand folgte. Ist er so zutraulich und menschenfreundlich? Nein, »frech und äußerst raffiniert« wäre die passendere Charakterisierung. Bald fehlte dem Forscher eine Filmrolle, dann ein Radiergummi, dann ein Bleistift. Als schließlich noch der Belichtungsmesser verschwand, beschuldigte der Zoologe seinen Mitarbeiter des Diebstahls. Dieser entlarvte dann aus größerer Entfernung mit dem Fernglas den wahren Schuldigen: den Scheidenschnabel.

Beachtete ihn der Bestohlene, stand der Vogel wie ein neugieriger Gaffer, ganz harmlos tuend, da. Kaum aber konzentrierte sich der Forscher wieder auf seine Arbeit, trippelte der Vogel auf leisen Sohlen herzu, stibitzte ihm irgendwas, versteckte es blitzschnell in einem Steinspalt und blickte wieder, völlige Unschuld vortäuschend, in die Wolken. Als habe er die Masche in einer neapolitanischen Schule für Taschendiebe erlernt!

Diesen Ganoventrick wendet der Scheidenschnabel auch an, wenn er Junge zu füttern hat. Muß er nur für sich selbst sorgen, so ernährt er sich, indem er am Meeressaum umherstreunt und Strandgut, das heißt Aas, sucht, oder er bricht Muscheln und Meeresschnecken mit seinem (alles andere als seidigen!) Nußknackerschnabel auf. Auch lustwandelt er inmitten der volkreichen Kolonien der See-Elefanten, Seelöwen und Seebären und verschnabuliert deren Kot. Oder er macht sich inmitten der Brutkolonien der Königskormorane und der Pinguine in des Wortes ureigener Bedeutung mausig. Oder vertilgt Tang als Gemüse. Seine Küken aber wollen mit Krillkrebschen gefüttert werden. Diese auf hoher See selbst zu fangen, übersteigt La Palomas Fähigkeiten. Also bleibt ihr nur der Mundraub bei Pinguinen.

Sich harmlos stellend watschelt er durch die Kolonie. Wenn er bemerkt, daß sich eine Fütterung anbahnt, schleicht er sich von hinten an und wartet auf die Futterübergabe. Im gleichen Moment springt er dem Pinguinvater oder der -mutter auf den Kopf. Eltern und Kind erschrecken und lassen das Krebschen fallen. Blitzartig ergreift es der Räuber und enteilt mit der Beute zu seinen Jungen. Pinguine, die schon solch üble Erfahrungen mit dem Scheidenschnabel hinnehmen mußten, kennen ihren Pappenheimer und vertreiben ihn mit giftigem Gekreisch aus der Nähe ihres Nestes.

Auf Deception Island, vor der Antarktischen Halbinsel gelegen, beobachteten Meteorologen, wie ein Scheidenschnabel die Hauskatze der Wetterstation auf ihren Jagdausflügen begleitete – eine Katze, die sich nur zu gern auch diesen Vogel geschnappt und gefressen hätte. Aber nach zahllosen Fehlschlägen gab sie weitere Fangversuche in völliger Resignation auf. Faßte der Zimmertiger eine Maus – schwupp!, wurde sie ihm von dem Mundräuber entrissen. Wollte die Katze sich dann rächen und den Scheidenschnabel anspringen, war dieser schon in einem Gesteinsspalt verschwunden. Und zwar als Fußgänger. Wegen so eines Sofalöwen wird ein gewitzter Scheidenschnabel doch nicht gleich fliegen! Obwohl er durchaus fliegen kann und (eben als »weiße Taube«) alljählich zweimal die 800 Kilometer breite, von Stürmen durchtoste Drakepassage überquert – als Zugvogel!

Mit seinen Taschenspielertricks ist er gleichsam das Gespenst und der Clown der Pinguinkolonien, ein Clown, vor dem die Pinguine allerdings ein wenig Angst haben. Er taucht auf, wenn es keiner vermutet, und ist gleich wieder wie vom Erdboden verschluckt. Aber er durchstöbert und erforscht alles, was ihm nahrhaft oder nützlich sein könnte, und erobert sich auf diese Weise einen extrem lebensfeindlichen Lebensraum.

Untereinander praktizieren diese Burschen eine exotische Mischung aus Gemeinschaftsleben und ziemlich unverträglichen und futterneidischen Verhaltensweisen. Einerseits fliegen sie in kleinen Staffeln einträchtig zwischen Sommer- und Winterquartier hin und her. Auch ruhen sie sich gelegentlich, in Kleingruppen zusammenstehend, aus. Hat andererseits einer unter ihnen einen großen Happen ergattert, umzingeln ihn gleich sechs oder sieben »Kollegen« und versuchen mit allen unfairen Mitteln, ihm den Leckerbissen zu entreißen.

Auch bei dieser Gelegenheit zeigen sie ihre Taschenspieler-künste. Auf der Flucht mit dem Diebesgut im Schnabel lassen sie die Beute urplötzlich in einen Felsspalt fallen, ohne daß die Verfolger es bemerken.

Mitunter vollführen zwei Vögel tiefe Verbeugungen vorein-ander. Das ist aber kein japanisches Höflichkeitsritual, son-dern eine Drohung etwa in dem Sinne: »Gleich werde ich dich picken!« Nötigenfalls setzt es Prügel mit spornartigen Warzen, die den Flügelbug zur Schlagwaffe umfunktionie-ren.

Das Liebesspiel gleicht der Drohung. Nur daß sich das Pärchen mit einer Art Liebesgemurmel immer wieder erklärt, daß die Verbeugungen nichts Böses zu bedeuten haben, son-dern zärtlich gemeint sind.

Wir finden den Scheidenschnabel, und zwar die Art mit dem schwarzen Gesicht, auf den subantarktischen Inseln südlich von Afrika und die Art mit dem weißen Gesicht in Feuerland, in Patagonien neuerdings bis zur Halbinsel Valdes weit im Norden, ferner auf den Falklandinseln, den Kerguelen und den Südlichen Orkney-, den Südlichen Shetland- und ande-ren subarktischen Inseln, sowie an den Küsten der Antarkti-schen Halbinsel. Die übrigen Gestade des eisbedeckten Süd-kontinents aber meidet er. Warum?

Das hängt mit seinem Verhalten als Zugvogel zusammen. Während des antarktischen Sommers könnte der kleine Spitzbube mit der weißen Weste durchaus überall genug Nahrung für sich und seine Kinder finden. Aber die eisig-finstere Polarnacht mit ihren furchtbaren Schneestürmen würde er nicht überleben. Deshalb muß er im Südherbst in den warmen Norden fliegen. Und das schafft er nur über die Drakestraße bis nach Südamerika. Die Spitzen Südafrikas, Australiens und Neuseelands sind viel zu weit von der Antark-tis entfernt, als daß der kleine Vogel sie je erreichen könnte.

Es ist eigenartig, Millionen Menschen lieben das Lied von »La Paloma, der weißen Taube«. Sturmerprobten Seeleuten sollen, als Hans Albers es sang, dabei sogar die Tränen der Rührung geflossen sein. Aber kaum jemand weiß, was mit der »weißen Taube« gemeint ist. Wenn ich hiermit das Geheimnis gelüftet habe, dürfte dies dem Fernweh, dem Gespür für das Wunderbare und die Exotik gewiß nicht abträglich sein.

Mit dem Scheidenschnabel und seinen skurrilen Lebensgewohnheiten haben wir aber schon die Grenze zum nächsten Kapitel überschritten und den Bereich der Daseinsmeisterung unter schwierigsten Umweltverhältnissen betreten.

Leben in Gefahr

Des Herrn Furcht ist
der Anfang der Erkenntnis.
Die Ruchlosen verachten
Weisheit und Zucht.

(Sprüche 1, 7)

CROCODILE DUNDEE

Gemütlich tuckert unser kleines Motorschiff im Nordterrito-
rium Australiens den Adelaide River stromauf. In den Wip-
feln der Uferbäume kreischen unübersehbare Vogelscharen.
Der Kakadu-Nationalpark ist nicht weit. Doch nirgends kann
ich Krokodile, deren Anblick mir vor Fahrtbeginn verspro-
chen worden war, entdecken. Als ich das moniere, lächelt der
Skipper verschmitzt und hält eine Art robuster übergroßer
Angel über Bord, an deren Haken ein zwei Kilo schwerer
Fleischbrocken vier Meter hoch über dem träge dahinfließen-
den Wasser hängt. Will er mit dem Gerät Krokodile fischen?

Wenige Minuten später schauen ringsum sechs Augen-
paare aus der grauschlammigen Brühe, schieben sich, wie
vom Magneten angezogen, auf uns zu. Plötzlich ein Wasserschwall. Senkrecht springt ein Riesenkrokodil aus dem Wasser und schnappt nach dem Fleisch. Seine Kiefer krachen
dermaßen geräuschvoll zusammen, daß man meint, jemand
schlage eine Holztür mit aller Wucht zu. Solche Kraft verbirgt
sich hinter den Freßwerkzeugen. Die Zähne scheinen das
auszuhalten. Doch wie kann das Leistenkrokodil, mit bis zu
sieben Metern Länge und 1000 Kilogramm Gewicht die
größte heute noch lebende Panzerechse, vier Meter hoch aus
dem Wasser springen? Stößt sie sich vom Flußgrund ab?
Unmöglich! Denn der ist hier sieben Meter tief. Vielmehr
krümmt die Echse ihren Leib wie eine Stahlfeder zusammen,
läßt ihn ruckartig auseinanderschnellen und katapultiert sich
auf diese Weise in die Luft.

Wenn das die Angler am Flußufer wüßten! Hier leben auf

100 Kilometer Flußlänge 1200 Leistenkrokodile, aber überwiegend unsichtbar abgetaucht in einem Paradies aus Lotusblüten und Seerosen. Zwar ist das Ungetüm als Menschenfresser gefürchtet, aber da es sich meist verbirgt, nehmen es die Sportfischer leichtsinnigerweise nicht für voll. Wird dann einer vermißt, so läßt nur noch ein »verlassener« Eimer mit Regenwürmern das Drama vermuten, das sich hier abgespielt hat.

Seltsamerweise hat dieses Urweltmonster einen kleinen Engel im Gefolge. Als »Jungfrau im Land der Drachen« könnte man ein graziles, kunterbuntes Vöglein bezeichnen, das ausgerechnet in unmittelbarer Nähe der Leistenkrokodile lebt, von den fisch- und vogelfressenden Ungeheuern nur durch hauchdünne Seerosenblätter getrennt: das 150 Gramm leichte Blatthühnchen, auch Australische Jacana genannt, »Jesus-Christus-Vogel«, weil er übers Wasser laufen kann, oder auch Lotosvogel oder »Das Vöglein im Krokodilteich«. Je erstaunlicher ein Tier, desto mehr Namen hängt ihm der Mensch an.

Um dieses Wunderwesen, eine Art »Crocodile Dundee«, zu beobachten, fuhr ich, begleitet von John Lord, 130 Kilometer nach Osten zum West-Alligator River. Alligatoren gibt es dort allerdings nicht. Vor 200 Jahren wurde der Fluß von zoologisch wenig bewanderten »Entdeckern« so genannt, und dieser Falschname hält sich hartnäckig bis heute. Dafür wimmelt es hier von Leistenkrokodilen, die eigentlich Salzwasser- und Meeresküstenbewohner sind, aber auch weit ins Süßwasser nordaustralischer sowie süd- und südostasiatischer Flüsse vordringen. Auch einige der mit drei Metern viel kleineren Australienkrokodile sind hier anzutreffen.

Mitten unter ihnen spazieren die bezaubernden Jacanas, als könnten sie mit magischer Kraft auf dem Wasser laufen! Doch sie stolzieren flink nur auf Seerosen- und Lotusblättern umher. Und zwar ohne einzusinken, weil die 25 Zentimeter kleinen und federleichten Akrobaten 20 Zentimeter spannende Zehen besitzen, also auf sehr großem Fuße leben. In Relation zu anderen Gefiederten haben sie die längsten Zehen der Vogelwelt! Den Lauf übers Wasser beherrschen sie so perfekt, daß sie nur selten schwimmen oder fliegen. Wenn die landscheuen Wasservögel doch einmal festen Boden aufsuchen müssen, staksen sie unbeholfen wie ein Zirkusclown mit viel zu großen Schuhen umher. Ihr Leben auf Seerosenblättern ist eine raffinierte Strategie, den vielen Feinden aus dem Weg zu gehen: Die Krokodile sehen die Vöglein nicht, wenn sie auf Lotusblättern spazieren, Landraubtiere dringen durch den dichten Lotusdschungel nicht bis zu ihnen vor, Greifvögel würden versinken, wenn sie beim Beuteschlagen eine Landung versuchten.

Und Nahrung finden die »lebenden Seerosen« in diesem Biotop konkurrenzlos in Mengen: Lotossamen, Insekten, Spinnen, Schnecken, kleine Fische und Krebschen.

Ihr Eheleben gilt als Ideal aller Frauenrechtlerinnen. Eine dieser Damen sagte einmal, sie begreife die Natur nicht. Das Kinderkriegen, zu dem die Männer unfähig seien, wäre doch eine so schwere Arbeit, daß es biologisch sinnvoller sei, wenn die Männer wenigstens die Hauptlast bei der Betreuung der Kinder trügen. Genau diese Forderung wurde vom Jacanablatthühnchen verwirklicht.

Zu Beginn der Brutzeit landen erst die Männchen im Lotusparadies, kämpfen untereinander, halten Abstand zueinander und sichern sich ein Brutrevier von nur etwa 20 Metern Durchmessern. Sobald dies geschehen ist, erscheinen die Weibchen. Jedes erstreitet im Gefecht gegen andere »Damen« vier Reviere samt deren Männchen. Mehr sind im Herrenharem nicht erwünscht, da ein Weibchen nur den Eiersegen für vier Männchen produzieren kann: für jedes zweimal vier Eier, insgesamt also etwa 32 Stück.

Den »Herren« bleibt keine Wahl. Sie müssen die »Frau« freien, die sie erobert hat. Diese lebt also in vierfacher Vielmännerei. Wird sie von einer Konkurrentin vertrieben, akzeptiert jeder Mann sogleich die neue Herrin. Kommen sich zwei Männlein im Herrenharem zu nahe, setzt es Prügel – bis die etwas größere Chefin mit knallrotem Kamm auf dem Kopf herbeieilt und den Streit mit Schnabelhieben schlichtet. Woraufhin sich der Kamm der Männchen zum Zeichen der Unterwerfung von Rot auf Gelb umfärbt. Der Hahnenkamm der Jacanas kann seine Farbe wechseln wie ein Chamäleon und ist ein perfektes Stimmungsbarometer.

Die Paarung gleicht einer höfischen Zeremonie. Die Braut übernimmt bei der Balz die aktive Rolle, die bei anderen Tieren gewöhnlich Angelegenheit des Männchens ist. Der Bräutigam geht vor ihr in die Knie, bettelt sie um Liebe an wie ein Küken um Futter. Dann nimmt der galante Herr einen ganzen Blumenstrauß von Blättern und Lotusblüten in den Schnabel und schwenkt ihn hin und her. Beide schreiten stelzbeinig umeinander, den Kopf tief nach unten geneigt und unter heftigem Grunzen, Pfeifen und Glucksen. Das kann Stunden dauern. Die Hochzeit selbst ist dann nur noch eine Sache von wenigen Sekunden.

Das Nest schwimmt auf einem Fluß, einem Seerosenblatt über jederzeit in der Tiefe lauernden Krokodilen. Sosehr der stolze Hahn bisher mit fülligen Blumensträußen im Schnabel als symbolischem Nistmaterial (»Sieh her! Ich kann Nestchen bauen!«) angegeben hat, so mickrig fällt nun das Gebäude aus: Lediglich ein paar vom Vater dahingeschluderte Hälmchen deuten vage den Brutplatz an. Ein seltsam provisorisch anmutender Nestbau, an dem sich die Mutter gar nur mit symbolischen Gebärden beteiligt. Jedes der vier nicht in Haremsversammlung, sondern auf Distanz nistenden Männchen bekommt von der Chefin nacheinander drei bis vier Eier aufs Blatt gelegt und hat ab sofort sämtliche Mutterpflichten allein zu übernehmen: Brüten, Wärmen der Küken und sie ins Leben führen, Nahrung zeigen und wie man Feindgefahren meidet.

Mit der Brut beginnt für den zierlichen, gefiederten »Crocodile Dundee« ein wäßriger Balanceakt im Schaukeltakt der Wellen. Aber keine Angst: Wenn ein Ei ins Wasser rollt, bleibt es oben schwimmen – einzigartig in der Vogelwelt! Eine blankpolierte wasserdichte Wachsschicht über der Eischale und eine Gasblase im Inneren machen es möglich. Papa rollt seinen Schatz dann einfach mit dem Schnabel wieder aufs Blatt. Oft tritt er auch auf das Blatt. Dann sinkt es ein, und das Wasser umspült die Eier: eine willkommene Kühlung unter äquatornaher Mittagssonne.

Also eine Brut mit Wasserspülung? Nicht immer. Nachts und in der Morgenfrische schaufelt sich der Vater die Eier mit zweieinhalb Zentimeter langen Hornleisten am Flügelbug unter die Achselhöhlen und klemmt sie wie ein Fieberthermometer fest: zwei unter jede Schulter. Ähnlich verfährt er mit den Küken, die nach 23 Bruttagen schlüpfen. Sie können gleich laufen, schwimmen und tauchen. Auch fangen sie ihre Nahrung selbst: Spinnen, Würmer, Krebschen. Fliegen und Wespen erhaschen sie im Flug. Letztere stippen sie zum Entgiften ins Wasser. Alle 20 Minuten klemmt sich Papa die vier Kinderchen für fünf bis zehn Minuten unter die Achsel zum Trocknen und Wärmen. Erhebt er sich dabei, sieht man acht kleine Beinchen aus dem Federflausch nach unten baumeln. Bei Gefahr transportiert er seine Kinder auf diese Weise auch in Sicherheit.

An Gefahren mangelt es nicht. Jüngere und kleinere Krokodile schleichen sich unter Wasser an. Sie erkennt der Vater, der sich allein um seine Nachkommen kümmert, mit Argusaugen und versteckt seine Kinder im einige Zentimeter höher gelegenen Trichter eines Lotusblattes. Auch über Wasser naht oft nichts Gutes. Als unser Boot auf solch ein Seerosennest zutrieb, riß Vater Blatthühnchen nicht etwa aus, obwohl er vor Angst am ganzen Leibe bebte. Er rief sein stärkeres Weibchen zu Hilfe. Prompt eilte die Heldin herbei. Was können die Federgewichte gegen Feinde ausrichten, etwa gegen den hundertmal größeren Elsterreiher, der gern Eier oder Küken verspeist? Erst versuchen beide Eltern, den Räuber mit Gezeter zu vertreiben. Einer kreischt ihn von vorn an, während ihn der andere mit den Hornleisten am Flügelbug auf den Rücken prügelt. Diese harten Gebilde dienen also nicht nur als Eierlöffel zum Retten des Geleges, sondern auch als Hiebwaffe gegen Feinde. Zeigt das keine Wirkung, miauen die Jacanas wie Katzen. Prompt fällt der Reiher auf den Trick herein, glaubt, ein Zimmertiger greife an, und flieht.

Kreist ein Pfeifweih, ein bussardgroßer Greifvogel, in der Luft, springen die Küken vom Seerosenblatt ins Wasser und verstecken sich darunter. Dann schaut nur die Spitze des Schnäbelchens wie ein Schnorchel zum Atmen millimeterweit in die Luft. Das Küken spielt U-Boot und entgeht so den meisten Feinden.

Im Alter von fünf Wochen können die Jungen fliegen. Doch schon einige Tage zuvor hat sie der bemutternde Vater verlassen. Der Grund: Die Mutter hat ihm bereits weitere vier Eier ins Lotusnest gelegt. Damit es dem Vater nicht an Arbeit mangelt!

So erzählt uns das Australische Blatthühnchen gleich einer Märchenfee, zu welch skurrilen Eskapaden die Natur fähig ist, wenn extreme Lebensbedingungen es erfordern. Auf Umwegen will es uns damit auch sagen, daß die Umstände der menschlichen Existenz in vermeintlicher Sicherheit alles andere als »normal« sind. Jedes Wesen lebt, allegorisch gesehen, am Rande eines Krokodilrachens. Das gilt sogar auch für die Hausschafe, die in einigen Regionen der Welt keineswegs ein behütetes Dasein wie in Abrahams Schoß führen.

Im Süden Patagoniens, dort, wo die leicht gewellte, von starken Winden nahezu permanent überstrichene Trockensteppe Südamerikas an die Magellanstraße und den Südatlantik stößt und vom Westen die schneebedeckten Gipfel der Kordilleren herübergleißen, erstreckt sich das Land der Schafe. Hier leben sie in riesigen Herden bei Wind und Wetter, Hitze und Frost stets im Freien. Und in ständiger Lebensgefahr.

Vor 5000 Jahren brach infolge einer Laune der Natur in der kaum über Meeresniveau ansteigenden Ebene die Erde auf. Lava wurde emporgeschleudert. Mehrere kleine Krater häuften sich auf. Mit dem Ausfluß des feurigen Gesteins entstanden Röhren. Außen kühlte die Lava ab und erstarrte, innen strömte sie dünnflüssig weiter. Als der Glutquell versiegte, leerte sich der Inhalt. Die Röhren blieben bis auf den heutigen Tag bestehen: ideale Schlupfwinkel für etwa zehn Pumas. Kein Jäger vermag ihnen in dies scharfschneidige Labyrinth zu folgen. Natürlich gehen die Silberlöwen, wie die Pumas auch genannt werden, nur nachts auf Raubzug aus. Ihre Opfer sind die Schafe, die hier noch in einer Welt leben, die mit jener verglichen werden kann, als sie bei uns in Europa noch vor Wolfsrudeln, Braunbären und Luchsen zittern mußten und es lebensgefährlich war, ihnen ein guter Hirte zu sein.

Den Hacienderos, die gern zum Schutz ihrer Wollieferanten gegen die Pumas vorgehen würden, wäre es lieb, wenn sie am nächtlichen Angstgeschrei der Tiere hören könnten, wann und wo die Raubkatzen auf Pirsch sind. Aber selbst in höchster Lebensgefahr schweigen die Lämmer – oder besser gesagt: die Mutterschafe und auch die Widder. Sie wittern den Raubtiergeruch, drängen sich eng zusammen, spüren den Sprung des Feindes, zittern vor Angst am ganzen Leibe. Aber sie schweigen. Kein Blöken, kein Todesschrei, still und ergeben fügen sie sich in ihr bitteres Geschick.

Ein zweiter Feind tritt im Südfrühling auf den Plan, wenn die Lämmer der Montedinero-Estancia am Kap Virgenes nicht mehr ständig ihre Mütter begleiten, schon eine gewisse Selbständigkeit erlangt haben und in Kindergruppen miteinander spielen und umhertollen. Dann kommen Mütter und Kinder nur noch zum Milchnuckeln zusammen, und wir erleben die einzige Situation, in der beide laut blöken: nicht aus Angst vor einem Feind, sondern nur um dem Lamm das Auffinden der Milchquelle zu erleichtern. Das Lämmlein blökt, sobald es Hunger bekommt, die Mutter erkennt es sogleich an der Stimme, antwortet laut, und so finden beide wechselrufend zueinander. Sie können also sehr wohl schreien, doch in höchster Lebensgefahr bleiben sie stumm. Auch bei folgendem Drama, das sich in der Kindergruppe abspielt:

Plötzlich schaut ein Graufuchs hinter einem Busch hervor, vollführt wie die Lämmer eine Serie spielerischer Luftsprünge und läßt sich platt auf den Bauch fallen. Neugierig, vielleicht auch etwas belustigt, kommen die Jungschäfchen heran. Sogleich reiht sich der Listenreiche in die Gruppe der Spielenden ein, während die Muttertiere in einiger Entfernung arglos das Gras zupfen. Der Erfindungsreichtum des Graufuchses im neckischen Treiben weckt in den Kleinen eine Art Frohsinn. Er huscht unter den Schäfchen hindurch, springt über ihren Rücken hinweg, kuschelt sich an ihr Fell und versucht sogar auf ihnen zu reiten. Und diese möchten es ihm gleichtun.

Der Verhaltenstrick des Graufuchses wird von englischen Forschern als »Charming« bezeichnet, was soviel wie Bezauberung oder Verhexung bedeutet. Er verspricht durchschlagenden Erfolg. Nachdem der Fuchs eine Weile mit den Lämmlein umhergetobt hat und der letzte Argwohn von ihnen gewichen ist, springt er urplötzlich einem »Spielfreund« an die Kehle und beißt ihn, nun gar nicht mehr lustiger Clown, tot. Die Umstehenden schrecken ein paar Sprünge zurück, verharren perplex, drehen sich um, glotzen und – schweigen. Die Mutterschafe bemerken von alledem nichts. Nur wenn bei dem soeben kinderlos gewordenen Tier nach einigen Stunden der Milchdruck im Euter zu schmerzen beginnt, geht die Blökerei los und will kein Ende nehmen.

Der Besitzer von Montedinero, Señor Fenton, berichtete mir von weiteren ungewöhnlichen Dingen, die im Südwinter unter seinen 20 000 Schafen mitunter geschehen: Mit der für Südamerika typischen Maßlosigkeit waren über Nacht anderthalb Meter Schnee gefallen. In dieser Wetterlage pflegen sich die Schafe, die hier ganzjährig im Freien bleiben, still und schicksalsergeben einschneien zu lassen. Das schützt sie vor Frost und Sturm. Unter der weißen Decke scharen sie mit den Hufen das Gras frei und finden immer etwas zu fressen.

Eines Nachts häufte ein steifer Weststurm entlang der in Nord-Süd-Richtung verlaufenden Zäune extrem hohe Schneewehen auf. An der dem Wind nunmehr entblößt liegenden Seite drängten die Schafe mit aller Macht in die Wehe hinein. Der Zaun aber hinderte ihre Herdengenossen, nachzugeben. Ein unbeschreibliches Gedränge entstand. Am anderen Tag zählten die Gouchos an die 4000 elend verendete Tiere, alle totgetreten oder erstickt. Die Katastrophe wäre zu verhindern gewesen, wenn die Tiere Todesschreie ausgestoßen hätten. Doch alle Schafe ließen das Massenunheil über sich ergehen, ohne einen Laut von sich zu geben!

Für die Wesensart dieser Tiere ist auch folgendes Ereignis typisch: Etwa 150 Kilometer weiter nördlich strömt der Rio Gallegos, von den Kordilleren kommend, in Richtung Atlantik. An einem Südherbsttag des Jahres 1992 gingen Urlauber aus Buenos Aires mit ihrem Dalmatiner dort spazieren. In der Nähe einer Schafherde riß sich der Hund los und stürmte zufällig geradewegs auf das Leitschaf zu. Dieses raste in höchster Angst vom Hund weg zum acht Meter tiefen Steilufer des Flusses und stürzte sich blindlings in die reißenden Fluten, die ganze Herde in Panik hinterher. 270 tote Schafe wurden später wieder angeschwemmt. Die Herdentiere erlitten ein typisches Mitläuferschicksal infolge ihres bedingungslosen Kadavergehorsams. Und auch hier: kein Aufschrei, kein Notruf, keine Angstlaute gemarterter Tierseelen!

In der Masse nicht und auch nicht in qualvollen Einzelfällen: Mitunter kommt es vor, daß die Gouchos und ihre Hirtenhunde ein Schaf vergessen, wenn sie die auf den nahezu grenzenlosen Ebenen weit verstreut grasenden Tiere zum Scheren in die Estancia treiben. Dann behält dieses seine langen, dichten Fellhaare. Ein Glück für das Schaf, weil es nun immer von einem schönen, warmen Pelz umhüllt ist, wenn die »Schafskälte« einsetzt?

Weit gefehlt! Das ungeschorene Fell besteht, nachdem es ein Jahr lang gewachsen ist, aus bis zu 17 Zentimeter langen, ineinander verfilzten Haaren und wiegt bis zu acht Kilogramm. Wenn es regnet, saugt es sich wie ein großer Schwamm voll Wasser und wird so schwer, daß das Schaf nicht mehr fähig ist zu stehen und zu laufen. Es legt sich nieder und kann nichts mehr fressen. Bedauerliche Randerscheinung unnatürlicher Züchtung zu Hochleistungs-Wollschafen! Dauert es dann eine Woche oder länger, bis die Sonne wieder scheint, was in Patagonien oft geschieht, so stirbt das Tier einen langsamen und qualvollen Tod – ebenfalls wieder ganz leise und ohne ein einziges Mäh. Niemand kann es hören und aus seiner Pein erlösen.

Nicht anders verhält es sich, wenn es geschoren wird. Der »Friseur« greift es sich im Pferch, wirft es auf den Rücken und nimmt es wie ein Catcher in den Schwitzkasten. Auch hierbei gibt das »Opferlamm« keinen Pieps von sich. Dann entfernt er das für Menschenzwecke unbrauchbare Bauchfell und schneidet die übrige Wolle in einem Stück als Vlies vom Leib. Gute Arbeiter lassen dabei eine etwa drei Zentimeter dicke Schicht stehen, damit das Schaf nicht unter der Kälte zu leiden hat und das Fell wieder zu neuer, qualitätvoller Wolle heranwächst.

Auch habe ich die Schafe genau beobachtet, während sie von den Hirtenhunden getrieben werden. Hier besteht eine interessante Dreierbeziehung. Boß ist natürlich der Goucho hoch zu Roß, neuerdings auch die »Goucho-Lady« auf dem Motorrad, die im übrigen das gleiche leistet wie drei Reiter. Die Hunde, bewährt haben sich Australische Bracken, gehorchen ihren Herren oder Herrinnen auf einen Ruf oder den kleinsten Fingerzeig. Sie brauchen sehr viel Liebe und Zuwendung. Wenn sie ihrer Herrin auf den Arm springen dürfen, ist es für sie das höchste aller Gefühle. Aber den Schafen gegenüber tun sie so, als wären sie der »böse« Wolf. Grimmig ducken sie sich in Angriffsstellung nieder, schießen wie der Blitz auf einen Ausreißer zu und treiben ihn zurück, flitzen um die Herde herum, springen sogar auf die Tiere drauf. Aber sie beißen nicht richtig zu, sondern zwicken die Schafe allenfalls leicht ins Fell. Sind Lämmer bei der Herde, halten die Hunde, Spitzenleistung einer perfekten Dressur, sogar Abstand und gehen äußerst behutsam vor, damit die Kleinen keinen Schaden erleiden.

Manchmal begehrt eine Schafmutter auf, stampft mit einem Vorderhuf gegen den Hund auf den Boden oder stößt mit dem Kopf vor. Doch da sie keine Hörner hat, wirkt ihre Drohgebärde wenig beeindruckend. Wenn der Hund seine Scheinangriffe durchführt, geht ein Zittern und Beben durch die Reihen der Schafe. Aber sie schweigen dazu. Lautstarke Proteste gegen die Obrigkeit sind ihre Sache nicht. Nur wenn sie Langeweile haben, blöken sie monoton und sinnlos vor sich hin.

Es ist viel über das Schweigen der Lämmer und Schafe gerätselt worden. Andererseits konnte auch noch nicht eindeutig geklärt werden, weshalb die meisten anderen Tiere in höchster Bedrängnis schreien. Zwar zahlt sich der Notruf bei vielen Tierkindern aus, weil dann die Mutter, manchmal auch der Vater oder andere Gruppenmitglieder zu Hilfe eilen. Aber ein Gnu, das vom Löwen angesprungen wird und laut brüllt, findet niemals einen Retter, der sein Leben riskiert. Der Schrei verhallt ungehört. Herdenmitglieder warnt er nicht, denn in der Hetze der Jagd wissen diese ohnehin, was die Stunde geschlagen hat. Den Feind schreckt der Schrei auch nicht ab. Wozu also die Angstlaute? Sind sie nur ein zweckloser emotionaler Ausbruch? Wenn ja, warum schweigen dann die Schafe? Sind sie ohne Gefühle? Wenn sie vor Angst am ganzen Leibe zittern, zeigen sie uns ja, daß sie von Gefühlen geradezu geschüttelt werden!

Ein Blick auf wildlebende Vorfahren der Schafe gibt Aufschluß. Altaiwildschafe, die Wölfe und Bären zu fürchten haben, postieren stets Wächter auf einer Hügelkuppe. Bemerken diese einen Feind, alarmieren sie mit lautem »Määäh!«. Daraufhin ergreifen die mit gewaltigen Wendelhörnern bewaffneten Widder die Flucht. Die geradezu martialisch erscheinenden Männer entpuppen sich als Feiglinge! Die Weibchen aber drängen sich dicht um ihr Leitschaf zusammen, starren den Wolf stumm an, preschen im geeigneten Moment in geschlossener Formation gegen den Feind vor und rennen ihn glatt über den Haufen, sofern er nicht flieht. Viele Schafe sind des Wolfes Tod!

Doch im Zuge der Haustierwerdung wurde dieses Gegenangriffsverhalten vor etwa 9000 Jahren vom Menschen durch Zuchtmaßnahmen aus dem Verhaltensinventar dieser Tiere eliminiert. Was würde denn ein Schäfer sagen, wenn seine Herde immer auf ihn einstürmen würde, sobald er sie irgendwohin treiben will! Dieses Züchtungsergebnis erklärt also die scheinbare Sinnlosigkeit. Trotzdem konnten Tier und Mensch viele tausend Jahre lang damit leben.

Und dem Betrachter eröffnen all diese Seltsamkeiten eine neue Perspektive des Phänomens der Ängstlichkeit. Es hat sich in noch erstaunlicherer Weise bei den Pilotwalen entwikkelt:

Es ist der Weihnachtsabend des Jahres 1958 auf den Lofoten, jener sturmumbrandeten Inselgruppe vor der nordnor-
wegischen Küste. Steifer Nordwest peitscht tiefhängende
Wolkenfetzen über die aufgewühlte See. Da springen plötzlich riesige schwarze Leiber aus den gischtenden Wogen in
die Luft, schnellen sich mit Titanenkräften aufs Ufer, bleiben
dort apathisch liegen und hauchen nach stundenlangem To-
deskampf ihr Leben aus. Nicht weniger als 1017 tote Grind-
wale zählen die Fischer am anderen Morgen. Ein unbegreifli-
cher Massenselbstmord durchaus gesunder und lebenskräfti-
ger Tiere?

Immer wieder und an allen Küsten der Weltmeere stranden
Wale aus unerfindlichen Gründen. Einer der häufigsten
Selbstmörder ist der Pilot- oder Grindwal, ein bis zu 8,50
Meter langer und 3500 Kilogramm schwerer Ozeanbewoh-
ner, der sonst nur durch seine extreme Friedfertigkeit und
überragende Intelligenz von sich reden macht. Läßt ihn seine
Klugheit in der Stunde des Freitodes im Stich? Um diese
Frage beantworten zu können, müssen wir versuchen, das
Wesen dieses Meeressäugers in seiner Gänze zu erfassen.

Vor der Südspitze Teneriffas bei Las Americas wiederholt
sich alljährlich im Februar das gleiche märchenhafte Schau-
spiel: Aus den Tiefen des Atlantiks steigen Millionen und
Abermillionen von leuchtenden Tintenfischen, sogenannten
Segelkalmaren, zu einem 800 Meter tiefen, bizarren Lavariff
empor, um zu laichen. Jeder der bis zu 65 Zentimeter langen
Laternenträger beleuchtet das Purpur seiner Hautfarbe mit
etwa 300 gelben, blauen, grünen und roten Lampen. Ein
feenhafter Massenreigen irrlichtert im Schwarzviolett ge-
spenstischer Abgründe.

Plötzlich erbebt die Tiefsee. Ein unheimliches Vibrieren

läßt die Gaukler pfeilschnell zu Spalten, Rissen, Höhlen im Lavariff flitzen. Ein Rudel von acht Pilotwalen ist von der Meeresoberfläche abgetaucht und greift gemeinsam in senkrechter Sturzfahrt an. Binnen Sekundenbruchteilen schalten die leuchtenden Tintenfische ihre kunterbunten Hochzeitslampen aus.

Zwischen Kalmaren und ihren Gegnern tobt seit Urzeiten ein Kampf, der mit unglaublichen Tricks und Finten geführt wird. Nahe der Oberfläche, wohin noch Tageslicht dringt, stoßen die Verfolgten die bekannten Tintenschleier aus, in deren Schatten sie sich den Blicken des Feindes entziehen. Muränen lassen sich durch das Einnebeln jedoch nicht irritieren, weil sie ihre Beute mit der Nase orten. Um auch das Erschnüffeltwerden zu erschweren, durchmischen einige Tintenfischarten ihre Schutzwolke mit einem im wahren Sinne des Wortes betäubenden Duft. Der Muräne, die in solch eine Verschleierung vorstößt, vergeht der Appetit gehörig.

Im Zwielicht der Tiefen um 60 Meter lebt die Sepiola, ein Kalmar, der bei Feindgefahr etwas Seltsames zuwege bringt: Er setzt eine kleine, komprimierte, besonders dichte Tintenwolke ab, die sich schnell zur Torpedogestalt ihres Erzeugers formt. Er stellt sich seinen eigenen Doppelgänger her, um den Feind zu bluffen.

In der ewigen Finsternis der Tiefsee erfährt die Kunst des Sicheinnebelns abermals eine Variante. Der verfolgte Kalmar schaltet seine »Musikdampfer-Beleuchtung« aus und stößt eine Wolke aus, die jedoch nicht aus Tinte besteht, sondern aus Millionen leuchtender Einzeller, ähnlich jenen Dinoflagellaten, mikroskopisch winzigen Einzellern, die das Meeresleuchten erzeugen. Die Illumination ist so hell, daß der Gegner geblendet wird und abdreht.

Nur bei den Pilotwalen ziehen alle diese Tricks nicht, denn die Meeressäuger verfügen wie die mit ihnen verwandten Delphine über ein Ultraschall-Ortungssonar, eine Art Unterwasserradar, und stoßen zielgerecht mit unheimlicher Präzision auf ihre Beute zu, ganz gleich ob und, wenn ja, wie sich diese versteckt. Unsere Marine-Elektronikingenieure beneiden sie heute noch um dieses Ortungsgerät. Das Wunderding sitzt in der sogenannten Melone, der kugelförmig gewölbten, bei Pilotwalen sogar weit über das Maul hinausragenden Stirn dieser Tiere, die ihnen das Aussehen eines Wesens von einer fernen »Galaxie« verleiht.

Der »Eierkopf« ist allerdings nicht der Sitz eines »überragenden« Gehirns. Vielmehr steckt eine fußballgroße Blase mit zähflüssigem Öl dahinter. Durch sie wird der vom Tier erzeugte Ultraschall wie Licht durch eine Linse hindurchgeleitet und gebündelt. Sie ist gleichsam eine Fettlinse für Schallwellen. Und wie die Linse im Menschenauge abgeplattet oder gekrümmt und die Sehschärfe von nah bis unendlich verstellt werden kann, so vermag auch der Wal seine akustischen Ortungsstrahlen im weiten Umkreis zu streuen, wenn er sich in der Tiefsee bei der Nahrungssuche einen weiträumigen Überblick verschaffen will, oder scharf zu bündeln, wenn er einen einzelnen Kalmar in der Nähe anpeilt. Außerdem kann der Wal die Wellenlänge seines Senders verändern. Er sendet tiefe Ultraschalltöne, wenn er Fernaufklärung bis zu zehn Kilometer Weite betreiben will. Oder er wechselt auf extrem hohe, für Menschenohren nicht wahrnehmbare Töne, die für uns nur als sogenannte »clicks« wahrnehmbar sind, wenn er aus der Nähe ein fast fotografisch scharfes »Bild« von Beute, Freund oder Feind aus den Echos heraushören möchte.

Auch kann der Pilotwal seine Beute, wenn sie sich dicht vor seinem Maul befindet, nicht erkennen. Seine Augen sitzen nämlich querab an den Seiten des Kopfes, wodurch ihm der direkte Blick nach vorn unmöglich ist. Daher diese raffinierte Ortungstechnik, die nachzubilden wir Menschen bisher noch nicht in der Lage waren.

Überdies beherrschen die Pilotwale eine breitgefächerte Lautsprache mit den Hauptelementen Quieken, Pfeifen, Zirpen, Schnarchen und Grunzen. Familienverbände zwit-

schern oft im Choral wie die Belugas oder ein Spatzenschwarm. Ich selbst konnte es 1993 an der Küste Teneriffas
hören, als ich mein Ohr auf die Stahlreling unseres kleinen
Bootes legte. Umgekehrt gelang es mir auch, zwei dieser Wale
mit Pfiffen ans Boot heranzulocken, um sie zu streicheln.
Über die Bedeutung dieser Sprache wissen wir gegenwärtig
noch weniger als über die Lautäußerungen der Delphine.
Doch diese verstehen den »Dialekt« der Pilotwale sehr gut
wie auch umgekehrt. Wer von beiden als erster einen
Schwarm halbmeterlanger Meeräschen aufgespürt hat, pfeift
die anderen herbei. Vereint umzingeln sie die Beute, und
jeder holt sich seinen Teil.

Vieles vom Gemeinschaftsleben der Pilotwale liegt noch
im Dunkel der Tiefsee verborgen. Bei einem kleinen, zer-
klüfteten Lavariff leben ganzjährig beispielsweise acht erwachsene Weibchen mit ihren Kindern. Es sind gerade so
viele Tiere, wie sich hier ausreichend von den Kalamaren,
Kraken und Fischen ernähren können, die in jenen Grotten
beheimatet sind − und zwar ohne ihre Lebensgrundlage
durch Raubbau zu vernichten. Ein größeres Riff bietet die
Existenzbasis für eine entsprechend umfangreichere seßhafte
Walgemeinschaft. Die überwiegende Mehrheit führt jedoch
ein weltweites Vagabundendasein. Gruppen, sogenannte
»Schulen«, umfassen gut 100 Mitglieder, genauer: weibliche
Mitglieder, die alle untereinander verschwippt und verschwä-
gert sind.
   Ihr Gemeinschaftsgefühl zeigt sich besonders deutlich
beim Schlaf. Dann schließen sie sich eng zusammen, streifen
im Hautkontakt aneinander entlang, streicheln und schmei-
cheln sich und gleiten, dicht beieinander fast wie in der Sar-
dinenbüchse, allmählich in Morpheus' Arme. Entdeckt ein
Wachtposten einen Feind, klatscht er wie die Delphine mit
der Fluke auf die Wasseroberfläche und alarmiert die Seinen.
Ist ein Mitglied verletzt, wird es von »Krankenträgern« ge-
stützt, ebenfalls wie bei den Delphinen zum Atmen an die

Oberfläche gehoben und so lange betreut, bis es wieder gesund ist. Auf den Menschen übertragen sie diesen Hilfsdienst, anders als die Delphine, jedoch nicht. Auch trauern die Pilotwale um ihre Toten. In San Diegos »Sea World« hielt ein Männchen die Flosse seines verstorbenen Weibchens fünf Stunden lang mit dem Maul fest, um sein Absinken zu verhindern.

In der hundertköpfigen Gruppe haben alle ihre Kinder bei sich, sogar auch noch die bereits geschlechtsreifen Jünglinge bis zum Alter von sechs Jahren. Doch diesen ist jegliches amouröse Abenteuer aufgrund eines Inzesttabus untersagt. So verlassen erst die Sechsjährigen ihre Schule und vereinigen sich zu Junggesellenklubs.

Mitunter schließen sich die Hundertergruppen auch noch zu Geschwadern mit über 1000 Tieren zusammen. Zwei Gründe gibt es für die Union: die gemeinsame Reise zu fernen Nahrungsgründen oder eine Massenhochzeit.

In der Volksmenge kommen Männchen und Weibchen auf skurrile Weise zusammen. Beide holen einige Meter Anlauf und donnern dann wie Steinböcke Kopf gegen Kopf, Melone gegen Melone, zusammen. Das stimuliert insbesondere den »Herrn«. Allmählich geht die Rammseeschlacht in zärtliches Beklatschen mit den Flossen über. Schließlich schießen beide Bauch an Bauch senkrecht aus dem Wasser heraus und sakken wenige Sekunden später wieder ab. Das war's denn.

Der zweite Grund für Massenversammlungen sind die spektakulären Weltreisen der Pilotwale. An der Atlantikküste Nordamerikas unternehmen sie bis zu 4000 Kilometer weite Wanderzüge von der Karibik bis Neufundland. Sie folgen den nach Hunderttausenden zählenden Schwärmen der Nordischen Kalmare, die wiederum hinter den Millionenmassen der Heringe her sind. Dabei schließen sie sich zu bis an die 3000 Tiere zählenden Geschwadern zusammen. Einer der besonders großen und starken Bullen übernimmt die Führung. Die übrigen ziehen im »Gänsemarsch«, einer hinter dem anderen, in langer Reihe blindlings hinterher. Das Leittier dient der Masse als Lotse, also als »Pilot« – daher der Name Pilotwal.

Die Anführer lösen einander in der Spitzenposition häufig ab. Das tut der bedingungslosen Gefolgschaftstreue keinen Abbruch. Sogar wenn ein Tier, etwa bei einer Erkrankung, aus der Reihe ausschert und sich rasch entfernt, folgen ihm die hinter ihm Schwimmenden in Schwanzflossenfühlung.

Bei den Lofoten, den Färöerinseln und bei Island nutzen Fischer das in gemeiner Weise aus. Sie verletzen ein x-beliebiges Tier mit Lanzenstichen und treiben es ans Ufer. Sogleich folgen die anderen Kumpane dem Verwundeten nach. Strandet der erste, zögern auch die übrigen nicht, ebenfalls in Panik aufs Trockene zu schwimmen, wo sie in Massen gnadenlos abgeschlachtet werden. So und nicht anders war es auch, wie eingangs geschildert, zu Weihnachten 1958 bei der Strandung der 1017 Pilotwale auf einer Lofoteninsel. Nur hatten hier die Fischer die Spitzentiere des gesamten Walgeschwaders erwischt.

Der Weltöffentlichkeit wird dann immer vorgelogen, die Wale hätten Massenselbstmord begangen oder seien von Parasiten im Gehörgang irregeleitet worden. Dabei ist nichts leichter, als Pilotwale mit dröhnenden Motoren oder Lanzenstichen in Angst und Schrecken zu versetzen und an Land zu treiben. Massenstrandungen von Pilotwalen finden ebenfalls stets dort statt, wo Flottenmanöver mit scharfen Granaten und Wasserbomben abgehalten wurden. So zum Beispiel 1985 und 1989 vor der Küste der Kanareninsel Fuerteventura. Auch hier war nachgewiesenermaßen eine Panik unter den Walen die Ursache des »Massenselbstmords«.

Ein weiterer Grund, sich selbst auf den Strand zu schieben, ist die Panik, in die sie geraten, wenn die Piloten von Orcas, die man auch Schwert- oder Killerwale nennt, gejagt werden. An Land sind sie vor den Meeresräubern sicher. Doch dann nimmt unweigerlich eine quälend langsame Tiertragödie ihren Anfang. Zunächst können die auf dem Trockenen liegenden Wasserwesen weiteratmen. Die erste Bedrohung geht von heißer Sonnenstrahlung aus: Tod durch Hitzschlag ist die Folge. Bei dichter Wolkendecke überleben die Wale, allerdings nur bis zum Anrollen der nächsten Flut. Pilotwale können nicht wie die Belugas flach auf dem Bauch liegen. Sie drehen sich gleich zu Beginn auf die Seite. Dann ruht ihr Blasloch, durch das sie atmen, dicht über dem Sand. Beim Eintreffen der Flut können sie sich weder in die Waagerechte wenden, noch den Kopf aus eigener Kraft anheben. Das Wasser schwappt in den Atemweg, noch bevor es sie zur Schwimmfähigkeit freispült. Die bedauernswerten Wesen klatschen hilflos mit der Fluke umher und ersticken.

Panik und ein an Kadavergehorsam grenzender Nachfolgetrieb – das ist das ganze Geheimnis.

Der Tag der Heuschrecke

Wie Gewitterwolken zog es über dem Galeriewald an den Ufern des Khwai River östlich des Okawangodeltas herauf. Heuschrecken? Nein, schlimmer noch: Millionen spatzenkleiner Vögel – Blutschnabelweber! Als sie über mich hinwegflogen, verdunkelten sie den Himmel. In dichter Rauchfahne senkten sich die Durstleidenden auf die Wasseroberfläche des Flusses hinab. Die einen nippten nur kurz am kostbaren Naß. Andere Scharen quollen von oben nach, drückten die Trinkenden unter Wasser. Dann stob der Riesenschwarm wie ein Wirbelwind wieder hoch. Einige Dutzend Leichen trieben stromab, wo am Ufer schon zahlreiche Schildraben im Bewußtsein dessen, was sich hier abspielen würde, auf den Schmaus warteten. Vier oder fünf Gelbschnabelmilane stießen von oben in die Menge hinein, griffen meist daneben, holten sich hin und wieder aber doch ein Opfer.

Hier, am Rande der Kalaharihalbwüste Botswanas, ist für die Weber, deren Männchen während der Fortpflanzungszeit den namengebenden blutroten Schnabel tragen, außer den Samen wilder Gräser nicht viel zu holen. Doch wenn sie nach der Brutsaison bis zu 500 Kilometer weit zu den Kornfeldern Sambias und Simbabwes weiterschwirren, verputzen sie dort jeden Tag an die 18 Tonnen Getreidekörner. Das ist ein Sechstel der gesamten Jahresweizenernte Tansanias. Was bleibt, ist leeres Stroh. Wie einst die biblische Heuschreckenplage im Reich der Pharaonen!

Die betroffenen afrikanischen Staaten führen einen regelrechten Krieg gegen dieses Tier mit der größten Individuenzahl aller Vogelarten der Welt: mit Granat- und Flammenwerfern, mit Bomben und Giftgaswolken aus Flugzeugen. Mit Dynamit sprengen sie die Schlafbäume der Vögel in die Luft. Jährlich werden mehrere Hundertmillionen Blutschnabelweber umgebracht. Aber zur nächsten Erntezeit sind die Vogelmassen allesamt wieder da, als hätte ein Vernichtungsfeldzug gegen sie niemals stattgefunden. Selbst das gesammte Waffenarsenal modernster Kriegstechnik erweist sich als wirkungslos.

Dieses Wunder beruht auf der Vermehrungsstrategie der »Lemming-Vögel« und dabei weniger auf Massenfruchtbarkeit als vielmehr auf staunenswerter Präzision in der Zeitabstimmung des Brutverhaltens der Vögel mit Vorgängen in der Natur. Die Rotschnäbelchen verstehen es, so harmonisch im Einklang mit ihrer natürlichen Umwelt zu leben, daß sie daraus für uns kaum vorstellbare Vorteile ziehen. Zudem findet ihre Bevölkerungsexplosion nicht in den Kornkammern Afrikas statt, die erst später von den Vögeln heimgesucht werden, sondern in der nördlichen Buschkalahari. Alle Tierarten mit millionenfacher Massenvermehrung und nachfolgendem apokalyptischen Massentod wie Wüstenheuschrecken und Tundralemminge entstammen bezeichnenderweise kargen Regionen, in denen nur Überlebenskünstler besonderen Grades existieren können. Die Wüste als Lebensquell gigantischen Ausmaßes!

Zuerst lassen die Ereignisse noch keinerlei Gigantismus

ahnen. Nur kleine Hundertschaften von Männchen treffen am Brutplatz ein. Und zwar nicht etwa alljährlich auf den Kalendertag genau, sondern stets dann, wenn die sehr unregelmäßig auftretende Regenzeit in Kürze einsetzen wird. Forscher haben versucht, das nun beginnende Phänomen auf der Grundlage von Wettervorhersagen zu terminieren. Es war vergebens. Die Vöglein kennen sich da besser aus.

Jeder Weber beginnt, in Kameldornakazien oder Mopanebäumen aus zähen Grashalmen mit Seemannsknoten und in Schnabelstickarbeit ein hängendes Kugelnest zu weben. Immer neue Vogelscharen schwirren herbei. Wo die Pioniere siedeln, gesellen sich alle Nachfolgenden hinzu. Bald sind in rund 200 benachbarten Bäumen je etwa 5000 Baustellen, insgesamt eine Million Nester, in Betrieb. Kein Zweiglein bleibt unbewohnt. Mehr Vögel als Blätter hängen am Baum.

Zu Beginn sind nur die Männchen die Häuslebauer. Sie flechten eine am langen Faden baumelnde »Affenschaukel« als tragendes Gerüst. Sobald sie diese beendet haben, erscheinen die Weibchen. Sie setzen sich in die »Hollywoodschaukel« hinein und testen die Festigkeit. Schließlich müssen sie darin brüten, ohne in der Gondel samt ihrem Nachwuchs abzustürzen. Die Zahl der Kolonisatoren verdoppelt sich auf zwei Millionen. Eine Massenbalz dicht an dicht beginnt. Das tschilpt und zwitschert im Spatzenkonzert. Die Männchen ducken sich, lüften mitleidheischend den Flügel und piepsen wie kleine Küken, um die Weibchen närrisch zu machen. Viele sterben vor Liebeseifer an Herzversagen. Nachbarn stehlen Baumaterial, streiten um jeden Grashalm, zerfasern gegenseitig die Nester, bauen alles flink wieder auf.

Die Hochzeit findet noch auf der »Affenschaukel« statt. Exakt zwölf Stunden später liegt das erste Ei in der Wiege. Also hatte das Männchen nur zwölf Stunden Zeit, das »soziale Netz« zum Beutel zu flechten. Wird vorzeitig Hochzeit gehalten oder mit dem Bau gebummelt, fallen die Eier durch die Lücken nach unten, wo Zwergmungos schon aufs Omelett warten.

Unvermittelt wird aus dem Hexenkessel eine Oase der Ruhe. Drei bis fünf Eier liegen in jedem Nest. Für Vater und Mutter beginnt die Brutzeit. Schon nach zehn Tagen schlüpfen die Küken fast gleichzeitig aus den Eiern. In das Piepen der Millionen mischt sich milliardenfaches Insektensummen: Pünktlich stellt sich an den sich im ersten Regen entfaltenden Akazienblüten und Gräsern von selbst die »Babynahrung« ein. Die Eltern zermalmen die Insekten zu Brei und füttern damit ihre Kinder — präzises Timing des Brutzyklus mit der Ankunft der Nahrung! Pro Tag verarbeitet die Kolonie zirka 45 Millionen Insekten. Zudem bleibt das Gras in der Nähe für spätere Zwecke vor Insektenfraß geschützt. Und genau dann, wenn fast alle Insekten aufgefuttert sind, reifen die Grassamen: Babynahrung für Altersklasse zwei, abermals termingerecht von der Natur geliefert!

Täglich verputzen die Küken der Kolonie insgesamt 18 Tonnen Grassamen. Um sie zu ernten, fliegen die Eltern in kleinen Gruppen mehrere Kilometer weit. In der Nähe der Kolonie rühren sie in »hellseherischer Vorahnung« keinen Samen an. Hier heben sie ihn als Vorrat für die Kinder in etwas späterer Zeit auf!

Solch riesige zwitschernde Masse und von fern sichtbare, aufsteigende »Rauchfahnen« startender Schwärme locken zahlreiche Feinde magnetisch an: Kükenfleisch als Delikatesse. Marabus stelzen im oberen Gezweig umher und speeren mit langem Hals, was sie erwischen können. Gelbschnabelmilane greifen im Tiefflug an. Schildraben klauben vom Erdboden auf, was aus den Nestern gefallen ist. Ein Glück, daß die Babywiegen im »Stacheldrahtverhau« der Dornakazien liegen. Die Bewohner der Baumkronenmitte sind relativ sicher. Doch soviel die Feinde am Rand auch vernichten, es ist alles nichts gegenüber der schier unübersehbaren Vogelmasse.

Im Alter von zehn Tagen hüpfen die Küken aus den Nestern und hampeln, vor Hunger vibrierend, ihren Eltern auf den Zweigen entgegen. Doch eines Morgens scheinen sämtliche

Ernährer ihren Nachwuchs grausam zu vernachlässigen. Sie beachten die Bettelei ihrer Jungen nicht mehr. Statt dessen flattern sie mit Lockrufen auf den Erdboden. Futterheischend trudeln die Jungen vom Geäst zu ihren Eltern herab und finden dort... Massen von Grassamen! Eben jene, die ihre Eltern an den Vortagen dort aufgespart hatten!

32 Tage nach Nestbaubeginn rauscht es morgens durch die Kolonie. Aus zwei Millionen sind trotz aller Verluste fünf Millionen Vögel geworden. Sie starten wie auf Kommando als ungeheure »Wolke« zur mehrere hundert Kilometer weiten Reise in die Kornkammern der Menschen. Hier treffen sie wiederum genau zu der Zeit ein, in der das Getreide reift. Der »Tag der Heuschrecke« beginnt.

Die Kornfelder werden von den Blutschnabelwebern nur in Form einer gigantischen »Vogelwalze« überrollt: Die vorn Fliegenden landen im wogenden Getreide und stopfen in sich rein, was das Zeug hält. Die Nachfolgenden fliegen über sie in geringer Höhe hinweg, überholen sie, gehen auch nieder, werden ihrerseits ebenfalls überrollt. Ist das Ende des Schwarms eingetroffen, sind die ersten inzwischen satt, fliegen auf, überholen nach einigen Kilometern die anderen, die am Boden picken. Und so wälzt sich die Masse immer weiter vorwärts, eine breite Schneise der Vernichtung hinterlassend.

Die Beobachtung einer massenfutterfressenden Vogelwalze ist auch an anderen Orten der Erdkugel möglich, und zwar im verglichen mit Halbwüsten Südafrikas konträr extremen Lebensraum der Arktis. Während des Sommers brüten an den Küsten Alaskas und Ostsibiriens riesige Geschwader von Plüschkopf-Eiderenten. Dies sind 56 Zentimeter große Verwandte der nordeuropäischen Eiderente. Sie zeichnen sich dadurch aus, daß der Kopf der Erpel quittegrün und mit einem weißen Augenring versehen ist und beide Geschlechter durch besonders warme Daunen-»Thermounterwäsche« an große Kälte angepaßt sind. In einem dicken, molligen Federmuff ist der Plüschkopf eingehüllt und damit auch das

Gehirn bei Tauchgängen vor der Kälte des eisigen arktischen Wassers geschützt.

Noch vor kurzem glaubte man, daß diese Vögel mit Herbstbeginn spurlos verschwinden würden. Wo und wie sie den Winter verbrachten, wußte bis zum Jahr 1995 kein Mensch. Dann lieferte endlich eine »Wanze« mit Sender und Satellitentelemetrie die erforderlichen Daten. Forscher verfolgten daraufhin die Vogelscharen per Hubschrauber in eisigen Herbststürmen und entdeckten Atemberaubendes:

Mitten in der Packeiswüste des Beringmeeres, zwischen Alaska und dem Ostzipfel Sibiriens gelegen, stießen sie auf eine tennisplatzkleine Stelle offenen Wassers und darin übersprudelndes Leben von 5600 Eiderenten dicht an dicht! Über viele Wintermonate lang halten diese Vögel das Eisloch allein mit ihrer Körperwärme durch ständiges Baden im eisigen Wasser offen! Und das bei Temperaturen von minus 50 Grad Celsius, furchtbaren Schneestürmen und in finsterer Polarnacht.

Plötzlich lautes Knattern. Wie auf Kommando startet der Großschwarm, dreht zehn Minuten lang ein paar Runden und rauscht dann wieder in den Eissee hinein. Die vorderen Vögel tauchen ein paar Meter tief, schnappen nach kleinen Garnelen und Fischen. Dann werden sie von der Masse der Nachfolgenden überrollt und tauchen hinter der Nachhut wieder auf. So arbeitet sich eine gigantische Vogelwalze durchs Wasser. Nach ziemlich genau 20 Minuten haben die Enten alle Beutetiere in ihrem Polar-Swimmingpool aufgefuttert. Der Entenschwarm knattert erneut in die Luft. Garnelen und Fischlein, die ebenfalls lieber im offenen Wasser schwimmen statt unter dem Eis, strömen von allen Seiten wieder herbei und füllen den »Futtertrog« der Enten erneut. Der Salto mortale des Vogelschwarms dreht sich abermals. Eine einzigartige Überwinterungsmethode der nur in Polargebieten lebenden Vögel!

Überleben in der Dürre

Durch des Herren Weisheit
sind die Tiefen zerteilt
und die Wolken mit Tau
triefend gemacht.

(Sprüche 3, 20)

DER WÜRGEENGEL

Die Speisekarte liest sich wie das Inventarverzeichnis eines Gruselkabinetts: Klapperschlangen, Skorpione, Taranteln, giftige Raupen, Hundert- und Tausendfüßer, Wespennester, Ratten, Eidechsen und Heuschrecken – eben alles, was in der Wüste sein gespenstisches Unwesen treibt. Gourmet dieser schmackhaften Dinge ist ein kaum pfundleichtes, hühnchenkleines Vögelchen: der Rennkuckuck, aus Wildwestgeschichten und Zeichentrickfilmen auch als »Roadrunner« bekannt, also als »Straßenflitzer«.

Um ihn zu studieren, fahren wir vom ameisenhaften Autoquirl Los Angeles in wenigen Stunden Richtung Osten in eine der phantastischsten Mondlandschaften auf Erden, zum Joshua-Tree-Nationalpark. Die Bezeichnung »Joshua Tree« ist irreführend, denn bei dem Reservat handelt es sich nicht um eine Waldlandschaft mit einer bestimmten Baumart, sondern um eine lebensfeindliche Einöde, Teil der berüchtigten Mojavewüste, mit verwitterten Resten einstiger Gebirge, himmelwärts getürmten, rundgeschliffenen Felsen, die einer dichtgedrängten Herde gigantischer Superelefanten gleichen.

In einem Teil des Nationalparks wachsen neben den bizarren Joshua-»Bäumen«, die sich als bis zu drei Meter emporragende Yucca-Palmlilien entpuppen, die höchstens mannshohen Chollakakteen. Sie benutzt der Rennkuckuck neuesten Forschungen zufolge als Werkzeug und regelrechte Waffe, um Klapperschlangen zu töten, die erheblich größer sind als der kleine Wicht.

Zum Selbstschutz ist der Kaktus mit drei Zentimeter langen, kräftigen, nadelspitzen Dornen gespickt. Diese sitzen auch ringsum an den Ablegern, mausgroßen Sprossen am äußersten Ende jedes Stachelzweigs. Berührt man so ein »Igelchen« nur sanft mit der Hose, bleibt es hängen wie eine Klette. Am Fell etwa eines Kojoten natürlich auch. Einige Zeit später, wenn das Tier weitergewandert ist, trocknet das Stachelding ein, fällt von selbst ab und treibt im nächsten Regen Wurzeln. Ein wirkungsvolles Mittel des Chollakaktus, sich weit auszubreiten.

Dem Rennkuckuck dient es zu einem ganz anderen Zweck. Entdeckt er in aller Morgenfrühe eine an der Wüstenoberfläche schlafende Klapperschlange, pflückt er dutzendweise diese Stachelableger mit dem Schnabel und legt sie als geschlossenen Stacheldrahtzaun von sechs Zentimeter Höhe rings um das Opfer herum. Dann flattert er hoch – Virginia Douglas, Zoologin an der Universität von San Diego, kann es bezeugen –, bombardiert das Reptil mit mehreren Kakteenstückchen, weckt es dadurch auf und versetzt es in Panik. Die Schlange versucht zu fliehen und spießt sich selbst dabei am Zaun auf. Je mehr sie tobt, desto öfter wird sie durchbohrt. Der Tod tritt nach etwa einer halben Stunde ein. Der »Specksaal« ist zum Verzehr angerichtet. Einzigartig in der gesamten Tierwelt!

Dort, wo keine Chollakakteen wachsen, können die Fußgängervögel Klapperschlangen von bis zu einem Meter Länge auch in direktem Angriff erlegen. Allein oder Männchen und Weibchen gemeinsam, flattern sie hoch und scharren dem Kriechtier Sand in die Augen. Da diese nicht durch Lider geschützt sind, wird das Reptil in der Sicht behindert. Im rechten Moment stoßen die Vögel von oben zu, fangen die Gegenangriffe des Feindes mit den Flügeln als Schutzschilden so lange geschickt ab, bis ihnen ein Volltreffer in den Kopf gelungen ist. Anschließend verschlingen die kleinen Würgeengel die ganze, bis zu einem Meter lange Schlange in einem Stück! Sind sie doch einmal vom Giftzahn geritzt worden, fressen sie gleich darauf ein paar Blätter vom Huacokraut, also derselben Naturmedizin, die auch die Indios im mexikanischen Bundesstaat San Luis Potosi nach einem Schlangenbiß benutzen!

Gegen Skorpione geht der kleine Vogel ganz anders vor. Im Abstand von etwa zehn Metern spreizt er seinen Federschopf wie ein Kakadu, entblößt den rot-weißen Schläfenstreifen, streckt den Kopf am langen Hals waagerecht nach vorn, während der lange, dünne Schwanz wie ein Scheibenwischer hin und her pendelt, und flitzt wie ein Indianerpfeil blitzartig nach vorn, wobei er ein Tempo von bis zu 60 Stundenkilometern erreicht. Er ist also doppelt so schnell wie ein Olympiasieger im Hundertmeterlauf. Aus vollem Lauf schnappt er nach dem Giftstachelschwanz des kurzsichtigen Skorpions, reißt ihn mit einem Ruck ab und verspeist dann seine »Hummer«-Mahlzeit mit Wohlbehagen.

Sieht er eine Tarantel im Erdloch verschwinden, pflückt er mit dem Schnabel dürre Grashalme, bündelt sie zu einem Büschel und streicht mit diesem Reizinstrument der Giftspinne über den Kopf wie mit einem Pinsel und hüpft gleich 25 Zentimeter zur Seite. Die Tarantel hüpft heraus... ins Leere. Und schon hat ihr der Rennkuckuck blitzschnell ein Bein amputiert. Oft kommt dann noch sein Weibchen herbei und kneift von hinten das zweite Bein ab, während er das Opfer von vorn ablenkt. So geht das weiter, bis der Tarantel alle acht Beine abmontiert worden sind und sie völlig wehrlos am Boden liegt. Beide Vögel teilen sich dann die Beute.

Bei einem anderen Beutetier zeigt der Renner, daß er den Namen »Kuckuck« zu Recht trägt. Wie alle Kuckucke frißt er gern Raupen, von denen in den Wüsten des amerikanischen Westens überwiegend jene des Prozessionsspinners leben. Diese tragen jedoch einen dicken Pelz giftiger Haare, die bei Berührung die unangenehme Wirkung von Brennesseln haben. Alle anderen Vögel schrecken davor zurück. Der Straßenflitzer kennt jedoch spezielle »Tischmanieren« angesichts dieser Speise. Er faßt den Raupenkopf mit der äußersten

Schnabelspitze und saugt das Tier ganz langsam wie Spaghetti in den Rachen. Dabei scheren die rasiermesserscharfen Schnabelkanten die Haare der Raupe sukzessive ab, als wäre sie ein Schaf.

Die giftbissigen Hundertfüßer (die höchstens 52 Füße besitzen) und die Gift ausdünstenden Tausendfüßer (die höchstens 500 Füße haben) verschwinden ohne Aufhebens wie dicke Nudeln im Vogelschlund.

Im Umland amerikanischer Ortschaften in Kalifornien, Arizona, Nevada, New Mexico und Texas ist der Roadrunner neuerdings zu einer originellen Plage geworden. Auf Golfplätzen verbirgt er sich im Busch. Wird dann ein Ball über mehrere hundert Meter abgeschlagen, flitzt der Vogel wie ein geölter Blitz hinterher, erwischt die Kugel, kurz nachdem sie wieder den Rasen berührt hat, und verschluckt sie im Nu. Daran eingegangen ist noch keiner. Ob der Ball mit dem »Gewölle« wieder ausgeschieden wird, darüber schweigen sich die Golfclubs leider aus.

So zahlreich die Beutetiere, so groß auch die Menge der Feinde. Rotluchs und Katzenfrett sind hinter dem Vöglein her wie der Teufel hinter der lieben Seele. Verwilderte Hauskatzen versuchen ebenfalls ihr Glück, jedoch vergebens. Denn der Vogel kehrt sogleich den Spieß um. Im Zickzackspurt mit 49,1 Stundenkilometern sieht jeder Dachhase sehr alt aus. Der Vogel gleicht dann einem »Pfeil mit Federn«. Ein Schritt greift bis zu 65 Zentimeter Raum. Bei 21 solchen Trippelschritten pro Sekunde (!) erreicht er ein Höchsttempo von 100 Metern in 7,3 Sekunden. Das ist erheblich schneller, als jeder Olympiasieger spurten kann. Gibt es dennoch einen kritischen Moment, so tut der Fußgängervogel etwas, das er sonst unterläßt: Er fliegt, wenngleich nur ein paar Meter auf den nächsten Kaktus oder Baum. Meist aber setzt sich der Verfolgte mit unnachahmlicher Kurventechnik gleich hinter den Verfolger und hackt ihn in ein gewisses Löchlein. Das wirkt im eigentlichen Sinne des Wortes durchschlagend.

Bedrohlicher wird es, wenn ein Rotschwanzbussard oder

ein Steinadler am Himmel kreist. Dann heißt es, so schnell wie möglich unter einem Dornbusch zu verschwinden. Einmal sah ich, wie ein Schwarzflügel-Gleitaar angriff. Der Sturzflug in den Busch wäre ihm schlecht bekommen. So landete er neben ihm und wollte per pedes eindringen. Doch das war sein Fehler. Als Fußgänger war der viel kleinere Rennkuckuck dem großen Greif haushoch überlegen. Sogleich flitzte er wieder hervor und malträtierte den Räuber »von allen Seiten gleichzeitig« mit Schnabelhieben. Nur mit Mühe konnte sich der Gleitaar wieder in die Lüfte retten.

Um so erstaunlicher ist das Verhältnis der Roadrunner zu den kleineren Schopfwachteln, so genannt nach einem kessen Federbusch auf dem Kopf, der wie bei einem Hotelportier schwankend nach vorn im Bogen überhängt. Beide können zwar fliegen, verlassen sich aber lieber auf ihre Füße. Beide bewohnen dasselbe Wüstengebiet. Mit Leichtigkeit könnte der Straßenflitzer den kleinen Mitbewohner töten, seine Eier und Küken gar verschlingen. Aber er tut es seltsamerweise nicht. Hier ist er ein Engel ohne alle Würgeeigenschaften.

Allerdings gibt es auch keine Interessenüberschneidungen. Der eine ist ein unersättlicher Fleischfresser, der andere ein reiner Vegetarier. Oft fliehen beide vor einem Greif unter denselben Dornbusch. Mitunter piepsen dann zehn oder mehr Wachtelküken dem großen Piraten vor dem Schnabel herum. Aber er denkt nicht daran, eines zu verschlucken. Auch trinken beide gelegentlich am selben Wasserquell, etwa einem tropfenden Wasserhahn bei der Rangerstation des Joshua-Tree-Nationalparks in Nähe der Ortschaft Twentynine Palms.

Freundschaft kann man das Verhältnis nicht nennen, eher einen Nichtangriffspakt zum Vermeiden von Streit. Was nicht immer ganz gelingt. Werden die Wachtelküken dem Kuckuck zu keß, jagt er sie ein paar Meter vor sich her. Niemals aber krümmt er ihnen eine Feder! Umgekehrt attackieren auch Wachteln den größeren Vogel, wenn er ihnen zu dicht auf die Pelle rückt. Dann verlangen es die Spielregeln, daß der Stärkere Reißaus nimmt, ohne sich zur Wehr zu setzen.

Die Beziehung des Roadrunners zum Menschen ist von seiten des Tieres von äußerster Vorsicht geprägt. Zu oft wurde er von Jägern geschossen. Durch beharrliches Füttern kann man den Vogel aber zum guten Freund machen. Bei Twentynine Palms lebt ein alter Farmer im Ruhestand. Er frühstückt ausgiebig im Bett, das hernach voller Krümel ist. Dann öffnet er das Fenster, und herein flattert »sein« Rennkuckuck, um alle Essensreste über und unter der Bettdecke zu beseitigen. Allerdings muß der Farmer seine Mahlzeit täglich exakt zur selben Minute beenden. Denn der Vogel weicht nie von seinem monotonen Tagesfahrplan ab. Alltäglich läuft er beutesuchend auf stets den gleichen Wegen sein Revier ab – auf ein bis zwei Minuten genau. Man kann seine Uhr danach stellen!

So unersättlich das Vöglein ist, so sparsam geht es als Wüstenbewohner mit seiner Energie um. Die Nächte können sehr kühl sein. Um dann den inneren Ofen seines Körpers nicht unnötig aufzuheizen, sinkt seine Temperatur während der Nachtruhe auf einem Joshua-»Baum« von normal 37 auf nur noch 30 Grad Celsius. Bei Sonnenaufgang, wenn er erwacht, ist er ganz steifgefroren, wie alle Eidechsen und Schlangen auch. Könnte er diese klammen Gestalten jetzt überraschen, wäre das für ihn von großem Vorteil. Doch hindert ihn daran nicht die eigene Unbeweglichkeit?

Um dieses Problem zu meistern, holt der Wundervogel ein weiteres As aus seinem »Ärmel«. Er, und nicht der Mensch, ist nämlich der »Erfinder« der Solarzellen. Seine rosafarbene Haut besitzt auf dem Rücken schwarze, federlose Flächen. Lüftet er die Flügel an, kommt diese Energiegewinnungsanlage zum Vorschein und absorbiert die Sonnenwärme. Der Vogel stellt sich dann mit dem Rücken genau in die Strahlen der aufgehenden Sonne. Binnen 20 Minuten und eher als Feind oder Beute ist der Rennkuckuck zu Rennhöchstleistungen bereit.

Wird der »Straßenflitzer« eigentlich seinem Ruf als Kukkuck gerecht? Nicht ganz. Er ist kein sogenannter Brutschmarotzer wie der europäische Kuckuck, obwohl er zur selben zoologischen Familie gehört. Männchen und Weibchen ziehen ihre bis zu sechs Jungen selbst auf. Aber mitunter gibt es Situationen, die eine Ahnung dessen vermitteln, wie das Unterjubeln der eigenen Eier bei fremden Weibchen einst entstanden sein könnte.

Manchmal liegen nämlich statt der bei diesen Vögeln üblichen sechs Eier deren zwölf in einem durch einen Kakteenstachelverhau gesicherten Nest. Dann betreibt der »Herr« Bigamie. Während sich im Fall der Einehe die Mutter die Arbeit des Brütens mit dem Männchen teilt, will jede »Konkubine« ihre Eier von den beiden anderen ausbrüten lassen und macht sich aus dem Staube. Das bedeutet, daß nun beide »Damen« durch Abwesenheit glänzen. So bleibt die Arbeit für das Doppelgehege allein am Männchen hängen.

Vielleicht ist dies der Anfang zum Brutschmarotzertum unter den Kuckucksvögeln.

Alles in allem bietet uns der »Straßenflitzer« das Bild geradezu virtuosen Meisterns der lebensfeindlichen Wüstenlandschaft. In Jahrhunderttausenden hat er seine Fähigkeiten zur Perfektion entwickelt. Recht übel sind jedoch jene Tiere dran, die gleichsam als Neulinge in der Wüste leben müssen: etwa die Bärenpaviane, die aus angenehmeren Regionen in die Todeszonen abgedrängt wurden.

DIE MISERABLEN

Unerträglich heiß brennt die Sonne auf die Namibwüste Südwestafrikas hinab. Eine Horde von zwölf Bärenpavianen klettert die Steilwand des 40 Meter tiefen Kuiseb-Canyons hinab, um unter dachartig überragenden Felsen etwas Schatten zu suchen und in einem Kolk das letzte vorhandene Wasser im weiten Umkreis zu trinken.

Der Kuiseb gehört zu jenen seltsamen Flüssen Namibias, die im Jahr – wenn überhaupt – nur an ein, zwei Tagen Wasser führen und in der übrigen langen Zeit lediglich ein knüppeltrockenes Bett präsentieren. Sie werden in diesem Land »Rivier« genannt, wie man sie im wüstenreichen Westen Nordamerikas als »Creek« und in der Sahara als »Wadi« bezeichnet.

Plötzlich springen Hunderte von Fröschen aus kleinen, noch etwas Wasser enthaltenden Kolken tief im Inneren der Felsspalten im unteren Teil der Schlucht heraus und kraxeln in Panik felsauf in die Dürre und Sonnenglut hinein. Es sind acht Zentimeter lange Graue Baumfrösche, die hier das Leben auf Bäumen mit jenem in der Felswüste vertauscht haben und mit verblüffenden Tricks ihre Existenz sichern, zum Beispiel mit diesem: Kurz bevor das Weibchen den Eiablagedruck verspürt, scheidet es eine zähe Flüssigkeit aus und schlägt sie mit den langen Hinterbeinen zu Schaum. Der Vater hilft als Schaumschläger dabei. Dann legt es seine etwa 20 Eier hinein. Der Schaum erhärtet zum Schaumstoff und bewahrt das Gelege vor tödlichem Ausdörren.

Wird es dennoch zu trocken, so steigt die Froschmutter in die tiefste Zisterne, legt sich auf die Wasseroberfläche, »trinkt« die labende Flüssigkeit durch die Bauchhaut, was mit Hilfe osmotischen Druckes gelingt, und befeuchtet damit das Gelege. Wenn die Kaulquappen schlüpfen, dringt auch eine chemische Substanz aus den Eiern, die den Schaum verflüssigt. Die Kinderchen fallen heraus und glitschen in die Zisterne.

Die übrige Haut des Zauberfröschleins ist vor allem auf dem Rücken, dem Kopf und den Gliedmaßen so beschaffen, daß sie ein Uhrenhersteller unbedenklich als »waterproof« anpreisen könnte. Spezialzellen sorgen mit einer Wassersparschaltung dafür, daß nicht ein einziges Tröpfchen durch die Haut verdunstet.

Doch zur Überlebenskunst der Lurche gehört noch viel mehr. Warum werden sie ohne ersichtlichen Grund plötzlich von Panik erfaßt, verlassen ihre Feuchtigkeitsoasen in tiefen Felsspalten und klettern bergan? Dabei reißen die Zwerge auch die Paviane mit. Alle stürmen in wilder Flucht nach oben. Was hat das zu bedeuten?

Kaum haben die Affen die Oberkante des Canyons erreicht, ertönt unter wolkenlosem, stahlblauem Himmel ein Donnern und Brausen. Eine sieben Meter hohe Wasserwand tost das eben noch trockene Flußbett herab, reißt Felsen, Bäume, Antilopenleiber mit, strudelt höher und höher. »Das Rivier kommt ab«, sagt man in Namibia. Etwa 100 Kilometer weiter war am Gamsberg und im Hochland um Windhoek ein sintflutartiger Regen niedergegangen. Die hartgebrannte Erdoberfläche nimmt kaum Wasser auf. Es fließt rasant ab, sammelt sich schnell zu reißenden Bächen, schwillt zum Strom an und ersäuft in seinem Lauf alles, was sich nicht rechtzeitig retten kann. In der Namib ertrinken mehr Tiere (und auch Menschen, wenn sie im Rivierbett kampieren) als verdursten, so paradox das auch klingen mag.

Das lebenspendende Wasser mit seiner zerstörerischen Kraft vermag noch mehr. Einerseits hat es das Flußbett im Laufe von einigen hundert Millionen Jahren tief in das Gestein der Urwüste, die seit Bestehen unseres Planeten nie etwas anderes als Wüste war, eingeschnitten, obwohl es nur wenige Tage pro Jahr fließt. Andererseits schwemmte es die ungeheuren Sandmassen, die südliche Winde aus der Sanddünenwüste nach Norden treiben, sobald sie ins Flußbett rieseln, in Richtung Atlantik. Allerdings versperrt sich der 440 Kilometer lange Fluß durch die Sandablagerungen selbst den Weg zum Meer. Er versickert unter den Sicheldünen. Nur selten kann er die Barriere durchbrechen. Seit dem Jahr 1800 ist ihm das Ganze fünfzehnmal gelungen. Deshalb erstreckt sich die Sandwüste ausschließlich südlich des Kuiseb, während nördlich davon das Steinplateau der Kies- und Geröllwüste dominiert.

Doch zurück zu unseren Fröschlein. Wie sie das Nahen der großen Flutwelle, in der sie alle untergehen würden, spüren, weiß noch niemand zu sagen. Besäßen sie diese hellseherisch anmutende Fähigkeit nicht, wären sie in diesem lebensfeindlichen Gebiet schon längst ausgestorben. Ihre Flucht richtig zu deuten, gehört jedoch zur Überlebenskunst der Bärenpaviane in der Namib.

In dieser trockensten Wüste der Welt fallen im Jahresschnitt auf den Quadratmeter nur 27 Millimeter Regen. Eine monatelange Dürre wird für die Affen zum existentiellen Problem. In ihrem Hordenrevier, einem 30 Kilometer langen Canyonabschnitt des Kuiseb, kennen sie jedes Sickerwasser führende Felsloch. Auch folgen sie wassersuchenden Oryxantilopen und Bergzebras und profitieren von deren Scharrlöchern. Erquickende Früchte wie wilde Feigen, Gemsbockgurken und Beeren trocknen ebenfalls bald aus. Dann schälen die Affen die Rinde der Albidaakazien, kauen sie durch, saugen den Fruchtsaft heraus und spucken den Rest wieder aus.

Wenn die Not noch größer wird, verzichten die »Miserablen der Wüste« ganz darauf, ihren Durst zu löschen. In Feuchtgebieten trinken Paviane jeden zweiten Tag. Die Namibbewohner halten aber 26 Tage ohne Wasser durch; einmal gelang ihnen das, wie ihr Erforscher Conrad Brain, Zoologe an der Witwater-Universität von Johannesburg, nachgewiesen hat, sogar 116 Tage lang.

Dann finden sie Kühlung in tieferen Sandlagen. Sie fegen die obere sonnendurchglühte Schicht zur Seite, graben sich in kühlere Tiefen vor und werfen das dort ausgebuddelte Material über sich. Eine solche Sanddusche verringert die Hauttemperatur, wie Forscher nachgemessen haben, um fünf bis sieben Grad. Beim geringsten Lufthauch halten sie ihren unbehaarten Körperteil, den Popo, in den Wind. Während der heißesten Tage dehnen sie die Siesta auf sechs bis acht Stunden aus. Bei Schattentemperaturen um 45 Grad gibt es kein Lausen mehr, kein Kinderspiel, keinen Streit der Machomänner, keinen Sex, nur Nahrungssuche in der Morgen- und Abenddämmerung.

Der Wassermangel wirkt sich zunehmend auf ihr ganzes Leben aus: auf ihr gesamtes Sozial- und Sexualverhalten, den Rhythmus der Tagesaktivitäten, die Länge des Reproduktionszyklus, die Kindersterblichkeit sowie die Zulassung fremder Männchen zur von den Weibchen regierten Horde. Je magerer die Zeiten, desto weniger männliche Tiere erhalten eine Chance zur Fortpflanzung.

Doch sogar auch die Schattensuche unter dürren Bäumchen kann tödliche Folgen haben. Zecken hageln dann auf die vielgeplagten Affen herab. Bis zu 400 dieser Blutsauger zählte der Forscher auf einem erwachsenen Tier, 70 auf einem erst eine Woche alten Baby. Die Plagegeister setzen sich mit Vorliebe auf den Lippen der Paviane fest, wo sie stark schmerzen, oder an den Zitzen der Mütter. Das Baby kann dann kaum noch Milch nuckeln. Seine vergeblichen Versuche werden für die Mutter zur Qual.

Zwar sind Affen perfekt in der Kunst des gegenseitigen Lausens, also im Entfernen von Flöhen, Läusen und anderem Ungeziefer aus dem Fell des Kraulpartners. Aber blutsaugende Zecken krallen sich, im Fleisch tief eingegraben, so fest, daß die Bärenpaviane gegen sie machtlos sind.

In sechs Jahren beobachtete der Forscher Brain neun Fälle, in denen ein Baby durch Einwirkung von Zecken starb. Die Folgen eines Kindverlustes sind noch schlimmer als dieser selbst. Einmal hatte eine ranghohe Pavianin ihr Kind auf diese Weise verloren. Sie trauerte einige Wochen. Ihre Milchproduktion versiegte. Doch dann wuchs ihre Sehnsucht nach einem Kind ins Übermächtige. Sie raubte das Baby einer rangniederen Hordenkumpanin, versuchte es liebevoll zu bemuttern, konnte es aber nicht säugen. So starb das Kind nach wenigen Tagen. Daraufhin kidnappte sie in krankhaft übersteigerter Affenliebe nacheinander noch vier weitere Babys. Alle waren binnen kurzem des Todes.

Dieser kleinen Horde von Namib-Bärenpavianen ist es zwar gelungen, sich den Bedingungen der Wüste perfekt anzupassen. Aber die unglückselige Kombination von Zecken

und Kinderraub kann die »Miserablen« an den Rand des
Aussterbens bringen. Was uns dabei erstaunt, ist die Tatsache, daß diese Affen, deren Naturell eigentlich gar nicht auf
das Dasein in der Wüste zugeschnitten ist, es trotzdem fertigbringen, sich hier ihr Lebensrecht aktiv und mit einer Lei-
densfähigkeit ohnegleichen zu erobern.

Die Wüste lebt

Wir sind in der südwestafrikanischen Namib, einer der lebensfeindlichsten Wüsten der Welt, unterwegs. Beim Sos-
susvlei mahlt sich unser Jeep durch den tiefen Sand im Ozean
der höchsten Dünen der Welt. Doch auch diese Wüste lebt.
Mutterseelenallein trabt eine Oryxantilope durch die Einöde.
Auf 60 Kilometer nach allen Seiten kein einziges Wasserloch.
Muß sie elend verdursten?

Zum Glück nein, denn die Natur hat es auf wunderbare
Weise so eingerichtet, daß diese Antilopen imstande sind,
Hitzeperioden von bis zu 52 Grad mehrere Monate lang ohne
zu trinken zu überleben. Hier können wir schon fragen: Wie
bringen sie diese Leistung, zu der wir Menschen nicht annä-
hernd imstande sind, zuwege?

Eigentlich brauchen alle Lebewesen in heißer Sonnenglut
Kühlung. Zunächst verschaffen sie sich diese, wie auch der
Mensch, durch Schwitzen und die dadurch entstehende Ver-
dunstungskälte auf der Haut. Dabei geht jedoch viel wertvol-
les Wasser verloren. Das können sich die wüstenbewohnen-
den Antilopen nicht leisten. Sobald bei ihnen der Wassernot-
stand ausbricht, hören sie deshalb auf zu schwitzen. Folglich
bekommen sie sogleich »Fieber«, und zwar bis zu 44 Grad.
Ein Mensch wäre dann schon längst tot, weil das Hirn versagt
und der Kreislauf kollabiert.

Nicht so bei der Oryx. Sie besitzt einen »Kühlschrank« im

Hals, der für einen kühlen Kopf sorgt. Die Antilope hechelt bei offenem Maul Luft in die Nasenhöhle. Dort entsteht Verdunstungskühle. In einem »Wundernetz« feiner Adern, wie die Physiologen es nennen, überträgt sich die Kälte nach dem Gegenstromprinzip auf das zum Gehirn fließende Heißblut und kühlt es auf 39 Grad ab, während sich der übrige Körper zum Glutofen erhitzt. Die beim Hecheln entstehende Atemfeuchtigkeit wird, das ist der Hauptwitz bei der Sache, nicht ausgeatmet, sondern schlägt sich als Kondenswasser in der Luftröhre nieder. Dort wird das Naß aufgefangen und im Rachen wieder zu Trinkwasser umgewandelt.

Interessanterweise haben andere Wüstenbewohner die gleiche »Erfindung« gemacht: die Springböcke in der Namib und der Kalahari, die Mendesantilopen sowie die Dünen-, Dorkas- und Damagazellen in der Sahara und auch die Sömmeringgazelle in Somalia. Bei allen wird nur das Gehirn gekühlt, während sich der übrige Körper übermäßig aufheizt.

Nicht minder erstaunlich ist die Kunst des Dromedars, Wasser zu sparen. Ein Mensch braucht beim Ritt durch die Sahara täglich sechs bis neun Liter Wasser, also die Menge, die er durchs Schwitzen verliert. Kann er die Flüssigkeitsmenge nicht »nachtanken«, verdurstet er innerhalb kurzer Zeit. Um dem vorzubeugen, sorgt das Dromedar auf dreierlei Weise vor:

1. Durch Kot, der keine Feuchtigkeit enthält und daher hart wie Marmor ist.
2. Durch den Verzicht aufs Urinieren. Dieses Abfallprodukt wird in inneren Organen wieder in seine kleinen Bausteine, die Aminosäuren, zerlegt, als Giftstoff unschädlich gemacht und erneut zu Nährstoffen veredelt, also recycelt und dem Organismus abermals zugeführt. Wüstenbewohner müssen mit allen lebensnotwendigen Ressourcen stets äußerst sparsam umgehen. Sie beherzigen schon seit Urzeiten, was wir Menschen gegenwärtig erst mühsam lernen müssen.

3. Durch einen 120-Liter-Wassertank im Leib. Sein legendärer Wasserspeicher liegt jedoch weder im Höcker noch im Magen, wie es in phantasievollen Berichten immer wieder beschrieben wird. Wer sich in der Wüste vor dem Verdursten retten will, indem er ein totes Dromedar nach Wasservorräten durchsucht, wird stets eine tödlich herbe Enttäuschung erleben. Denn das Wüstenschiff speichert das Wasser nicht in einem Bottich, sondern in Milliarden winziger »Tanks«: nämlich in den mikroskopisch kleinen Zellen des ganzen Körpers, vor allem in den roten Blutkörperchen. Diese dehnen sich während des Trinkens auf das 240fache aus und stellen ein einzigartiges Wasserreservoir dar. Dies erklärt, weshalb ein durstiges Kamel immer mager, klapprig und dürr aussieht, sich aber schon während des Trinkens an einem Wasserloch innerhalb von zehn Minuten zu fülligen Formen rundet.

Ganz andere Patentrezepte wurden von den Erdhörnchen der südafrikanischen Kalaharihalbwüste entwickelt. Sie sind die Erfinder des Sonnenschirms. Damit können sich die Kapborstenhörnchen, wie ihre genaue Bezeichnung lautet, den Luxus leisten, morgens lange zu schlafen. Erst zwei Stunden nach Sonnenaufgang kommen die Verwandten unseres Eichhörnchens aus ihrem Erdbau und knabbern eine Stunde lang unbekümmert dürre Pflanzen und Samenkörner. Doch dann wird es so heiß, daß der kleine Körper durch Hitzschlag zum Tode verdammt wäre, wenn er nicht schnell seinen langen, schlanken Schwanz zur Flaschenbürste sträuben, ihn wie einen Sonnenschirm über seinen Rücken halten und diesen stets der Sonne zukehren würde.

Ich konnte diesen niedlichen Tierchen vom Geländewagen aus nächster Nähe stundenlang zuschauen. Man kann jedoch nicht sagen, sie wären zutraulich. Denn sie wissen genau, daß sie im Ernstfall blitzschnell in ihr Erdlöchlein sausen können.

Gegen Mittag wird es noch heißer. Der Schirm allein schützt dann nicht mehr ausreichend. Der Wüstenboden erhitzt sich auf 50 Grad. Trotzdem darf der Morgenmuffel die Nahrungssuche nicht unterbrechen, wenn er nicht Hunger leiden will. Deshalb wendet er jetzt die »Flitz-Technik« an – schon deshalb, weil der fast glühendheiße Wüstenboden an den Füßen trotz dicker Ledersohlen wie Feuer brennt. Wie der Blitz schießt das Hörnchen samt Sonnenschirm aus dem Schatten des Erdbaus zu einer bis zu 50 Meter weit entfernten Pflanze, rupft sie samt Wurzeln mit einem Haps heraus und saust mit ihr gleich wieder in den Bau. So geht das vier Stunden lang, bis der muntere Kobold am Nachmittag wieder nur die gemächlichere Sonnenschirmmethode anwenden und in der Abenddämmerung, gut gesättigt, in seinem Bau schlafen gehen kann.

Einen regelrechten Kühlschrank baut der Weißbürzel-Steinschmätzer in den Stein- und Geröllwüsten sowie im Hoggar- und Tibestigebirge der zentralen Sahara für seine Nestlinge. Damit sein Gelege in praller Wüstensonne nicht zu hartgekochten Frühstückseiern gesotten wird, plaziert er das Nest unter überhängenden, schattenspendenden Felsen. Dann errichtet der sperlingskleine Vogel zunächst in mehrere Wochen langer Arbeit ein 20 Zentimeter dickes, einige Kilogramm schweres Fundament aus kleinen, porösen Steinchen. Vor Beginn des Morgengrauens schlägt sich der in der Nacht angesammelte Tau nieder und wird von den Steinen wie von Schwämmen aufgesaugt. Wenn kurz darauf die Sonne aufgeht, verdunstet das Wasser und erzeugt den ganzen Tag über für die drei bis fünf Eier angenehme Brutkühle.

Meist ist allein das rabenschwarze Weibchen der Baumeister. Das ebenso gefärbte Männchen, das jedoch eine schneeweiße Kappe trägt, dient nur als Bodyguard, leidet aber keineswegs an Unterbeschäftigung. Die Brutphase liegt nämlich genau in der Zeit, da etliche Millionen Zugvögel die Sahara in Richtung Europa überqueren und Rastplätze suchen, an denen sie auch Insektennahrung finden. Gegen sie verteidigt das Männchen seinen Lebensraum vehement. Um den zeitaufwendigen Bau des Kühlaggregats zu vereinfachen, benutzen die in lebenslanger Einehe verbundenen Vögel im nächsten Jahr wieder ihren alten Nistplatz.

Vater Senegal-Flughuhn hat eine andere Erfindung vorzuweisen. Aus Gründen der Sicherheit vor Raubtieren baut der etwa taubengroße Vogel sein Nest 20 bis 30 Kilometer weit vom nächsten Wasserloch entfernt. Im Morgengrauen verläßt er Weib und Küken und fliegt im Eiltempo diese weite Strecke zur Tränke. Dort spreizt er die Deckfedern seiner Brust wie die Abdeckung eines Flugzeugfahrgestells zur Seite. Ein dickes Polster schwammartiger Daunenfedern tritt hervor. Diese taucht der Vogel bäuchlings ins Wasser, bis sie sich klitschnaß vollgesogen haben. Dann schließt er die »Deckel« wieder und stürmt als fliegender Schwamm mit 80 Stundenkilometern zu seinen Küken. Kaum ist er gelandet, drängen sich die Kleinen unter ihren Vater und trinken das Wasser wie Säugetierkinder die Milch aus der Mutterbrust. Einzigartig in der gesamten Vogelwelt!

Für das kostbare Naß müssen andere Tiere noch schwerer schuften. Zwei Arten der in Namibia lebenden Schwarzkäfer, entfernte Verwandte des Maikäfers, bauen regelrechte Wasserwerke in den Wüstensand. Im Frühtau krabbelt das Tier auf den Grat einer Wanderdüne und furcht als lebender Pflug einen Wallgraben quer zur Windrichtung. Der vom Atlantik, vom kalten Benguelastrom herüberwabernde Nebel schlägt sich an dieser Hürde nieder und befeuchtet den Sand. Kurz vor Sonnenaufgang ebnen die kleinen Erdarbeiter ihre Bauwerke wieder ein und entziehen dabei dem Sand das Wasser auf osmotischem Wege durch die Haut des Bauches.

Andere zur Gattung des Schwarzkäfers (Tenebrioniden) gehörende Verwandte haben sich auch die Sandmeere der Namib als Lebensraum ausgesucht und ernähren sich dort von Pflanzenresten, die der Wind hierher verweht. Um zu trinken, hocken sie sich auf dem Grat der Wanderdünen nieder, halten den Vorderleib gegen den Wind nach unten geneigt und bocken das Hinterteil hoch. Dann schlagen sich nächtliche Nebelschwaden auf ihren Deckflügeln nieder und bilden auf dem Rücken Tautropfen, die nach vorn unten geradewegs ins tiefgehaltene Maul hineinrinnen. Es ist das gleiche Prinzip, das wir auch von vielen Wüstenpflanzen kennen: Ihnen wachsen Stacheln, Dornen oder Haare eigens zu dem Zweck, daß sich der allmorgendliche Nebel darin verfängt und zu Wassertropfen kondensiert, die dann durch Poren ins Innere der Pflanzen sickern.

Weitere Eigentümlichkeiten im Körperbau perfektionieren die Anpassung der Krabbeltiere an das Wüstenklima zusätzlich: Die Flügel dienen nicht mehr zum Fliegen. Sie bilden vielmehr eine Klimakammer mit Luftbefeuchter für den weichen Hinterleib, indem sie unter sich einen zwei Millimeter großen, nach außen nahezu fest abgeschlossenen Luftraum lassen. In diesem schlägt sich die Atmungsfeuchtigkeit nieder und sorgt dafür, daß der Körper selbst in größter Hitze nicht austrocknet. Sogar die Atemlöcher des Insekts, die sogenannten Tracheen, führen nicht, wie üblich, in die Außenluft, sondern in diesen Feuchtraum!

Geradezu mysteriös mutet ein anderes Phänomen an. Als ich mit einem Kleinflugzeug in etwa 100 Meter Höhe über die Namib flog, wurden mitten auf dem vegetationslosen Wüstenboden grüne Kreise sichtbar. Jeder hat einen Durchmesser von etwa 30 Metern, und sie liegen im Abstand von 50 bis 100 Metern zu Hunderten nebeneinander. Fährt man mit dem Wagen an sie heran, bemerkt man, daß sie tatsächlich kleine Oasen mit Pflanzenwuchs sind. Von wem wurden sie angelegt? In Namibia werden sie »Fairy rings«, »Elfenringe«, genannt und im Westen der Kapprovinz »Heuweltjies«. Nach vielen Jahren der Dürre verschwinden sie, doch wenn es geregnet hat, treten sie wie von Geisterhand herbeigezaubert wieder in Erscheinung. Phantasiebegabte Zeitgenossen halten sie für UFO-Landeplätze. Anthropologen vermuteten, es handle sich um mit Tabu belegte Ritualplätze der Buschmänner.

1993 fanden Forscher heraus: Ja, die Urheber der Ringe sind kleine, grüne Männchen. Aber sie stammen nicht von fernen Galaxien, sondern von unserem Planeten: Es sind Erntetermiten der Arten *Hodotermes mossambicus, Psammotermes allocerus* und *Baucaliotermes hainsei*. Diese Grassamenfresser kultivieren öden Wüstenboden zu fruchtbaren, kreisrunden Oasen von je etwa 3000 Quadratmeter Größe.

Wasser holen sie aus 40 Meter tiefen, selbstgegrabenen Grundwasserbrunnen. Mit eigenem Mist und Kompost düngen die nur sechs Millimeter kleinen Landwirte ihren Rasen. Langsam wird ihr Wüstenschrebergarten immer fruchtbarer. Von 100 000 fleißigen Arbeitern durchgeackert, bekommt der Boden ein besseres Haltevermögen für Feuchtigkeit. Gräser sprießen und ernähren die Kolonie. Die Bevölkerung vermehrt sich, bis ein Teil des kleinen Krabbelvolkes als geflügelte, fortpflanzungsfähige Wesen auswandert und irgendwo in ferneren Regionen eine neue Kolonie gründet. Das nötige Saatgut nehmen sie beim Umzug mit.

Andere Nutznießer siedeln sich im Neuland an. Maulwurfsratten nisten sich ein. Springböcke, Oryxantilopen, verwilderte Ziegen grasen hier. In der Wüste ist ein kleines Wunder geschehen.

DIE HEXE WACKELZAHN

Die Löwen hatten die ganze Nacht gebrüllt. Ihre Notzeit war angebrochen, weil die großen Gnu- und Zebraherden aus der Serengeti weit nach Norden gewandert waren. Die volle Wucht der Löwenangriffe mußten nun kleine Herden anderer Huftiere über sich ergehen lassen, die in ihrem relativ kleinen Streifgebiet seßhaft bleiben und nicht auf die mehrere hundert Kilometer weite Reise gehen: die scheuen, flinken und schwer zu erbeutenden Impalas sowie einige andere Kleinantilopenarten.

Um dem Gefressenwerden durch die ebenfalls ortstreuen Löwenfamilien zu entfliehen, nahmen die Impalas einen geringfügigen Ortswechsel vor, nur über ein, zwei Dutzend Kilometer. Was soll das nützen? Impalas kennen in der Steppe Gebiete mit Riesenschwärmen von Tsetse- oder Wadenbeißerfliegen, oder mit Mückenmassen oder auf dem trockenen Land lebenden Blutegeln oder gar mit blutsaugenden Zecken, die zu Myriaden an den Zweigen schattenspendender Büsche hängen. In solche Gegenden wichen sie nun aus, ohne daß die Löwen willens waren, ihnen zu folgen. Die großen Raubkatzen meiden nämlich diese von Zecken verseuchten Zonen, weil sie stark unter den Minivampiren zu leiden haben. Ihnen fehlen nämlich zwei Gegenmittel, die den grazilen Impalas zur Verfügung stehen:

1. Staffeln von Madenhacker-Staren. Deren Lieblingsmahl sind mit Blut prall vollgesogene Zecken im Fell weidender Tiere. Doch während die Löwen die gefiederten Putzgeschwader höchst unzweckmäßigerweise vertreiben, vermutlich weil ihre Berührung sie zu sehr kitzelt, halten die Impalas während der Behandlung geduldig still, auch wenn die Vögel mit scharfem Schnabel unmittelbar am Augenrand oder im Ohrtrichter pinzettieren. Noch nie hat ein Madenhacker einer Antilope ein Auge ausgehackt.

2. Eine erst 1993 entdeckte Technik, sich Zecken gegenseitig aus dem Fell zu lausen. Zwar kraulen sich die Impalas nicht wie die Affen mit den Pfoten. Vielmehr nehmen sie in einem Akt gegenseitigen Freundschaftsbeweises ihre Vorderzähne zum Durchkämmen der Haare.

Speziell aus diesem Grund wackeln bei ihnen die Beißwerkzeuge um zwei Millimeter hin und her, und dies nicht nur bei tatterigen Omas und Opas, sondern auch bei jugendfrischen und kräftigen Tieren. Es entstehen Zahnlücken. Das Gebiß wirkt auf Druck wie ein Kamm. Die »Zekkenharke« der »Hexe Wackelzahn« striegelt des Partners Fell und entfernt daraus zuverlässig große Mengen blutsaugender Zecken. So können sich die Impalas in jene Regionen der ostafrikanischen Dornbuschsteppe zurückziehen, wo ihnen sonst Millionenmassen dieser Plagegeister literweise Blut abzapfen und die grazilen Antilopen so sehr schwächen würden, daß sie an Entkräftung oder an Krankheiten sterben müßten.

Winzige Ursache, gigantische Wirkung! Die Antilope kehrt mit dieser Dentaltechnik Nachteiliges zum Positiven: So gesehen schützen die Zecken sie sogar vor den Löwen!

Wie Forscher 1993 mit Röntgengerät und Mikroskop herausfanden, hat sich bei den Impalas nur deswegen jenes seltsame Gebiß entwickelt: Die Zähne wackeln und sitzen trotzdem felsenfest – beneidenswert. Das Zahnbett ist ungewöhnlich flach. Lediglich zwei Drittel der Wurzel stecken im Kiefer, so daß es aussieht, als litten die Antilopen stark unter Parodontose. Aber die Zahnwurzel ruht in einem zwar lockeren, doch äußerst zähen wie auch elastischen Bindegewebe. So können die Tiere herzhaft zubeißen, ohne auch nur den Verlust eines Zahnes befürchten zu müssen.

Weitere Forschungen zeigten, wie nötig beides ist: Fellpflege mit dem Knubbelzahn und Schnabelstocherbehandlung durch die Madenhackerstare. Diese klettern wie Spechte am Leib ihrer Patienten auf und ab und gelangen in Hautfalten und Körperwinkel, die mit dem Antilopengebiß nicht zu erreichen sind.

Vor einigen Jahren wollten Farmer im südafrikanischen Simbabwe die Zeckenplage bekämpfen, indem sie ihr Weidevieh regelmäßig in einer chemischen Giftbrühe baden ließen. Die toten Schmarotzer blieben in der Haut, wurden von den Staren gepickt, die daraufhin ebenfalls starben. Da diese nützlichen Vögel ständig zwischen dem Milchvieh des Menschen und Wildtieren hin- und herwechseln, fehlte letzteren bald ihre so überaus schlagkräftige Zeckenabwehrtruppe. Die Folge war katastrophal. In den benachbarten Nationalparks starben nicht nur Impalas, sondern auch Nashörner, afrikanische Büffel, Giraffen, Elen- und Säbelantilopen sowie Warzenschweine wie die Fliegen. Sie waren den übermächtig gewordenen Zeckenmassen zum Opfer gefallen. Die gesamten Wildtierbestände des Landes schwebten durch den Insektizidfimmel der Menschen in höchster Gefahr des Aussterbens. So verheerend können sich die kleinen blutsaugenden Plagegeister auswirken!

Zum Glück entschloß man sich noch rechtzeitig zu Gegenmaßnahmen. Den Madenhacker-Putzgeschwadern wurde Vorrang vor chemischer Giftpanscherei gegeben. Aus dem Nachbarland Botswana beschafften Naturschützer 300 Madenhackerstare und ließen sie in den Zeckenregionen wieder frei. Mit unersättlichem Heißhunger stürzten sie sich auf ihre Blutmahlzeit und sorgten dafür, daß sich die Schäden in halbwegs erträglichen Grenzen hielten.

Ungeziefer, meist in den heißen Regionen der Erde angesiedelt, kann also zu einem eminenten Faktor im Überlebenskampf großer und edler Tiere werden. Doch auch die kalten Zonen haben ihre Tücken, die gemeistert werden müssen.

Überleben in der Kälte

Ehre den Herrn,
so werden deine Scheunen
voll werden und deine Kelter
mit Most übergehen.

(Sprüche 3, 9–10)

High-Society

Wir befinden uns im tiefsten Süden Patagoniens. Die Magellanstraße ist nicht weit. In unzähligen verschlungenen Fjorden dringt der Pazifik zwischen flachen Eilanden und den letzten, sich gewaltig himmelwärts türmenden, inselartigen Gebirgsmassiven der Kordilleren in den Süden Chiles ein. Zwischen Wolkenfetzen blinken Schneefelder und Gletscher auf uns herab. Hoch über uns kreisen Kondore auf der Suche nach Aas.

Im Nationalpark Torres del Paine biegt unser Jeep in ein Seitental ein. Mit einem Schlag stehen an die 100 Guanakos um uns herum Spalier. Keines der Urlamas flieht. Alle starren mich an, als ich ein Blitzlichtgewitter abfeuere. Da kommt ein Hengst bedächtigen Schrittes auf mich zu, legt die Ohren an und zieht ein komisches Maul. Mir schwant nichts Gutes. In Windeseile drehe ich das Seitenfenster hoch. Im gleichen Augenblick, flapps!, klebt etwas Glibberiges an der Scheibe, groß wie eine Qualle am Ostseestrand. Endlich bin ich einmal Augenzeuge, wie das Urlama von seiner berühmt-berüchtigten, aber selten miterlebten Waffe des Spuckens Gebrauch macht! Hochnäsig schaut das Mitglied der Anden-High-Society auf mich herab.

Wie in jeder hochgestellten Gesellschaft, so werden auch unter diesen höckerlosen Kamelen, vom edlen Pelz verbrämt, Ränke geschmiedet und Neidgeplänkel ausgefochten. Ich kenne kaum eine andere Tiersozietät, in der es einen breiteren Fächer an Hickhackmethoden gibt als hier. Es beginnt mit Beschimpfungen in der Ohrensprache: den Gegner mit den Augen fixiert, ein Ohr waagerecht zur Seite gelegt und das andere aufrecht stehend heißt bereits auf 20 Meter Distanz: »Paß auf! Gleich werde ich böse!« Beide Ohren in der Horizontalen abgespreizt kommt einem Schimpfwort gleich, etwa »du Mistvieh!«. Je tiefer die Horcher nach unten wandern, desto drastischer ist die Verunglimpfung gemeint. Noch kann der Schwächere eine Abreibung vermeiden, indem er den Kopf senkt und so tut, als wolle er äsen, um das Gesicht zu wahren, oder indem er sich ganz abwendet, den Schwanz umgekehrt wie ein unterwürfiger Hund über den Rücken legt, einen Katzenbuckel macht und sich trollt.

Gegenüber ernstzunehmenden Gegnern treibt der Leithengst einer zehn- bis dreißigköpfigen Stutenherde schon mehr Imponieraufwand. Er dreht dem Feind die Breitseite zu, wirft den Hals zurück und den Kopf himmelwärts, legt die Ohren an und richtet den Schwanz senkrecht auf. Er postiert fast so wie ein Bodybuilder. Beeindruckt das den Kontrahenten immer noch nicht, wird das Signal zum Rempelturnier gegeben: durch Spucken. Die Wirkung dieser Waffe tut nicht weh. Sie ist nicht physischer, sondern mehr moralischer Art, ein Zeichen der Verachtung für den Gegner ähnlich wie beim Menschen. Wer zuerst spuckt, gewinnt meist den nachfolgenden Kampf. Doch wenn sich zwei für gleich stark halten und gleichzeitig bespucken, wird noch eins draufgelegt: Die Tiere holen sich noch weitere Munition aus des Magens tief unterstem Grunde und kotzen sich das übelriechende Gebräu ins Gesicht, daß es zum Himmel stinkt.

Dann beginnt das Catcherturnier mit Rammstößen Brust gegen Brust, Bissen in Ohren, Hals, Gesicht und Beine sowie dem Halsringkampf. Hierbei versucht jeder seinen Hals über den des anderen zu legen und ihn dann zu Boden zu drücken. Dieser Halsringkampf ist übrigens eine Eigenart aller Kamele vom Lama bis zum Trampeltier. Mitunter erwürgen sich Dromedare dabei. Der Sieger im Kampf der Guanakos bleibt oder wird Pascha über den Harem. Er hetzt den Verlierer noch kilometerweit durch die erhabene Hochgebirgslandschaft. Dem arg ramponierten Unterlegenen bleibt nichts anderes übrig, als sich einem Junggesellenverein anzuschließen.

Auch die Paarung wirkt wenig zimperlich, wenn die Stute den Hengst nicht leiden kann. Das ist recht oft der Fall, und zwar aus folgendem Grund: Zu Beginn der Brunst verjagt der Chef alle einjährigen Jungtiere aus der Herde, obgleich diese noch gar nicht die Reife erlangt haben. Viele Mütter aber verteidigen ihre Kinder in wilden Gefechten mit Spucken, Rammstößen und Bissen gegen den rabiaten Vater. Letztlich müssen sie seiner Überlegenheit Tribut zollen. Die Abneigung gegen den Herdenherrscher aber bleibt bestehen.

Diese Widerspenstigen zähmt er frei nach Shakespeare: Wie ein Polizeiauto rast er plötzlich mitten durch seine Herde hindurch auf eine spröde Braut zu. Dann springt er aus vollem Lauf auf sie drauf, drückt sie mit seinem Gewicht von 120 Kilogramm zu Boden und vollzieht die Paarung im Liegen. Die übrigen Weibchen schauen offenbar entsetzt zu und versuchen, die Vergewaltigung zu stören, was ihnen mitunter gelingt. Einmal wurde beobachtet, wie fünf Guanako-»Emanzen« dem Macho dreimal nacheinander den Spaß verdarben, so daß er unverrichteter Dinge wieder abziehen mußte.

Die Stute kann aber auch durch einen Gurgellaut ihr Einverständnis signalisieren. Dann geht alles weitere in Harmonie und Zärtlichkeit vonstatten, und die Liebelei zieht sich bis zu einer Stunde hin.

Andererseits umsorgt der Leithengst seine Herde in aufopferungsvoller Weise. Während sie im Talgrund äst, harrt er stundenlang auf einer Anhöhe aus, um nach Feinden Ausschau zu halten: nicht nur nach Rivalen, sondern auch nach Pumas und Menschen. Überall in den Hochanden von Peru bis Feuerland weichen die derzeit existierenden etwa 500 000 Guanakos dem Menschen aus, weil sie mit ihm schlechte Erfahrungen gemacht haben. Vielfach werden sie heute noch ihres Fleisches wegen bejagt. Und schließlich waren es bereits die Vorfahren der Inkas, die sie vor 4500 Jahren zu Haustieren domestizierten: zu den Lamas als willigen Lastenträgern und zu den kleinen Alpakas als Wollieferanten. Einzig im Nationalpark Torres del Paine sind sie zutraulicher als Schafe.

William L. Franklin, Zoologe an der Iowa State University in Ames und erste Autorität bei der Erforschung der Guanakos im Freileben, beobachtete hier einmal, wie ein Puma eine Herde verfolgte. Während die Weibchen im Höchsttempo von 40 Stundenkilometern bergauf flohen, deckte der Hengst den Rückzug und hielt sich immer zwischen seinen Schutzbefohlenen und dem Feind auf, den er nie aus den Augen verlor. Schrilles Wiehern wechselte von ihm zur Herde und zurück. Offenbar lenkte er sie von fern in die richtige Richtung. Einmal war der Puma wie vom Erdboden verschluckt. Da stoppte die Herde, während der Hengst regelrecht auf die Suche nach dem Gegner ging. Ein erkannter Feind bedeutet nur halbe Gefahr. Trotz dieser Weisheit gibt es nur wenige Tierarten auf der Welt, die so handeln. Wenn es allerdings dem Puma gelingt, den Hengst zu töten, löst sich die Herde in Panik auf und zerstreut sich in alle Himmelsrichtungen.

Sportärzte wollten einmal wissen, wie es diese Hochgebirgsbewohner fertigbringen, in Andenhöhen um 4000, mitunter sogar bis 5000 Meter, wo jedem Menschen binnen kurzem die Puste wegbleibt, mit Höchsttempo und großer Ausdauer steil bergauf zu rennen. Einmal verfügen die Guanakos über Superherzen, die in Relation zum Körpergewicht viel größer sind als jene der in der Tiefebene lebenden Tiere. Zudem können ihre roten Blutkörperchen erheblich mehr Sauerstoff aufnehmen und transportieren. Darüber hinaus sind sie gute Schwimmer, durchqueren die mehrere Kilometer breite Magellanstraße nach Feuerland und die zahlreichen Fjorde, weiden auf kleinsten Inseln und trinken sogar das salzige Meerwasser, ohne dadurch im Wahnsinn zugrunde zu gehen wie wir Menschen.

An die Grenzen ihrer Existenz werden diese Überlebenskünstler jedoch durch einen harten Winter getrieben. Im Südfrühling 1991 fanden Bergführer der Torreshütte in einer Schlucht 153 Guanakoskelette buchstäblich auf einem Haufen. William Franklin rekonstruiert das Massensterben wie folgt: Bei Schneesturm suchen die Tiere in einem Talkessel Schutz und drängen sich dicht zusammen. Ihre vereinte Körperwärme bringt den Schnee zum Schmelzen. Am Rande der Notgemeinschaft aber gefriert der Naßschnee in extrem kalten Nächten wieder. Hält das Unwetter mehrere Tage an, bildet sich um die Herde herum ein Wall klirrenden Eises, der so steil, hoch und glatt ist, daß es für die Schwielensohler kein Entrinnen mehr gibt. Sie schaffen sich sozusagen im Schmelztiegel ihrer Körperwärme ihr eigenes Gefängnis. Das ist das Geheimnis der Guanakofriedhöfe.

Aber auch ohne derart extreme Verhältnisse überleben von zehn Jungtieren acht den ersten Winter nicht, obwohl sie von ihren Müttern bis zu acht Monate lang gesäugt werden. Eine unerbittliche Auslese. Aber ihr ist es zu danken, daß die Guanakos die einzigen großen Huftiere sind, die in der Gipfelregion der Hochanden existieren können. Alle Jungtiere, die diese harte Prüfung bestanden haben, können, von den wenigen geschilderten Gefahren abgesehen, ein unbeschwertes Leben bis zum Höchstalter von 20 Jahren in der erhabenen Bergwelt führen.

Wie die Guanakos, so haben auch viele andere Tiere ihre Geheimrezepte, mit eisiger Kälte fertig zu werden. In Mitteleuropa finden wir solch einen Überlebenskünstler sogar im Reich der luftigen, duftigen Schmetterlinge.

Es war einmal an einem kalten, klaren Herbsttag im Voralpengebiet bei Füssen. Die Zweige der kahlen Bäume strotzten vor weißer Rauhreifpracht. Nur ein gelbliches Blatt schien noch im Eiskristallpalast zu hängen: ein einsamer Zitronenfalter, die Flügel im Glitzer tödlichen Schmucks glashart erstarrt. Doch der quittegelbe Gaukler war nur scheintot. Er überlebte sogar den ganzen Winter. Vögel fraßen ihn nicht, weil sie ihn für ein welkes Blatt hielten. Und der klirrende Frost, der seinen ganzen Körper durchdrang, brachte ihn auch nicht um.

Es klingt wie ein Wintermärchen: Der zarte, hauchleichte Zitronenfalter besitzt ein sagenhaftes Überlebenspatent: Sobald es unter Null fröstelt, sondert er den größten Teil seiner Körperflüssigkeit ab. Das Blut dickt zum zähen Brei ein. Die Salzkonzentration darin klettert auf hohe Werte und wirkt wie ein Gefrierschutzmittel im Kühlwasser der Autos – Lebensgarantie bis minus 30 Grad! Milde Winter sind für die Zitronenfalter sogar viel gefährlicher als Frost. Sie wecken die Lebensgeister. Aber zu dieser Zeit blühen keine Blumen als Nektarquell, und angemästete Fettvorräte sind schnell erschöpft. Der Falter verhungert, aber er erfriert nicht! Im Frühjahr tauen die lebenden Eiszapfen wieder auf. Sogleich schlürfen sie begierig an neben ihnen hängenden Wassertropfen. Ihre Lebenssäfte können erneut zirkulieren, und auf geht's zum fröhlichen Nektarschlecken. Dann saugen sie gleich an Himmelschlüsselchen, Schneeglöckchen und anderen Frühlingsblumen.

Mit dieser für Schmetterlinge einzigartigen Fähigkeit bringen sie es fertig, unter ihrer ganzen flatterhaften Verwandtschaft das höchste Lebensalter zu erreichen: neun bis zehn Monate! Die Falter einiger anderer Arten besitzen keine Mundöffnung, können weder fressen noch Blütensäfte lutschen, leben buchstäblich nur von Luft und Liebe, und schon nach wenigen Tagen oder gar Stunden innigen Liebeslebens müssen sie sterben. Die Zitronenfalter hingegen sind die Methusaleme unter den Schmetterlingen.

Um das zu werden, brauchen sie weitere Fähigkeiten, etwa ein ausgiebiges Schlafbedürfnis. Wenn sie im Juli aus dem Kokon schlüpfen, gaukeln sie einige Tage umher, saugen hier und da Nektar aus Blüten und begeben sich in der heißesten Jahreszeit gleich wieder in einen vier- bis sechswöchigen Ruhezustand. Bei Regen, wenn die Blüten ihre »Läden« geschlossen haben, suchen sie eine trockene Bleibe und schonen ihre Lebensgeister. An schönen Herbsttagen aber kommen sie flugs hervor und vollführen abermals ihren Elfenreigen auf stillen Waldlichtungen. Beim ersten Frost setzt die Winterstarre ein, ein richtiger Dornröschenschlaf, bis zum nächsten Lenz. Dann werden die Herbstzeitlosen zu Frühlingsverkündern.

Und jetzt erst, nachdem sie im ganzen vergangenen Sommer und Herbst von der Liebe nichts wissen wollten, wenn also die ersten Knospen sprießen, erfaßt der Liebesrausch die alten Falter. Sie gaukeln über sonnenbestrahlte Wiesen. Der gelbe Herr folgt der weißen Dame immer im Abstand von 40 Zentimetern, als würde er von ihr am Seil abgeschleppt. Sie testet seine Ausdauer. Manchmal fliegt er auch Kohlweißlingen hinterher – kleiner Irrtum im Rausch der Sinne!

Ist die »weiße Dame« denn nicht so gut getarnt wie der gelbe »Herr«? Zwar nicht als welkes Blatt, aber auf andere Weise. Nur Menschenaugen bemerken es nicht. Doch viele Schmetterlingsfresser unter den Vögeln sehen mit Ultraviolettaugen. Und in diesem für uns nicht wahrnehmbaren Licht treten seltsame Muster auf der uns gleichförmig weiß erscheinenden Flügelfläche hervor. Die Weibchen besorgen sich den Tarnanstrich in einer uns verborgenen Welt.

Die hellgrün gefärbten Eier klebt das Weibchen gleich an die speziellen Futterpflanzen, an denen allein die aus ihnen schlüpfenden Raupen ihr Schlaraffenland finden: an die

Knospen und Blätter des Faulbaums, anderer Kreuzdorngewächse, mitunter auch an Heidelbeerkraut. Die Knospe versieht es zudem mit ein paar Parfümspritzern als Besetztzeichen: »Kein Platz mehr für ein anderes Zitronenfalter-Ei!«

Gleich nach dem Schlüpfen beginnt für die Raupen das große Fressen. Ihr ganzes Leben besteht nur aus Futtern: drei bis sieben Wochen lang, je nach Wetterlage. Der wehrlose Vielfraß ist perfekt getarnt: mattgrün, oben dunkler, unten heller nach dem Tarnkappenprinzip der Gegenschattierung. Kaum ein Vogel findet ihn. Nur die Schlupfwespe oder Raupenfliege läßt sich nicht täuschen. Sie legt ein Ei auf die Raupe. Aus ihm kriecht eine weitere, kleine Raupe, welche die große bei lebendigem Leib langsam verspeist.

Viermal wird dem Nimmersatt die Haut zu eng. Er platzt aus allen Nähten und wechselt den »Anzug«. Dann, wenn er eine Länge von vier Zentimetern erreicht hat, spinnt er sich einen »Zauberzylinder«, den Kokon, und seilt ihn an einem Zweig fest, so daß er aussieht wie eine Knospe. Die große Verwandlung, die sogenannte Metamorphose, beginnt. Alle Körperteile lösen sich in Säfte auf und formieren sich in geradezu magischer Weise zu einem völlig neuen Gebilde: dem Schmetterling. Wenn er dem Gefängnis entschlüpft, hängt er zunächst mit verknitterten Flügeln da. Doch sogleich pumpt er Blut in die Äderchen. Die Flügel strecken, glätten und härten sich. Das Leben im Taumelflug von Blüte zu Blüte beginnt. Anders als die meisten anderen Schmetterlingsarten kann er an allen »Tankstellen« Nektar schlecken: von den Primeln im Frühling bis zu den Astern im Herbst. Auch das ist ein Geheimnis seines langen Lebens.

An der Küste von Somerset Island hoch im Norden Kanadas kurz vor Beginn der Polarnacht Ende September: Letzte Sonnenstrahlen lassen im dunkelblauvioletten Meer Eisschollen in blendendem Weiß gleißen. Plötzlich stürmt ein »Eisschollenfeld« heran. Und das bei Windstille? Es sind die Rücken von 1700 weißen Walen, Belugas, genannt.

Sie stimmen einen Zwitscherchoral an, als wären sie Kanarienvögel. Im flachen Wasser beginnt die Jagd auf Flundern und Krebse. Zwar können die Weißwale bis 600 Meter tief und 20 Minuten lang tauchen, aber im Seichten lebt es sich leichter. Wenn nur die Ebbe nicht wäre!

Mit hohem Tempo fließt das Wasser ab und fällt an einigen Küstenbereichen um sieben Meter. Die meisten »Saubermänner« erreichen noch rechtzeitig tiefere Regionen. Einige aber werden vom Meer abgeschnitten, sitzen in kleinen Tümpeln fest oder liegen nun wie Badegäste auf einer Sandbank. Für andere Wale, Orcas ausgenommen, bedeutet Stranden den Tod. Die Masse ihres Körpers wird verformt und quetscht die inneren Organe. Belugas aber haben einen stabilen Körperbau und halten mehrere Stunden bis zur nächsten Flut durch, die sie wieder flottmacht.

Auf dem Trockenen liegen sie ohne Zappeln und Zwitschern starr und stumm wie angeschwemmte Eisbrocken. Sie dürfen nämlich nicht die Aufmerksamkeit ihrer schlimmsten Feinde auf sich lenken: der Eisbären. Einmal beobachtete der Walforscher Kenneth S. Norris, wie ein weißer Meister Petz seine Beute trotz deren guter Tarnung entdeckte und der 400-Kilo-Eisbär kurz nacheinander vier 1,4-Tonnen-Belugas tötete. Er zerbiß den hilflos daliegenden Walen mit ungeheurer Kraft das Blasloch auf der Stirn, so daß seine Opfer erstickten. Dann begann er die Speckschicht, auf die allein er es abgesehen hatte, zu verzehren.

Mit seinen anderen Feinden, Eishaien und Schwertwalen, spielt der Beluga Katz und Maus. Der Grönland- oder Eishai ist ein vier Meter, in extremen Fällen bis acht Meter langes Monster, das in arktischen Seegebieten lebt und sich von Robben, kleineren Walen und Eisbären ernährt. Menschen stehen nur deshalb nicht auf seinem Speiseplan, weil diese in den kalten Gewässern nicht zu baden pflegen.

Ortet der Beluga diese Feinde von weitem mit seinem Sonar, versteckt er sich hinter Eisbergen oder im Flachwasserdelta zwischen Sandbänken. Oder er taucht bis zu zwei Kilometer weit unter eine geschlossene Packeisdecke. Wenn er zum Atmen auftauchen muß, setzt der weiße Wal seinen Eisbrecher ein: Über seinen Rücken läuft von vorn bis hinten ein Grat aus hartem, elastischem Gewebe. Dann macht er einen Bukkel, drückt mit aller Kraft nach oben und zerknackt Eispanzer von bis zu sieben Zentimeter Dicke wie eine Eischale.

Beim Versteckspiel verschafft ihm »das perfekteste Navigationssystem aller Wale«, so Kenneth Norris, lebenswichtige Vorteile. Seinen Ultraschall-Ortungsstrahl kann er eng bündeln oder weit streuen. Dementsprechend vermag er sich entweder einen groben Überblick über Dinge in weiter Ferne zu verschaffen oder exakte Einzelheiten aus der Nähe zu erfahren. Er bringt es sogar fertig, mittels Echopeilung, deren Signale sich an der Unterseite der Eisschollen brechen, um die Ecke zu horchen.

Dieses Kunststück vollbringt er mit Hilfe des Inhalts seiner gewölbten Stirn, der sogenannten Melone, die wie eine Zoomlinse arbeitet: Sie enthält Öle unterschiedlicher Art und mit verschiedenen akustischen Brechungswinkeln, die sich in hautumschlossenen Blasen befinden, die viel extremer als eine Augenlinse von kugel- bis gurkenförmiger Gestalt verändert werden können Als akustisches Telezoom hängt die Melone während der Ferneinstellung tatsächlich wie eine Gurke weit übers Maul nach vorn.

Jenseits aller Gefahr reizt es den 5,50-Meter-Riesen zu ungewöhnlichem Spiel: Er taucht etwa 20 Meter tief und sondert Luftblasen ab wie ein Raucher, der Tabaksqualm in Ringen ausstößt oder wie die von mir bereits erwähnten Delphine. Dann beobachtet er mit sichtlichem Vergnügen, wie der Schwall pilzartig nach oben perlt und die Blasen immer größer werden. Schließlich saugt er die Perlen wieder auf, als genösse er Sprudelwasser oder einen Bubblegum. Wozu? Nun, aus reinem Spaß an der Freud.

In der Polarnacht bei Frost bis minus 50 Grad beobachtete der Forscher mit einem Scheinwerfer, wie Belugas auftauchten und ihre Atemluft als fünf Meter hohe Blasfontäne ausstießen. Das Kondenswasser gefror augenblicklich und prasselte als Hagelschauer zurück. Die Wale schienen an diesem Spiel großen Spaß zu haben. Bleibt das Tier längere Zeit an der Oberfläche, bildet sich über seinem Kopf eine kürbisgroße Eishohlkugel wie ein kleiner Glashelm. Der Meeressäuger sieht dann aus wie ein Astronaut von einem fernen Planeten.

Von erstaunlicher Vielfalt sind die Lautäußerungen der Belugas. Klickserien sind Ortungssignale ihres Ultraschallsonars. Mit explosivem Knall betäuben sie Beutetiere. Diese treiben dann mit zerplatzter Schwimmblase hilflos umher und können bequem geschnappt werden. Feinde wie Eishaie und schwimmende Eisbären bedroht der Beluga ebenfalls mit seinem »Chinaböller«. Mit Zwitschern, Trillern und Pfiffen besprechen die »Meeres-Kanarienvögel« Kurs und Tempo ihres Schwarmes. Summtöne und Grunzer werden vorerst als »Volksgemurmel« gedeutet. Schmetternde Trompetenstöße künden von einer Geburt. Raspeln und Schnarchen zeigen ergiebige Nahrungsgründe an. Kreischen warnt vor Gefahren.

Wenn mit nahendem Winter die Packeisgrenze der nordkanadischen Inselwelt nach Süden vorrückt, beginnen die großen Massenwanderungen der Belugas. Alle Wale der östlichen Bevölkerungsgruppe versammeln sich an einem seit alters feststehenden Treffpunkt zu einem Geschwader von etwa 20 000 Tieren.

Die Delphinverwandten, die bis zu 30 Jahre alt werden können, ziehen mit einem Tempo von bis zu 100 Kilometern pro Tag von den Küsten der nordkanadischen Inseln und der Hudson Bay nach Osten bis zur Küste Grönlands und weiter mit den Eisbergen nach Süden. Mit Hilfe der Satellitentelemetrie konnte solch Wanderzug 86 Tage lang verfolgt werden. Die 20 000 Weißwale der Westgruppe kommen in der Kvichak Bay Alaskas zusammen. Der Treffpunkt ist ideal, weil dort zur gleichen Zeit die massigsten Lachsgeschwader der Welt aufkreuzen. Haben sich die Belugas hier sattgefuttert, wandern sie noch weiter nach Westen ins Beringmeer zwischen Alaska und Sibirien.

Als warmen Süden kann man das nicht gerade bezeichnen. Aber es ist nicht der Frost, den die Belugas fliehen, sondern nur die lücken- und luftlochlose Packeisdecke. Bis zu 95 Prozent kann ein hochnordisches Seegebiet mit Eis bedeckt sein. Das stört sie gar nicht, weil sie bis zu zwei Kilometer weit unter der Eisdecke tauchen können. Vor der Kälte schützt sie eine dicke Speckschwarte. Bei älteren Tieren ist sie im Winter so dick, daß der Kopf aus der Hautfalte herausschaut wie aus einem Pelzmantel. Bei Beginn des nächsten arktischen Frühlings sind sie alle wieder zurück in den eisigen Regionen, die sie so sehr lieben.

Im Eis können allerdings auch Katastrophen geschehen. Ende Januar 1985 entdeckten russische Pelztierjäger bei der Tschuktschen-Halbinsel ein Geschwader von fast 1000 Weißwalen, das von 40 Kilometer breitem Packeis eingeschlossen war. So weit reicht das Tauchvermögen dieser Tiere nicht. Die Männer brachten den hungrigen Walen mit Motorschlitten einige Zentner Fische und riefen über Funk den Eisbrecher »Moskwa« herbei. Dieser trieb einen Kanal zu dem eisfreien See, einer sogenannten Polynia, vor, in dem sich die Todeskandidaten drängten. Aber diese wollten dem Schiff nicht in die Freiheit folgen.

Da erinnerte sich an Bord ein Zoologe, gelesen zu haben, daß sich Delphine und Pilotwale, entfernte Verwandte der

Belugas, mit Musik anlocken lassen. Der Kapitän probierte es zunächst mit den heißen Beatrhythmen – vergebens. Dann mit dem Donkosakenchor – vergebens. Schließlich mit klassischer Musik von Tschaikowsky. Plötzlich war der Erfolg überwältigend. Die 1000 Weißwale schwammen auf den Unterwasserlautsprecher des Eisbrechers zu und folgten in langer Reihe dem Schiff, bis sie das offene Wasser erreicht hatten. Die Methode des Rattenfängers von Hameln erzauberte ein wahres Wunder.

VON POL ZU POL

Deception Island, die berüchtigte Täuschungsinsel, vor der Küste der Antarktischen Halbinsel gelegen – ein zehn mal vierzehn Kilometer durchmessender Krater eines noch tätigen Vulkans, in dessen mit Meerwasser gefüllte Caldera Schiffe durch einen hinter Lavariffen versteckten Spalt hineinfahren können. Wracks säumen das Ufer der Urweltlandschaft. Mitunter wölbt sich ein stahlblauer Himmel darüber. Doch zehn Minuten später können schon wieder Schneestürme darüber hinwegfegen und haushohe Brandungswellen gegen den Lavasandstrand tosen. Unsere »Bremen« geht in der Whaler's Bay vor Anker. Zodiakschlauchboote bringen uns an Land. Ringsum rosten riesige Öltanks vor sich hin, verfallene Hütten, die Ruine eines Hangars und eine kleine Geisterstadt zeugen von der einstigen Walschlächterei. Doch 1969 bereitete ein Vulkanausbruch dem schändlichen Treiben ein Ende.

Keine 100 Meter hinter den Rostlauben hat die Natur ihr Terrain zurückerobert. Hunderte von Seeschwalben starten kreischenden Panikfluges aus ihrer Brutkolonie, wirbeln durch die Luft, beruhigen sich gleich wieder, landen und brüten weiter. Kein Mensch vermag bislang zu erklären, warum Seeschwalben, wie auch viele andere Koloniebrüter, solche Panikflüge veranstalten. Selbst wenn kein Feind, kein anderes Wesen weit und breit zu sehen ist, gehen sie nichtsdestotrotz etwa alle zehn Minuten buchstäblich in die Luft. Oder sind das nur Übungen für den Massenstart im Ernstfall? Denn dann stürzen sie sich staffelweise aus der Sonne auf den Feind, etwa auf eine Skua-Raubmöwe, bombardieren sie mit ihrem Unrat und hacken so lange auf ihren Kopf ein, bis sie die Flucht ergreift. Eine sehr wirkungsvolle Gemeinschaftsaktion zur Verteidigung der Brut.

Beim ersten Anblick dieser schnittigen, eleganten Vögel stutzen sowohl der europäische als auch der nordamerikanische Ornithologe. Diese Antarktischen oder Gabelschwanz-Seeschwalben *(Sterna vittata)* sind nämlich von den Küstenseeschwalben *(Sterna paradisaea)*, die unter anderem auch an den Nord- und Ostseeküsten brüten, überhaupt nicht zu unterscheiden. Vogelliebhaber wissen sich auf interessante Weise zu helfen, wenn die Südpolbewohner von ihrer Nordpolverwandtschaft Besuch bekommen, was regelmäßig im Südsommer der Fall ist: Die Gabelschwänze tragen zu dieser Jahreszeit ihr sogenanntes Brutkleid mit einer ebenholzschwarzen Kappe auf dem schneeweißen Kopf. Die Küstenseeschwalben, die im übrigen ein gleichgeformter Gabelschwanz ziert, sind hingegen mit dem Ruhekostüm gekleidet, haben also ihre schwarze Kappe gegen einen Hut eingetauscht, der oberhalb der Stirn ins Grauweiße übergeht.

Die krassesten Unterschiede liegen hingegen im Zugverhalten. Die einen fliegen zweimal jährlich von Pol zu Pol. Die anderen bleiben zeitlebens in antarktischen Regionen seßhaft. Jene suchen auf Erden den ewigen Sommer. Wenn im hohen Norden die Mittsommernacht zu Ende geht, starten sie, überqueren die Tropen und erreichen die Antarktis, wenn dort die Sonne ganztägig scheint. Die anderen harren am Südkontinent aus, sogar in monatelanger Finsternis und bei klirrender Kälte.

Wer von beiden hat das bessere Los gezogen? Es drängt

sich geradezu die Frage auf, warum die Globetrotter so anstrengende und gefährliche Weltreisen unternehmen, die »Provinzler« aber aufs Wandern verzichten.

Verfolgen wir erst einmal jene Schwälbchen, die, frei nach Sven Hedins berühmter Trilogie, immer »von Pol zu Pol« wandern: Ihr Zug beginnt in der nordkanadischen, arktischen Inselwelt oder hoch im Norden der grönländischen Westküste. Zunächst führt er bis Neufundland. Von dort überqueren die schnittigen Vögel seltsamerweise den Atlantik und treffen in der Biskaya mit ihren Artgenossen von Nord- und Ostsee, Nordskandinavien und der westsibirischen Eismeerküste zusammen. Von der Biskaya geht die Reise weiter entlang der Küste Westafrikas bis etwa auf Höhe von Dakar. Hier trennen sich die Wege wieder. Die einen folgen mit Kurs Südost erneut der Küste Afrikas (daher der Name »Küsten«-Seeschwalbe) bis Kapstadt und stoßen von dort in die Antarktis vor. Die anderen überqueren von Dakar aus abermals den Atlantik und treffen bei Recife auf die Ostküste Südamerikas. Dieser folgen sie bis Kap Hoorn, um anschließend die sturmgepeitschte Drakestraße zu überqueren und ebenfalls die Antarktis zu besuchen. Dies alles immer in Vogelsichtweite zur Küste. Eine weitere Population fliegt von Alaska an der gesamten panamerikanischen Pazifikküste entlang ebenfalls bis Kap Hoorn und weiter in die Antarktis.

Der gesamte Reiseweg beträgt 17 500 Kilometer für den Hinweg und ab April noch einmal ungefähr die gleiche Entfernung wieder zurück! Das sind 35 000 Kilometer pro Jahr. Bei einem Höchstalter von 26 Jahren legt dieser Vogel in seinem Leben also eine Strecke von schätzungsweise einer Million Kilometern zurück! Das ist Weltrekord!

Andere Seeschwalbenarten, wie etwa die europäischen Fluß-, Brand-, Trauer- und Weißbart-Seeschwalben, begnügen sich mit deutlich kürzeren Reiserouten und fliegen »nur« zu tropischen Küsten Afrikas beiderseits des Äquators.

Warum ziehen die Vögel im Winter nach Süden? Weil es dort wärmer ist? Ist es aber gar nicht! Wie jeder Besucher der Antarktis bezeugen kann, herrscht in den dortigen Gewässern keineswegs der warme Süden. So gelangt dieser Langstrecken-Weltrekordler unter den Vögeln zwar nicht vom Regen in die Traufe, aber durchaus von der Arktis zur Antarktis. Reiselust um ihrer selbst willen (wie beim Menschen)?

Was treibt dieser Interkontinentalvogel in südpolaren Gewässern? Der Ornithologe Joachim Ulbricht beobachtete 1993 die Küstenseeschwalben in der Antarktis. Er zählte in dem kleinen, von ihm überschaubaren Bereich 930 dieser Vögel. Sie flogen im Februar innerhalb von zwei Stunden an ihm vorbei, und zwar durchquerten sie in Gruppen von bis zu 50 Vögeln die Treibeiszone des Weddellmeeres. Was hat »Sterna paradisaea« hier zu suchen? Das Paradies? Nun, vor allem lieben sie die Nähe von Zwergwalen. Bei diesen finden sie offenbar besonders leicht kleine Fische oder Garnelen, die dem Walmaul gerade entkommen und noch etwas benommen sind. Hierbei ernähren sich die schnittig-eleganten Vögel stoßtauchend. Allerdings dringen sie nie weiter als bis in 30 Zentimeter Tiefe vor.

Kurioserweise kurbeln die Küstenseeschwalben im kleinen Schwarm zeitweise wild durcheinander: Sie balzen. Sie tun dies bereits in der Antarktis, obwohl der Nestbau erst viel später auf der anderen Seite des Erdballs antipodisch stattfindet! Der Grund ist folgender: Die Rückreise aus den nahrungsreichen Gewässern der Antarktis beginnt erst Anfang April mit Einsetzen der Südpolarnacht. Im Mai müssen diese Fernverkehrsvögel aber bereits im hohen Norden auf der anderen Seite der Erdkugel mit dem Brutgeschäft beginnen. Für die 17 500-Kilometer-Heimreise ist also Höchsttempo erforderlich. Zum Turteln bleibt da überhaupt keine Zeit mehr.

Dies beruht übrigens nicht auf Bummelei im tiefen Süden und anschließender Hektik. Die Seeschwalben sind vielmehr gezwungen, sich so lange wie möglich in antarktischen Gewässern aufzuhalten, weil es dort noch reichlich Beute zum Sichsattfuttern gibt. Später, in tropischen Seegebieten, steht während der Reisezeit nur sehr spärliche Kost zur Verfügung. Diese »Durststrecke« müssen die Vögel also im Höchsttempo nonstop durcheilen.

Die Paarbindung zum Zweck der Brut im nahenden europäischen oder arktischen Frühling findet also bereits über antarktischen Gewässern statt! Von da an fliegen sie auch immer ehepaarweise zusammen. Die Frage, ob dabei vorjährige Ehebande wieder erneuert werden, ob ehemalige Paarpartner die weite Hinflugstrecke nach Antarktika im gemeinsamer Staffel fliegen oder ob an gelegentlichen Treffpunkten dieser Weltbürger alles frei nach der Chaostheorie immer wieder neu vermischt wird, konnte bislang noch nicht geklärt werden.

Dies alles sind Lebensumstände, welche die Antarktische Seeschwalbe nicht berühren, obgleich sie mit dem »Globetrotter« unzweifelhaft eng verwandt ist. Ohne Übertreibung können wir sie auch als »flügellahme Zurückgebliebene der Vogelvölkerwanderung« bezeichnen. Doch stehen die Gabelschwänze vor einem ganz anderen, auf den ersten Blick unlösbar erscheinenden Problem: Wie bringe ich den Nachwuchs durch Eis und Schnee, durch alle Unbilden des übellaunigen Klimas der antarktischen Küsten?

Auf Deception Island findet die Brut in einer flachen, kaum ausgepolsterten Mulde auf dem blanken Erdboden, oft sogar auf einer Unterlage aus Eis oder Schnee statt, und zwar meist mit gutem Erfolg. Beweist der Südpolarbewohner damit seinen weitschweifigen »Nordlichtern«, daß man sich die zweimalige 17 500-Kilometer-Reise im Grunde genommen sparen könnte?

Als diese Frage unter Fachkollegen noch konträr diskutiert wurde, berichtete der Ökologe Martin Kaiser über eine aufsehenerregende Beobachtung. In der Brutkolonie auf Deception Island fand er ein verlassenes Gelege mitten im Schnee

und glaubte an eine mißglückte Brut, die in der Kälte eingegangen sei. Er nahm die Eier an sich und deponierte sie
neben seinem Zelt noch einige Tage bei Temperaturen weit
unter null Grad. Dann legte er sie, um sie genauer zu untersuchen, unter eine Lampe. Doch im wärmenden Lichtschein
öffneten sich plötzlich die drei Eischalen und... es ent-
schlüpften – mopsfidel und putzmunter – drei gesunde Küken.

Das große Geheimnis der Antarktis-Seeschwalbe scheinen
also deren Eier und Küken in sich zu bergen. Sie besitzen
offenkundig einen für uns vorerst noch unsichtbaren »Pelzmantel«, der sie sogar unter den extremsten Bedingungen
mörderischer Kälte, einem Schutzengel gleich, am Leben
erhält.

Wie die Natur dieses phantastische Wunder vollbringt,
konnte bislang noch nicht enträtselt werden. Doch allein
schon die Tatsache, daß die Schöpfung so etwas Großartiges
zum Schutze des Lebens kleiner Vogelküken erfunden hat,
soll die Botschaft dieser »realen Fabel« sein und uns mit
Zuversicht erfüllen.

Doch warum immer in die Ferne schweifen? Ein nicht
minder erstaunliches, wenngleich ganz anders geartetes und
ebenso weitgehend unbekanntes Phänomen finden wir mitten in Europa.

ROTATION

An Winterabenden werden viele Spaziergänger von Gefühlen der Beklommenheit überfallen. Während sie gemütlich
am Seeufer dahinschlendern, erfüllt sich die Luft im letzten
Dämmerlicht plötzlich vom »Schneegestöber« Hunderter
oder gar Tausender schreiender Möwen. Und das nicht nur in
Küstenstädten wie Hamburg oder Bremen, sondern auch in

München, Stuttgart, Wien oder Zürich und zahllosen anderen Orten tief im Binnenland. Als wäre man auf Helgoland oder Norderney! Greifen Hitchcocks Gruselvögel jetzt auch schon Landratten an?

Bei den Schreckgestalten handelt es sich um Lachmöwen. Und der Nichtfachmann, der die Weißflausche gemeinhin mit Nord- und Ostseeküste und Meeresrauschen in Verbindung bringt, muß sich klarmachen, daß dieser Vogel seit Urzeiten eine »Süßwassermatrosen-Möwe« ist, die in den Verlandungszonen seichter Binnenseen brütet und ursprünglich nicht an der Waterkant. Früher war er so selten, daß man ihn kaum wahrnahm. In den vergangenen 100 Jahren haben sich diese Möwen jedoch zur Unübersehbarkeit vermehrt. Auf dem Zürichsee übernachteten im Winter 1840/41 nur hundert der weißen »Emmas«. 1940 waren es schon zehntausend und gegenwärtig ist ihre Anzahl auf dreißigtausend angeschwollen. Erst im Zuge der seit 1894 einsetzenden Bevölkerungsexplosion drangen die Lachmöwen auch bis an die Küste vor und auch in alle Städte ein, die an größeren Seen liegen.

Ihr Verhalten im Winter und in der Zivilisation ist sensationell. Tagsüber frequentiert jeder Weißfrack sein spezielles Nahrungssuchgebiet: eine Kläranlage oder Müllkippe, den warmen Abwassersee eines Kernkraftwerks, einen Flugplatz oder Acker, den der Bauer gerade pflügt, oder ein Wohnviertel, wo er von tierliebenden Menschen gefüttert wird.

Es sind übrigens immer dieselben Möwen, die sich Tag für Tag bei den »Versorgungsstationen« blicken lassen. Sie haben in kleinen Schwärmen die ganze Stadt unter sich aufgeteilt. Einzeln patrouillieren sie die Häuserfronten ab. Beim ersten Fund oder Futterwurf alarmiert der Entdecker mit heiserem Schrei, und bald umflattert die ganze Sippschaft Haus oder Garten. Andererseits sind es nicht dieselben Individuen, die im Frühjahr bei uns brüten. Diese ziehen während des Winters an die Adria, den Boden- oder Zürichsee. Wir füttern in Nord- und Mitteldeutschland für die

Dauer der kalten Jahreszeit die Russen, Polen und Skandinavier durch.

Doch nun zur alltäglichen Abendveranstaltung der Flattergeister. Von ihren Freßregionen fliegen die Lachmöwen spätabends bis zu 80 Kilometer weit zu ihren Schlafplätzen. Auf dem Weg dorthin legen sie auf seit vielen Jahren angestammten Sammelplätzen eine Zwischenstation ein: auf Staustufen, Schleusenanlagen, Abwasserzuflüssen, Parkseen und Teichen. Hier bleiben sie, bis es so dunkel ist, daß niemand mehr sehen kann, was nun geschieht. Sogar gute Naturbeobachter glaubten noch bis vor kurzem, daß die Lachmöwen hier ihren Übernachtungsplatz gefunden hätten. Das ist jedoch nicht so. Untersuchungen mit Peilsendern ergaben folgendes überraschende Resultat: Nach Stunden des Verweilens auf dem finsteren See starten sie plötzlich wieder schwarmweise und fliegen zu einem anderen, noch weiter entfernten, aber absolut ungestörten Gewässer draußen auf dem Lande. Erst dies ist ihr eigentlicher Schlafplatz.

Hier drehen sie erst im Fluge ein paar Runden, wassern und beginnen dann, schier endlos im Kreis zu schwimmen. Bis zu tausend Möwen paddeln in einem »Karussell« wie auf einer Drehscheibe von zwanzig Meter Durchmesser bis zu anderthalb Stunden lang. Eine Umrundung dauert anderthalb bis zweieinhalb Minuten. Dann erst schlafen sie ein.

Die Rotation beruht auf der unausgeglichenen Angst-Aggressions-Balance der Vögel: Jede Möwe wird auf ihre Nachbarin böse, sobald diese ihr dichter als einen halben Meter auf den Leib rückt. Sie pocht auf die Einhaltung ihres artspezifischen Individualabstands. Andererseits will sie aus Angst vor nächtlichen Feinden dicht an die anderen heranrücken. Das Mittel, beides zu vereinen, ist das Kreisschwimmen im »Karussell«. Hierbei kommt man sich langsam und friedlich näher, beschwichtigt die nächtlichen Gruselängste und kann endlich sanft entschlummern.

Bevorzugte »Betten« sind Eisschollen. Gibt es deren nur

wenige, werden sie voll besetzt, bis sie sinken und alle wieder im Wasser paddeln. Ist eine größere Eisfläche überschneit, schlafen die Möwen dort auf dem Bauch liegend. Bei einer dünnen Wasserschicht schlafen sie aber im Stehen, damit sich der Bauch nicht verkühlt. Die Füße sind hingegen so stark durchblutet, daß sie nicht frieren.

Neuerdings übernachten diese Vögel auch auf Flachdächern von Einkaufszentren und Fabrikhallen. Dort stört sie auch nie eine Menschenseele oder ein Fuchs. Und sie genießen offensichtlich die Heizungswärme. Durch Luken dringendes Licht scheinen sie ebenfalls als angenehm zu empfinden.

Morgens in aller Herrgottsfrühe, schon zweieinhalb Stunden vor Sonnenaufgang, wachen sie nach nur kurzem, erholsamem Schlaf wieder auf. Heisere Startrufe schrillen, und schon fliegen die Vogelmassen wieder zu ihrem Sammelplatz vom vergangenen Abend. Hier bummeln sie schier endlos herum, bis sie bei Tagesanbruch zu ihren Nahrungssuchregionen aufbrechen.

Die Angst scheint den Möwen tief in den Knochen zu sitzen, obwohl die Zahl ihrer Feinde in der Mitte eines nächtlichen Sees so groß nicht sein kann. Fürchten sie sich so ähnlich wie wir als Kinder im dunklen Keller vor dem »schwarzen Mann«? Fest steht jedenfalls, daß sie schon bei der geringsten Beunruhigung geradezu neurotisch reagieren, wieder aufflattern, in jener Nacht überhaupt nicht mehr schlafen und am nächsten Abend nach einem neuen Schlafplatz suchen. Die schlimmste Störung, die ihnen widerfahren kann, ist das Silvesterfeuerwerk in Siedlungen am Ufer ihres Übernachtungssees. Dann fliehen sie in Panik und suchen sich für die nächsten Monate einen anderen See.

Abschließend muß noch ein weitverbreiteter Irrtum korrigiert werden. Die Lachmöwe lacht nicht. Ihren Namen hat sie aber auch nicht dem Wort »Lache«, also Pfütze, zu verdanken. Die Verwirrung stammt aus dem 18. Jahrhundert. Damals ver-

wechselten Systematiker die mittelamerikanische Azteken-
möwe, englisch »Laughing Gull«, die tatsächlich »ha-ha-ha«
ruft, mit der Lachmöwe und gaben ihr den lateinischen Namen *Larus ridibundus*, also »lachende Möwe«, den sie heute
noch trägt. Der Unsinn mit der Lache ist vor langer Zeit von
einem Sprachklitterer in ein Schulbuch hineinphantasiert
worden und wird seither von Fibel zu Fibel getreulich übernommen.

Kriminelle Neigungen

Mein Kind, wenn dich
die bösen Buben locken,
so folge ihnen nicht.

(Sprüche 1, 10)

Die gewaltigste Wunderwaffe der Antike waren die Elefanten. Doch meist bescherten sie ihren Feldherren Niederlagen, weil sie im Gegensatz zum Menschen, der sie zu domestizieren trachtete, extrem friedliche Wesen waren. So gestaltet sich ihre Geschichte als hohes Loblied auf das edle Geschöpf und als bittere Schmach für den Menschen.

Die erste größere Elefantenschlacht der Weltgeschichte fand 326 v. Chr. am Fluß Hydaspes statt, der jetzt Jhelum heißt und im Pandschab bei Islamabad zu finden ist. Damals versuchte der indische König Poros mit über 100 grauen Fünftonnern, sich dem Eroberungszug Alexanders des Großen entgegenzustellen. Die Inder erlitten eine schwere Niederlage. Heute kennen wir die Ursache: Schon sechs Jahre zuvor hatten persische Fürsten dem Mazedonier 15 Elefanten geschenkt. Alexander hielt mit ihnen Manöver ab und stellte als guter Tierpsychologe fest: Die Dickhäuter walzen andere Lebewesen nur dann nieder oder schleudern sie mit ihren Rüsseln in die Luft, wenn sie sich bedroht fühlen. Im militärischen Gegner konnten sie aber keinen Feind erkennen und schritten zartfühlend über ihn hinweg.

Aber sie waren leicht zu erschrecken, etwa durch schrille Fanfarenstöße, geschwenkte Fackeln, geschleuderte Steine, ja sogar, wenn man ihnen grunzende Wildschweine entgegentrieb. Dann gerieten die Elefanten in Panik, machten kehrt und trampelten nun die Soldaten in den eigenen Reihen nieder. Für die Besitzer wurden sie in unberechenbarer Weise gefährlicher als für den Feind, sofern dieser sich nicht einschüchtern ließ und um die Gegenmittel wußte. So benutzte Alexander der Große Elefanten nur, um seine Soldaten darin auszubilden, sich nicht vor den grauen Ungetümen zu fürchten.

Einer seiner Nachfolger, der Diadoche Antigonos, hatte das nicht kapiert und setzte auf Prestige und Einschüchterung. Im Jahre 301 v. Chr. kam es zur ersten Elefantenschlacht der Weltgeschichte, in der die Tiere auf beiden Seiten kämpfen mußten: 200 unter Antigonos gegen 75 unter Seleukos I. Es siegte die Partei, die weniger Elefanten aufmarschieren ließ.

Diese militärstrategische Erkenntnis geriet jedoch schnell in Vergessenheit. Denn der Seleukide Antiochus III. zog 217 v. Chr. mit 102 Elefanten gegen die Ägypter, in deren Heer nur 73 Dickhäuter Dienst taten. Die Schlacht von Raphia (Palästina) entschieden die Ägypter für sich. Fortan verzichtete Antiochus auf Kampfelefanten und eilte daraufhin von Triumph zu Triumph. Alte Chroniken nennen ihn den »Großen«.

Die kriegserfahrenen Römer hielten es wie Alexander. Es ist einfach nicht wahr, wenn immer wieder behauptet wird, Roms Legionen hätten die riesigen Rüsseltiere erst durch Hannibal kennengelernt. Denn bereits 280 v. Chr. setzte Pyrrhos I., der Molosserkönig von Epirus, mit 20 Elefanten nebst Armee auf die Apenninen-Halbinsel über. Ob seine hohen Verluste bei den beiden »Pyrrhossiegen« auf die eigenen »vierbeinigen Panzerwagen« zurückzuführen waren, ist uns nicht überliefert. Das Ende war jedoch jämmerlich: 275 v. Chr., während der Rückfahrt von einem Abstecher nach Sizilien, wurde seine Flotte in einer Seeschlacht von den Römern vernichtet. Von den Elefanten kamen lediglich vier mit dem Leben davon. Diese wurden im Triumphzug nach Rom gebracht, wo sich das Volk über die »lukanischen Kühe« lustig machte.

Doch von der Faszination, welche die »Wunderwaffe Elefant« ausstrahlte, wurde die gesamte damalige Welt erfaßt.

Die Karthager, im heutigen Tunesien ansässig, fingen von einer kleineren Art des afrikanischen Elefanten, die seinerzeit im noch viel regenreicheren und fruchtbareren Land am Mittelmeer relativ zahlreich vorkam, eine größere Menge zu militärischen Zwecken ein. Karthago besaß Ställe für 300 Kriegselefanten. Die Fundamente sind heute noch zu sehen. Das Unheil für Mensch und Tier nahm seinen Lauf.

Nur 13 Jahre nach dem Desaster des Pyrrhos, 262 v. Chr., landete der karthagische Feldherr Hanno mit 60 Tieren bei Agrigent auf Sizilien. Doch die Römer waren gut vorbereitet und für den Kampf gegen Elefanten perfekt gedrillt. Sie schossen die Elefantenbesatzungen, also die Mahouts, Speerwerfer und Bogenschützen, die damals noch nicht durch ein Rückenkastell geschützt waren, herunter und bemächtigten sich der Tiere.

Es stellten sich weitere Nachteile der Superwaffe heraus. Die großen Bullen mußten ausgemustert werden, weil sie kaum unter Kontrolle zu bringen waren. Doch mit den Weibchen gab es ebenfalls Probleme. Wenn sie Junge zur Welt gebracht hatten, kämpften sie nur mit den Kindern an ihrer Seite. Wurde ein Elefantenjunges vom Feind verletzt, desertierten Mutter und Kind augenblicklich.

Immer noch nicht klug geworden, landete Feldherr Hasdrubal im Verlauf der Punischen Kriege 255 und 250 v. Chr. noch zweimal auf Sizilien mit jeweils 140 Elefanten, einer gewaltigen Streitmacht. Doch die Römer drehten den Spieß um und jagten die Giganten mit Pauken und Trompeten in die Reihen der Karthager zurück, wo sie deren Niederlage besiegelten. Daraufhin entwickelten die Nordafrikaner die sogenannte »Elefanten-Notbremse«. Wandte sich ein Jumbo gegen die eigenen Leute, so trieb der Mahout dem Riesen einen Schlagbolzen in den Schädel, und die angsterfüllte, geschundene, mißbrauchte Kreatur brach auf der Stelle tot zusammen.

Gegenüber dieser Tiertragödie erscheint der weltberühmt gewordene Zug des Karthagers Hannibal über die Alpen als

Mischung aus armseliger Groteske und Trauerspiel, sosehr die Ereignisse bis auf den heutigen Tag auch heroisiert werden. Nur 32 Jahre nach dem Fiasko von Sizilien, 218 vor unserer Zeitrechnung, überquerte seine Armee, von Spanien kommend, mit nur 37 Kriegselefanten die Rhône. Welchen von fünf möglichen Alpenpässen der Karthager anschließend wählte, werden wir nie erfahren. Wahrscheinlich entschied sich Hannibal nicht für den einfachsten Weg. Er wurde nämlich schon westlich der Alpen von einem römischen Aufklärungstrupp entdeckt und war dadurch gezwungen, seine Marschroute zu verschleiern. Mit der Überraschung des Feindes, dem Hauptzweck des umständlichen Unternehmens, war es also auch nichts.

Die Alpenüberquerung wuchs sich zu einer furchtbaren Katastrophe aus. Etwa die Hälfte der 40 000 Soldaten stürzte in den Schluchten zu Tode. 29 Elefanten rutschten ebenfalls in die Tiefe. Nur acht der grauen Giganten erreichten die Poebene. In der Schlacht an der Trebbia, beim heutigen Piacenza, verhalfen sie zwar Hannibal zum Sieg, aber sieben kamen dabei ums Leben. Die Römer durchschlugen mit ihren Kurzschwertern die Fersensehnen der Tiere, woraufhin diese umkippten und abgestochen werden konnten. Somit blieb nur noch einer übrig.

216 v. Chr., nach der siegreichen Umfassungsschlacht von Cannae, nahe dem heutigen süditalienischen Bari gelegen, in der 48 000 Karthager 80 000 Römer ohne den Einsatz von Elefanten (!) vernichtend schlugen, schickte Karthago Verstärkung: 40 neue Jumbos. Doch in der Schlacht am Metauro, nahe dem heutigen Rimini, gerieten die Tiere durch das Kriegsgetöse zwischen den Fronten außer Kontrolle. Die »Notbremse« mußte gezogen werden. Wieder Totalverlust an Elefanten und die Schlacht verloren! Diese Superwaffe hat den ihren Einsatz planenden Strategen wahrhaftig niemals zum erhofften Kriegsglück verholfen!

Der Rest ist schnell erzählt. In der Entscheidungsschlacht des Dritten Punischen Krieges, 202 v. Chr. beim nordafrikanischen Zama, griffen die Karthager, sich noch immer stur auf ihre vermeintliche Wunderwaffe verlassend, mit 80 Elefanten an. Die Römer trieben die Tiere mit Trompeten zurück und überließen es ihnen, die Feinde zu vernichten. Seither hat Karthago aufgehört zu existieren.

Die römischen Legionen setzten nur ein einziges Mal die grauen Kolosse ein. Pompejus bot im Bürgerkrieg gegen Cäsars Soldaten anno 46 v. Chr. bei Thapsus im heutigen Tunesien über 100 Elefanten auf. Auch sie zertrampelten nur die eigenen Reihen und entschieden die Schlacht zugunsten des Feindes. So läuft das, wenn Menschen Tiere für ihre miesen Zwecke mißbrauchen.

Seither hatten endlich und glücklicherweise die Elefanten als Kriegsmaschinen ausgedient – mit zwei Ausnahmen:

Der König von Siam besaß 1857 noch 400 Kampfelefanten. Sie wurden jedoch ausschließlich bei Paraden mitgeführt. Und im Zweiten Weltkrieg mußten Elefanten den Japanern behilflich sein – allerdings beim Waffentransport im burmesischen Dschungel.

Bleibt noch die Frage, welche Elefantenart zum Kriegsdienst gepreßt wurde. Die Tiere des Poros, der Seleukiden und des Pyrrhos waren zweifellos Asiatische Elefanten und stammten aus Indien. Karthago verwendete hingegen die mittlerweile längst nicht mehr existierenden, relativ kleinwüchsigen Afrikanischen Waldelefanten, die offenbar im Gegensatz zu den riesenhaften Steppenelefanten ebenso leicht wie die asiatischen Verwandten zu zähmen waren. Die kleineren Afrikaner lebten damals in den Wäldern des Atlas in großer Zahl. Doch nach dem Sieg über Karthago wurden sie von den Römern eingefangen, bei Gladiatorenspielen in römischen Arenen massenhaft abgeschlachtet und binnen weniger Jahrzehnte in Nordafrika völlig ausgerottet.

Doch wie steht es, objektiv beobachtet, mit der Friedfertigkeit afrikanischer Elefanten im allgemeinen? In jüngster Zeit wurden Schreckensmeldungen verbreitet, denen zufolge die gewaltigen Rüsselträger barbarisch unter anderen Tieren gewütet haben sollen. Das soll auf den folgenden Seiten untersucht werden.

Anatomie eines Mörders

Der junge afrikanische Elefantenbulle schien plötzlich wahnsinnig geworden zu sein. Als ein Tierfotograf den Geländewagen in seiner Nähe stoppte und den Motor abstellte, warf er den Rüssel hoch, trompetete schrill und griff im Höchsttempo von 50 Stundenkilometern an. Der Anlasser des Jeeps versagte. Im ersten Ansturm warf der Fünftonner das Auto wie eine Pappschachtel um und verbeulte das Blech. Der Mann floh durch eine zertrümmerte Fensterscheibe. Doch der graue Riese holte ihn nach wenigen Metern ein und zertrampelte ihn zur Unkenntlichkeit. Und das bei einem Tier, dessen Gutmütigkeit sonst sprichwörtlich ist!

Wenige Tage später ging er, ebenfalls im Pilanesberg-Wildreservat 250 Kilometer nordwestlich von Johannesburg, auf einen Geländewagen mit einer Touristengruppe auf Fotosafari los. Mit knapper Mühe und Not konnten die Menschen fliehen. Anderntags traf ein amtlicher Großwildjäger aus der Hauptstadt Pretoria ein, um das wildgewordene Tier abzuschießen. Der Elefant lockte ihn in einen Hinterhalt, fiel überraschend aus dichtem Busch über ihn her und tötete ihn.

Für Eingeweihte kamen diese Ereignisse dennoch nicht wie der Blitz aus heiterem Himmel. In den drei Jahren zuvor hatten Elefantenbullen im selben, in der Provinz Transvaal gelegenen Schutzgebiet 19 der seltenen und unter großem Personalaufwand vor Wilderern geschützten Breitmaulnashörner mit den Stoßzähnen durchbohrt, also regelrecht abgestochen und getötet. Sinnlose Morde? Pure Lust am Töten? Oder was?

Clive Walker, Chef der Nashorn- und Elefantenstiftung in Johannesburg, wurde von der Regierung mit der Ursachenforschung beauftragt. Er fand Erschütterndes. Die Elefanten waren von Menschen zum Wahnsinn getrieben worden. Sie hatten 1983 in einer Mutterherde im Krüger-Nationalpark Südafrikas das Licht der Welt erblickt. Als sie zwei bis drei Jahre alt waren, wurde amtlicherseits beschlossen, die gesamte Herde wegen angeblicher Elefantenüberbevölkerung abzuschießen. »Culling«, selektionieren, nennt man das. Nur die Babys durften am Leben bleiben. Nach dem Massaker wurden sie in Netzen per Hubschrauber freischwebend in das private Mabula-Reservat geflogen und zu sechst in ein weiträumiges Gehege gebracht. Hier habe ich selbst sie 1992 beobachten können. Sobald sich ein Mensch oder ein Auto nur von weitem dem Zaun näherte, flohen die elternlosen armen Wichte in Panik kreuz und quer durch das Gehegewäldchen. So tief saß ihnen das Entsetzen über den Massenmord an ihren Eltern, der Schreck der Gefangennahme, die Furcht während des Lufttransports und vor den Menschen ganz allgemein in den Knochen. Ich dachte mir schon damals: »Wehe, wenn die einmal groß sind!«

Von Mabula wurden die Elefantenkinder in Lastwagen zum Pilanesberg-Reservat transportiert. Dabei standen sie abermals Todesängste aus. Dort in die Freiheit entlassen, trafen sie auf andere Dickhäuter: Breitmaulnashörner, durch und durch friedvolle Wesen, die sich mit den Jungelefanten gut arrangierten. Hier hat offenbar eine Prägung der Jumbos auf die Rhinos stattgefunden. Sie hielten sie wohl für etwas niedrig geratene Artgenossen.

Das ging nur so lange gut, bis die Jungbullen die sexuelle Reife erlangten. Auch in Ermangelung arteigener Weibchen versuchten die Elefanten, sich mit weiblichen Nashörnern zu paaren. Als das aus verständlichen Gründen nicht klappte, wurden die Bullen wütend und erstachen in kurzer Zeit 19 Rhinoweibchen mit ihren Stoßzähnen. Danach begannen die Überfälle auf Touristenautos.

Clive Walker macht eine weitere Ursache für das Desaster verantwortlich: das Fehlen erwachsener Elefanten während der Jugendzeit der Kinder. Mütter und »Tanten« führen in gesunden Herden die Jungen zartfühlend ins schwierige Leben ein, bringen ihnen hunderterlei bei, verpassen Halbstarken auch schon mal einen Klaps mit dem Rüssel, wenn sie zu frech werden. Ebenso ist die spätere Bekanntschaft mit den Bullen, die in eigenen Herden getrennt von den Kühen leben und nur zeitweise zu den Weibchen stoßen, ein bedeutsamer Erziehungsakt. Von den Bullen lernen sie, Schranken im Leben zu respektieren. Hier bringt man ihnen, wie Walker sagt, Disziplin bei.

Ohne dies werden sie zu Chaoten, zu Mördern. Zitat Walker: »Wie Menschenkinder, so brauchen auch junge Elefanten eine Erziehung zu sozialem Verhalten in der Gemeinschaft und in der Welt, wenn sie zu verantwortungsvollen Mitgliedern in ihrer Gruppe heranwachsen sollen.«

Ähnliche Dinge wurden auch schon bei mehreren anderen Tierarten erforscht. Im Nördlichen Eismeer müssen junge Walrosse von ihren Müttern lernen, wie man großschalige Muscheln mit den elfenbeinernen Hauern vom felsigen Meeresgrund löst und mit dem Gebiß so aufknackt, daß man den schmackhaften Inhalt mit enormer Saugkraft herauslutschen kann. Stirbt die Mutter früh, etwa weil sie einem Eisbären, einem Schwertwal oder einem Eishai zum Opfer gefallen ist, lernt das Kind niemals, wie Muscheln geöffnet und verspeist werden. Es leidet großen Hunger und hält sich in seiner Not zunächst an Aas. Bald darauf tötet es, was Walrosse sonst nie tun, mit den dolchartigen Hauern arglose Ringelrobben und schließlich in kannibalischer Manier auch arteigene Jungtiere, wenn es diese in einem unbewachten Augenblick erwischt. Also können Waisenkinder auch hier zu Mördern werden.

Jungen Steinbockmännchen liegt das Duellieren mit den langen Hörnern im Blut. Aber die Fechtregeln müssen ihnen erst von den alten Böcken beigebracht werden. Raufen zwei Jugendliche in steiler Felswand miteinander, kommt stets ein Alter herbei und wacht über die Fairneß: Keiner darf sich zum Rammstoß auf die Hinterbeine erheben, bevor der »Kontrahent« nicht sicheren Halt auf dem Fels gefunden hat. Jeder darf nur auf die Stirnwaffen des anderen zielen, nie auf leicht verletzbare Körperteile. Keiner darf einen errungenen Vorteil ausnutzen, wenn Gefahr besteht, daß der Sparringspartner in den Abgrund stürzt. Handelt ein Jugendlicher den Regeln zuwider, geht der »Sportlehrer« mit seinen Hörnern dazwischen wie ein Sekundant beim Säbelduell der Studenten früherer Zeiten und trennt die beiden mit seiner Waffe. Ohne diese väterliche Erziehung zum Fairplay würden im Steinbockrudel Mörder heranwachsen. Das zu vermeiden, ist die große Lehraufgabe der erwachsenen Männchen.

Wölfe sind von Natur aus sehr aggressive Egoisten. Sozialverhalten zum Wohl der Rudelgemeinschaft muß den Jungen erst im Verlauf vieler Kampfspiele beigebracht werden. Nach einer Runde in der Balgerei muß sich der Sieger in der nächsten Runde vom Verlierer unterkriegen lassen. Tut der das nicht, springt der Stärkere mit dem Schwächeren zu rabiat um, fährt Vater Wolf, der Leitrüde, bissig knurrend dazwischen und bringt den Rabauken energisch zur Räson. Täte er das nicht, wüchsen asoziale Elemente heran, die zu Mördern würden und den überlebenswichtigen Rudelzusammenhalt zerstörten.

Mit diesen Beobachtungen aus freier Wildbahn wird jetzt bestätigt, daß Laborversuche mit Rhesusaffen in den Jahren von 1958 bis 1971 keine verfälschenden Artefakte waren, sondern die Wahrheit offenbarten: Affenkinder, die als Waisen in Einzelkäfigen aufwuchsen, gediehen unter tierärztlicher Aufsicht zwar körperlich ausgezeichnet, aber mit fortschreitendem Alter stellte sich eindeutig heraus, daß sie seelische Krüppel waren. Zwischen himmelschreienden Ängsten und grundlos rasender Angriffswut hin- und hergerissen, wurden sie zum Miteinander in der Gemeinschaft, ja, sogar auch zum Liebesspiel absolut unfähig. Sie überfielen auch viel stärkere erwachsene Affen, töteten Babys und degenerierten, ohne je echte Mutterliebe empfangen zu haben, zu gefährlichen Unholden und Verbrechern.

Alle diese schrecklichen Dinge laufen auf einen gemeinsamen Nenner hinaus: Die Not der Welt hat ihren Urkeim in der Not der Kinder, wenn ihnen die Liebe der Eltern fehlt. Das sagte schon einst Salomon. Und wir erleben es heute an Beispielen aus der Tierwelt.

Ob, wann und warum Tiere allgemeingefährlich werden, ist nicht zuletzt auch eine Frage, die sich viele Touristen stellen, wenn sie auf afrikanischer Wildbahn zelten wollen. Davon soll auf den nächsten Seiten die Rede sein.

DER SCHUTZENGEL

Afrikanische Nacht im kleinen Zelt des Savuti-Camps im Norden Botswanas. In orientalischer Prachtentfaltung funkeln Tausende Sterne vom samtschwarzen Himmelszelt. Ich lausche einem vielstimmigen exotischen Konzert. In der Ferne trompeten Elefanten, brüllen Löwen. Ganz in der Nähe »hupen« einige Hyänen, geben ihr Standortsignal: »Hier gibt es vielleicht etwas zu holen!« Dann ein höllisches Kichern: der Verteidigungsruf einer von Rudelgenossen bedrängten Tüpfelhyäne.

Gibt es etwas Romantischeres, als die afrikanische Nacht im Zelt zu genießen? Ich döse wieder ein. Da reißt mich ein Urschrei, ein schrilles Geräusch wie von einer Kreissäge erzeugt, aus dem Schlaf. Ich kippe vor Schreck fast aus dem

Bett. Eine Hyäne hatte keine 30 Zentimeter von mir entfernt unmittelbar neben meiner Zeltbahn geruht und protestiert nun lauthals gegen eine Aktion ihrer Rudelgenossen, die sie aus den nächtlichen Lauten herausgehört hatte. Ich kreische ebenso vehement gegen den Schrei des Tieres an und klatsche in die Hände. Fort ist der »Held«.

Zehntausende von Abenteuertouristen und Naturfreunden nächtigen alljährlich gleich mir in freier Wildbahn Afrikas und Indiens im Zelt. Warum werden sie nicht von Löwen oder Leoparden gefressen, nicht von Elefanten plattgewalzt, nicht von Hyänen angefallen? Riechen Löwen nicht das Menschenfleisch in Zeltbahnverpackung? Nur zu genau wittern sie dies! Oder können sie die Plane nicht öffnen? Wenn sie wollen, zerfetzen sie diese mit ihren Krallen wie eine Papiertüte.

Der Hinderungsgrund ist mehr psychologischer Art. Den Schlüssel zum Verständnis liefert die berüchtigte Löwenkatastrophe von 1898 bei der Station Tsavo in Kenia während des Baus der Eisenbahnstrecke von Mombasa nach Nairobi: Damals fraßen die Raubkatzen innerhalb einiger Wochen nicht weniger als 51 indische Gleisbauarbeiter. Die meisten holten sie aus Zelten heraus.

Vorausgegangen war, was die alles verfälschende Verfilmung »Der Geist und die Dunkelheit« verschweigt, daß Großwildjäger den Löwen weit und breit sämtliche Antilopen und Zebras weggeschossen hatten, weil sie billiges Fleisch für die Versorgung der Arbeiter brauchten. Zunächst holten sich die Raubkatzen einen Inder aus einem unverschlossenen Zelt. Auch heute zerren die Tierreichkönige Touristen aus dem Zelt, wenn es nicht dicht verschlossen ist. Hyänen dringen ebenfalls ein, vor allem wenn sie dort ein gebratenes Huhn wittern, und töten den Schläfer mit einem Biß in den Kopf. Aber ein einfacher Reißverschluß, ja, sogar ein Klettverschluß genügt bereits, reißende Tiere wie Krabbelinsekten fernzuhalten. Also bitte: Die Lagerstätte stets fest verschließen, nicht die Beine ins Freie strecken, auch nicht, wenn es noch so heiß ist, und niemals (!) Speisereste im Zelt deponieren.

Als 1898 nach dem ersten Tsavo-Zwischenfall alle Zelte fest zugeschnürt wurden, geschah zunächst kein weiteres Unheil, bis sich folgendes ereignete: Eine Löwin zwängte sich nachts durch die Boma, den vier Meter hohen Dornzweigwall des Lazaretts. In diesem Augenblick trat zufällig ein Arzt aus dem Sanitätszelt, erschrak im Angesicht der Bestie und stieß einen Tisch mit Gläsern und Instrumenten laut scheppernd um. Die Löwin wandte sich zur Flucht, brach dabei zufällig in ein Krankenzelt ein, verletzte zwei Patienten schwer, tötete einen dritten und zerrte ihn durch den Dornenverhau nach draußen. Von da an holten sich die Löwen ihre Opfer Nacht für Nacht auch aus geschlossenen Zelten.

Heute können wir nur hoffen, daß den Raubkatzen diese Erfindung nicht von neuem gelingt. Solange sind wir im Camp absolut sicher, und solange ziehe ich auch mit meinen 72 Jahren ein Zelt jeder Lodge vor. Das Nachtkonzert der Zikaden, das leise Stimmfühlungsschnurren jagender Löwen, das Alarmhusten der Zebras, das Tüten und Kichern der Hyänen, die Jubelrufe der Vögel im Morgenrot sind unvergeßliche Naturerlebnisse.

Jedoch gaukelt die Sicherheit in Zelt und Geländewagen Greenhorns trügerische Gefahrlosigkeit vor. Als sich im Ngorongorokrater eine Löwin mit zwei winzigen Babys im Schatten unseres Wagens niederließ, konnte ich einen Mitreisenden gerade noch am Aussteigen hindern. »Ich will die süßen Kleinen doch nur streicheln«, meinte er. Die nächsten zehn Sekunden hätte er nicht überlebt. Die Wildnis ist kein zoologischer Garten!

Das Nächtigen nur im Schlafsack ist auf freier Steppe glatter Selbstmord. Hier wissen Löwe, Leopard und Hyäne sofort, wie sie den Tötungsbiß im Genick fachgerecht ansetzen können. 1994 gedachte ein deutscher Tourist in der Etoschapfanne Namibias, neben einem Pavillon der Okaukuejo-Lodge auf einer Bank im Schlafsack gratis übernachten zu können. Zwei Löwengreise, zu senil, an der nahen Tränke auch nur eine Antilope zu schlagen, witterten ihn, übersprangen die »löwensichere«, vier Meter hohe Mauer und rissen ihr Opfer in Stücke.

Noch aufregender sind hautnahe Begegnungen mit Elefanten. Von ihnen wird erzählt, daß sie, anders als der sprichwörtliche Elefant im Porzellanladen, sorgsam über gespannte Zeltschnüre hinwegsteigen, ohne sie auch nur zu berühren. Meist stimmt das, aber nicht immer. Im Oktober 1995 schabte ein Bulle so rüde an meinem Zelt im Semetsi-Camp auf einer Insel des Okawangodeltas, daß ein Vordach einstürzte. Mir blieb nichts anderes übrig, als mich mucksmäuschenstill zu verhalten. Der Bulle war zu gierig hinter den Früchten der Echten Fächerpalme her, unter der mein Zelt stand.

Die Früchte sind groß wie Tennisbälle, schwer wie Billardkugeln und hängen im hundert als Trauben hoch in der Palme. Jumbo erschnüffelt, ob sie reif sind und schüttelt den 15-Meter-Baum, daß es aufs Zelt prasselt wie Hagelschlag. Dann führt er jede Frucht einzeln mit dem Rüssel zum Maul. Etwas Ähnliches geschah, als eine Touristin am Morgen, von einer Schilfpalisade der Sicht entzogen, unter einem Wassersack duschte. Plötzlich langte Jumbo, unversehens auf leisen Sohlen herangewalzt, mit seinem Rüssel nach einer Frucht in der Duschzelle. Zu Tode erschrocken kreischte die Touristin auf und floh splitternackt zum schwarzen Personal ins Küchenzelt. Schlimmeres geschah nicht.

Schließlich stehen Menschen nicht auf dem Speisezettel der grauen Riesen. Reisende, die geschältes Obst im Zelt aufbewahrten, sind allerdings schon samt Früchten aus dem »Campinski-Hotel« herausgeschüttelt worden.

Mit Elefanten ist nicht zu spaßen, vor allem dort nicht, wo Schutzgebiete an Regionen grenzen, in denen sie illegal abgeschossen werden, etwa im Westen des Chobe Forest Reserve Botswanas, im Nordosten der Serengeti oder im Süden des Tarangire-Nationalparks Tansanias. Hier griff mich einmal eine Herde von acht Elefantenweibchen, die am Vortag ihre Anführerin durch Wilderer verloren hatten, im Sturmschritt an. Zum Glück funktionierte der Anlasser, und ein Warzenschweinloch, in dem ich hätte steckenbleiben können, war auch nicht da.

Außer beim Beutefang oder in Notwehr greift kein Tier Menschen an, ohne sie nicht zuvor gewarnt zu haben. Genaue Kenntnis der Körpersprache der Tiere ist unumgänglich, insbesondere für die Guides. Das sind die Alarmsignale: Weit abgespreizte Ohren, schnorchelartig hochgestreckter Rüssel, stark gekrümmter Rücken, hochstehender Schwanz. Sieht man dies, heißt es nur: Gas geben! Elefanten können einen Wagen plattwalzen wie eine Schrottpresse.

Im Mabula-Reservat Transvaals erlebte ich mit, wie Touristen im Hubschrauber eine Elefantenherde in Panik versetzten. Dann landeten sie bei der Lodge und begaben sich 100 Meter weiter zu Fuß in den Speisesaal. Als sie zum Helikopter zurückkehrten, war dieser von den Elefanten in Einzelteile zerlegt und zu Flacheisen verarbeitet worden.

Im Chobe-Nationalpark Botswanas leben die grauen Riesen jedoch in einem Friedensparadies. Von Horizont zu Horizont sah ich im Herbst 1995 an die 5000 Jumbos auf einen Blick. Mit insgesamt 80 000 Tieren sind hier die weltweit meisten Elefanten beheimatet. Ihr Kinderreichtum ist überwältigend. Babys spielen und im Chobe River baden zu sehen, ist ein einmaliges Erlebnis und ohne jedes Risiko.

Büffel gelten als gefährlichstes Wild Afrikas. Diese Aussage müssen jedoch nur Jäger beherzigen, wenn sie ein Tier angeschossen haben. Torero kann man nicht mit ihnen spielen, da sie den Feind beim Angriff auch mit gesenktem Kopf bis zuletzt immer im Auge behalten. Der geschickteste Matador würde von ihnen sofort auf die Hörner genommen, in die Luft geschleudert und zermalmt werden. Doch was halten Büffel von Touristen? Angesichts einer fünfhundertköpfigen Herde antwortete mir mein schwarzer Fahrer: »Wenn du das wissen willst, brauchst du nur auszusteigen.«

Im Herbst 1995 bekam ich im Ngoma-Camp am Chobe River einen Mordsschreck. In der ersten Dämmerung schlurfte ich frühmorgens noch schlaftrunken in Sandalen von meinem Zelt zum Waschraum. Da lagen zwei Büffel direkt vor der Klotür! Doch diese erschraken noch mehr als ich und flohen in einer Staubwolke. In der Nacht war Löwengebrüll zu hören gewesen. Vermutlich hatten sich die Büffel mit intensivem Menschenduft vor den Raubkatzen tarnen wollen.

Die Königstiger Indiens und Nepals fliehen nicht vor Touristen. Als ich vor meinem Zelt am Flußufer des Tiger Tops Tented Camp in großer Mittagshitze Siesta hielt, bemerkte ich mit einemmal, wie ein Tiger vom gegenüberliegenden Ufer durchs Wasser schwimmend direkt auf mich zuhielt. Im gleichen Augenblick stürmten drei Gurkha-Guides, nur mit Stöcken bewaffnet, durch das hohe Gras auf den Tiger los, entschlossen, mich unter Einsatz ihres Lebens zu verteidigen. Als sie sahen, daß ich schnell mein Zelt aufsuchte, zogen sie sich sofort zurück. Für die Raubkatze schien das alles Luft zu sein. Durch einen Luftschlitz beobachtete ich, wie sie sich fünf Meter neben meinem Zelt niederduckte. Was hatte sie vor? Da kam von der anderen Seite eine Achtmannsafari mit Gewehren den Uferpfad entlang. Als sie zehn Meter vorbei war, sprang der Tiger auf, kreuzte den Weg und verschwand im Urwald. Hätte er Hunger gehabt, wäre es um den letzten Mann geschehen gewesen. Und die laut palavernde Gruppe hätte erst im Camp bemerkt, daß einer der ihren fehlte.

Anderntags machten sich zwei junge Schweden ohne Begleitung eines Guides auf den Weg in den Dschungel. Zu spät bemerkten sie ein Panzernashorn, das sie sofort angriff. Die beiden Touristen kletterten auf einen Baum. Der langsamere, etwas wohlbeleibte Mann klammerte sich mit allen vieren an den untersten Ast, wobei der Po nach unten durchhing. Da setzte das Rhinozeros seine gefährlichste Waffe ein: nicht das Nasenhorn, sondern sein Gebiß mit dem es als Laubfresser armdicke Äste knacken kann, und entschwand mit einer Pobacke. Wie der arme Kerl ins Spital von Katmandu gelangt ist, wage ich nicht, mir auszumalen.

So lautet die Hauptregel: Gehe niemals ohne erfahrenen Guide in die Wildnis!

Mit versiertem Führer konnte ich jedoch die schönsten Stunden meines Lebens genießen: eine Woche lang täglich siebenstündige Fußmärsche durch den nepalesisch-indischen Dschungel zu Tigern, Panzernashörnern und Lippenbären. Hier nur ein Beispiel:

Mein Guide, der vorangehende Wishnu, gab mir ein Zeichen, indem er eine kurze Melodie pfiff. Alle Tiere halten Pfiffe für den Ruf eines Vogels. Für mich bedeutete es: »Sofort niederducken!« 60 Meter vor uns spielte eine Lippenbärin mit ihrem Kleinkind. Also umkehren und einen Zweistundenumweg in Kauf nehmen? Wishnu wußte Besseres. Er ging langsam bis auf die kritische Distanz von 53 Metern an die Bärin heran.

Hierüber herrschen noch falsche Vorstellungen. Zwar ist es richtig, daß ein sofortiger Angriff des Tieres erfolgen kann, wenn man diese unsichtbare Grenze schnell überschreitet. Andererseits ist sie auch eine Friedenslinie. Bleiben andere Tiere oder Menschen jenseits derselben, werden sie nicht attackiert. Diesen Sicherheitsabstand kannte Wishnu genau. Ein kleiner Fehler, und die Bärin hätte ihn mit ihren fingerlangen kräftigen Krallen in Streifen gerissen. Mit großem Geschick konnte Wishnu diese Grenze sogar zu unseren Gunsten verschieben: Er trat zwei Schritte vor. Die Bärin behielt ihn im Auge und wich zwei Schritte zurück. Dann wiederholte Wishnu das gleiche Ritual in langsamer Folge. So drängte er Mama Petz in halbstündigem Geduldspiel allmählich so weit zurück, daß wir passieren konnten. Hut ab vor diesem Mann!

An den meisten tödlichen Zwischenfällen sind Krokodile, Alligatoren und Mohrenkaimane beteiligt. Jene Panzerechsen, die weitab jeglicher Zivilisation leben, fliehen meist wie überängstliche Eidechsen, sobald sich Menschen nähern. In der Umgebung einer Lodge aber kann man sich den Drachen zu Fuß bis auf zwei Meter nähern, ohne daß sie fliehen oder zuschnappen. Beides erweckt den Anschein von Harmlosigkeit. Wenn sich die Reisenden dann aber nachts ohne Wissen des Reiseleiters heimlich aus dem Camp schleichen, um auf dem Sandstrand Blitzlichtfotos von den Tieren zu machen, werden sie in der Finsternis geschnappt, wovon am nächsten Morgen nur noch schaurige Reste zeugen.

Das Füttern von Alligatoren wird in den Everglades Floridas mit 500 Dollar bestraft. Schilder warnen: »Krokodile werden nur durch Futterspenden zu reißenden Ungeheuern.« Sie können zwischen einem Steak und dem Arm eines Menschen, der es ihnen reicht, nicht unterscheiden.

Wie groß ist die Gefahr von »Zwischenfällen« auf Naturreisen? Trotz all der geschilderten Vorfälle tausendmal geringer, als im Straßenverkehr zu verunglücken! Aber die Tendenz ist steigend, weil immer mehr Touristen glauben, die Wildnis sei nur ein großer Zoo, und alle Vorsicht außer acht lassen. Dem soll mit diesem Kapitel gegengesteuert werden: zurück zur Natur durch natürliches Verhalten! Und dazu gehören nun einmal äußerst geschärfte Sinne zur Vermeidung von Gefahren.

Krieg und Frieden

Der Weisheit Wege
sind liebliche Wege,
und alle ihre Steige
sind Friede.

(Sprüche 3, 17)

MEUTEREI AUF DER »BOUNTY«

Als die untergehende Sonne den Abendhimmel über dem Tarangire-Nationalpark Tansanias blutrot färbte, legte sich ein Rudel von fünf Löwinnen keine 50 Meter neben unserem Zelt unter dem Schirm einer Akazie zur Ruhe. Bis Mitternacht blieb alles ruhig. Doch dann röhrte ein schauriges Brüllkonzert über die Savanne. »Unsere« Chordamen übten sich im Wechselgesang mit einer oder zwei anderen Löwinnen in etwa 200 Meter Entfernung. Die männlichen Leos hielten sich mit ihrer noch gewaltigeren Stimme aus dem Sängerkrieg heraus. An Schlaf war nicht zu denken. Was hatten sich die »Königinnen der Tiere« zu erzählen?

Bisherige Forschungen befaßten sich überwiegend mit den Verhaltensweisen männlicher Löwen. Von den Weibchen wußte man nur, daß sie als Haremsdamen von einer zwei-, drei- oder vierköpfigen Männerclique beherrscht werden und für diese als Fleischbeschaffer auf die Jagd gehen müssen, während die »Herren der Schöpfung« faulenzen. Eine typisch maskulin gefärbte Sicht. Doch dieser nächtliche Choral vor meinem Zelt erzählte mir eine ganz andere Geschichte.

Obwohl es schon zahllose dicke Bücher über die großen Raubkatzen gibt, gelingen immer noch neue Entdeckungen über ihr Verhalten: Die Rudelverteidigung liegt bekanntlich allein in den Pranken und Zähnen der männlichen Mähnenträger, jedoch ausschließlich gegenüber fremden Angehörigen des eigenen Geschlechts. Oftmals besteht die Schar der Eindringlinge aber nur aus Weibchen. Gegen diese haben die Paschas natürlich nichts einzuwenden. Sie würden nur ihren

Harem vergrößern. Gleichwohl ist es ihnen einerlei, was in ihrem Serail geschieht.

Woher kommen die fremden Löwinnen?

Erstens werden immer wieder Weibchen von einem fremden Rudel ausgestoßen. Als Einzelgängerinnen wandern sie weit umher und suchen Aufnahme in eine neue Sippe, weil sie, allein auf sich gestellt, nicht überleben können. Dieser Wunsch wird ihnen von den Rudelweibchen dann gewährt, wenn noch Bedarf an Mitjägerinnen besteht, was nach Krankheitsepidemien oder Hungerkatastrophen der Fall ist. Die Aufnahme wird ihnen jedoch verwehrt, wenn im Rudel schon zu viele Mäuler durchzufüttern sind oder es gar kürzlich selbst rangniedere überzählige Weibchen ausgestoßen hat.

Zweitens wollen Nachbarinnen ihren Jagdbereich möglicherweise ausdehnen. Löwenmänner bekämpfen nur fremde Artgenossen, die ihnen das Revier samt Weibchen streitig machen. Eroberungskriege zum Vergrößern des eigenen Landbesitzes sind allein Aufgabe der Weibchen. Und Verteidigungsmaßnahmen gegen diese Invasoren ebenfalls.

Diese Auseinandersetzungen sind keineswegs harmlos, wie Rob Heinsohn, Verhaltensforscher an der Universität Canberra, 1994 herausgefunden hat. Oft werden Kriegerinnen in den Kämpfen schwer verletzt oder gar getötet. Den sprichwörtlichen Löwenmut zeigen jedoch nur einige weibliche Rudelmitglieder. Andere erweisen sich als ausgesprochene Feiglinge. Wenn ihre Rudelgenossinnen zum Gegenangriff vorgehen, üben sie sich in Zurückhaltung, traben wohl einmal nach vorn, um die Lage zu sondieren, treten dann aber sogleich die Fahnenflucht an. Sie sind also regelrechte Kriegsdienstverweigerinnen. Dennoch bleiben sie im Rudel respektierte Mitglieder. Keiner verübelt ihnen den Rückzug.

Rätsel über Rätsel. Der Forscher kam hinter weitere Geheimnisse, als er in der Abenddämmerung und nachts, der Hauptangriffszeit, das Gebrüll fremder Löwinnen über Lautsprecher 200 Meter neben dem Ruheplatz eines Rudels abspielte. Die Großkatzen fielen über den Lautsprecher her und »zerfleischten« ihn. Er mußte mit Stahlplatten gepanzert werden. Danach konnte Heinsohn verfolgen, was im einzelnen geschieht: Auf das Brüllduell hin formiert sich eine kleine Gruppe von zwei, drei oder vier Weibchen, jedesmal in anderer Zusammensetzung. Wenn dieser Stoßtrupp ausschließlich aus Mutigen besteht, gehen alle gemeinsam zum Gegenangriff vor. Setzt sich die Gruppe nur aus zwei Tapferen und mehreren Feiglingen zusammen, attackieren die beiden couragierten Tiere den Feind im Alleingang. Folgen ihnen Jungtiere als Schlachtenbummler, spornt das ihren Wagemut noch mehr an. Doch in keinem Fall waren sie danach denen, die sie im Stich ließen, böse, geschweige denn, daß sie diese wegen »Feigheit vor dem Feind exekutiert« hätten. Und dies, obwohl sie viel und die anderen nichts für die offenkundig gemeinsame Sache riskiert hatten.

Wenn die Truppe jedoch lediglich eine Tapfere in ihren Reihen hat, schaut sich diese während des Vorrückens gegen den Feind immer wieder um, ob jemand von den anderen zu ihrer Unterstützung folgt. Ist das nicht der Fall, bricht sie den Gegenangriff ab. Setzt sich die Gruppe der Verteidigerinnen gar nur aus »Hasenherzen« zusammen, so findet das Gebrüll der Feinde keine Beachtung, und den Eindringlingen wird kein Widerstand geleistet.

Weitere ungewöhnliche Dinge kamen ans Licht, als der Forscher Tapfere und Feiglinge unter die Lupe nahm. Eine mutige Löwin kann groß, stark und jung sein, ebensogut aber auch klein, schwächer und uralt. Umgekehrt kann eine Drückebergerin krank und schwächlich, doch nichtsdestotrotz ein ganz hohes Tier sein. Mut und Feigheit sind bei Löwinnen also nicht an Rang und Kraft gebunden. Eine sich im Kampf gegen Artgenossinnen als feige herausstellende Löwin kann bei der Jagd auf Büffel, Spießböcke, Warzenschweine und anderes gefährliches Wild sogar durchaus großen Mut beweisen. Das ist wahrscheinlich auch der Grund, weshalb ihr kein Rudelmitglied die »Kriegsdienstverweigerung« krumm nimmt. Zudem wurde festgestellt, daß Nichtkämpferinnen sehr gute Mütter sein können, welche die Kinder der Kriegerinnen beschützen, während diese ihre Kämpfe ausfechten.

Mit der gegenseitigen Unterstützung ist es so ein seltsam Ding. Prinzipiell gibt es Hilfsbereitschaft, also das Aufsichnehmen von Mühen und Risiken zugunsten anderer und zum eigenen Nachteil, unter Tieren nur unter zwei Voraussetzungen:

Auf Gegenseitigkeit: Wenn du etwas für mich tust, helfe auch ich dir! Dies gilt im alltäglichen Umgang ebenso wie im Extremfall. Hat eine Löwin einer anderen einmal das Leben gerettet, erweist diese ihr lebenslang tätigen Dank. Wir bezeichnen das als mutualen Altruismus.

Unter Blutsverwandten gemäß der These vom »egoistischen Gen«: Wenn ich nahen Verwandten helfe, begünstige ich einen Teil meiner eigenen Gene, die auch in meiner Sippe weiterleben sollen.

Bei Löwinnen tritt folgendes hinzu: Ob sie Fremde aufnehmen wollen oder nicht, ob sie Vagabundinnen als Mitjägerinnen brauchen oder sie als unerwünschte Mitfresser betrachten, kann von den einzelnen Rudelmitgliedern durchaus unterschiedlich beurteilt werden. Ranghohe Löwinnen verhalten sich Fremden gegenüber meist weniger futterneidisch als rangniedere, da sie ihr Recht am Riß behaupten können. Deshalb sind sie den Neuen gegenüber auch meist toleranter und nicht gewillt, das Risiko auf sich zu nehmen, sie zu bekämpfen. Je nach der Situation fällt jede Löwin stets für sich allein die Entscheidung, ob sie kämpfen will oder nicht. Es ist eher ein wohlüberlegter Entschluß als ein Mangel an Mut. Insgesamt betrachtet wirkt es sich sogar mehr wie eine Art Volksabstimmung aus.

Einer Löwin steht in ihrem Verhaltensinventar also beides offen: die Kriegführung oder die Kriegsdienstverweigerung. Sie ist nicht sklavisch an instinktive Aktivitäten gefesselt. Angesichts der Katastrophen, die auch über das Löwenrudel hereinbrechen können, ist das von der Natur sehr weise eingerichtet. Dies zeigte sich 1994 im Ngorongorokrater Ostafrikas in extrem dramatischer Weise.

Der 22 Kilometer durchmessende und von einem 600 Meter hohen, steilen Ringwall umschlossene Vulkankessel ist ein Löwenparadies. Hier weiden Tausende von Zebras, Gnus und Antilopen. Nur Giraffen können sich nicht halten. Fliehen sie vor einer Raubkatze, laufen sie aufgrund der beengten Raumverhältnisse im Krater der nächsten direkt in die Fänge. In dieser allzeit gefüllten Speisekammer herrscht die kompakteste Raubtierdichte der Welt: 30 Löwen und deren 70 Jungtiere leben in sechs Rudeln, insgesamt etwa 100 Tiere.

Dennoch hat der »König der Tiere« unter einem tödlichen Feind zu leiden: der Wadenstecherfliege. Etwa alle 30 Jahre fällt in der großen Regenzeit besonders viel und langanhaltend Wasser vom Himmel. Unzählige »saftige« Kothaufen der Huftiere werden zu Brutstätten der Insekten, die äußerlich von der Stubenfliege kaum zu unterscheiden sind, aber sehr schmerzhaft und blutsaugend stechen.

In einer Bevölkerungsexplosion ohnegleichen umsummen dann Milliardenwolken blutdurstiger Minivampire alles Getier. Am schlimmsten werden die Löwen von ihnen heimgesucht. Im fortgeschrittenen Stadium sind Rücken und Flanken wie schwarz gemalt vor Fliegen. In tödlicher Lethargie liegen die Löwen da, zu schlapp, um die Quälgeister mit Muskelzucken davonzujagen. Literweiser Blutverlust läßt sie zum Skelett abmagern. Eiternde Wunden zerfressen das Fell. Um sich zu schützen, klettern die Raubkatzen auf Bäume, zwängen sich in die Erdbaue der Hyänen und Warzenschweine – alles vergebens. Sie werden zu schwach zum Jagen und verhungern. Während der sechsmonatigen Fliegenplage von 1962 überlebten von den damals 70 Löwen nur zehn.

Der daraufhin einsetzende Erholungsprozeß ist von Craig Packer, Zoologe an der Universität von Minnesota, erforscht worden. Er offenbart neue erschreckende Perspektiven:

Vier überlebende Weibchen und zwei Männchen sorgten 1963, also im Jahr nach der Katastrophe, für zahlreichen Nachwuchs. Im Jahr darauf drangen zwei vagabundierende Löwen von der Serengetisteppe über eine der beiden Autostraßen in den Krater ein und töteten sämtliche dort lebenden Männchen. Sie begingen dabei keine Heldentat, denn die Revierinhaber waren noch stark geschwächt. Auch viele Jungtiere wurden umgebracht. Ein solches Massaker ist nur nach einem Zusammenbruch der Bevölkerungsdichte möglich. In normalen Zeiten verteidigen alle im Krater ansässigen Männchen dieses Schlaraffenland vereint gegen jeden Eindringling — aufgrund ihrer Überzahl stets mit Erfolg. Die Kraterlöwen bilden eine geschlossene Gemeinschaft. Nur in Phasen nahezu völliger Dezimierung haben »Ausländer« eine Chance, frisches Blut einzubringen. Im allgemeinen betreiben die Ngorongorolöwen also extreme Inzucht.

1965 und 1967 waren besonders kinderreiche Jahre. Das einzige verbliebene Rudel wurde schnell zu kopfstark. Kleine Weibchengruppen sonderten sich ab, bildeten neue Rudel, Jungmännchen gesellten sich hinzu. Seit 1972 gab es wieder das Maximum von sechs Rudeln mit insgesamt 100 Löwen, Löwinnen und Jungtieren, ... bis zur nächsten Super-Regen-und-Stechfliegen-Zeit. Die männlichen Junglöwen bilden Bruderschaften, gehen aber nicht wie in der offenen Serengeti mit Huftierherden auf eine dreijährige Wanderschaft, da diese stets im Krater bleiben. Sie verweilen am Rande ihres Familienverbands und jagen für sich selbst, bis sie sich im Alter von sechs Jahren stark genug fühlen, zu dritt gemeinsam ein Rudel zu erobern.

Diese Kämpfe sind meist nicht so mörderisch wie auf freier Steppe, handelt es sich doch um ältere Brüder, Schwestern, Enkel, Neffen und Nichten. Nur selten wird einer getötet. Die Unterlegenen wandern über den Kraterrand in die Serengeti aus. Kein männlicher Löwe kann sich übrigens auch hier seines Weibchenharems länger als zwei Jahre erfreuen. Dann wird er schon wieder entthront.

Diese horrende Verwandtenwirtschaft im selbst auferlegten Groß-»Käfig« des Kraters hat schwerste Inzuchtnachteile zur Folge: Spermienabnormitäten, Verhaltensstörungen, Anfälligkeit gegen Krankheiten. Vor allem mangelt es den Löwen zunehmend an Abwehrkräften gegen die Stechfliegenplage. Die nächste Blutsaugerkatastrophe kann durchaus einmal, so der Forscher, zur völligen Ausrottung der Löwen innerhalb des Kraters führen, während der Befall den Zebras, Gnus und Antilopen, die zur Fortpflanzungszeit öfter aus dem Krater hinaus- und wieder hereinwechseln und nicht unter Inzucht leiden, kaum etwas ausmacht.

Craig Packer sieht im Ngorongorokrater einen Mikrokosmos der afrikanischen Savanne insgesamt: Die Populationszahl vieler Tierarten wird von der ständig wachsenden Menschenlawine immer mehr eingeengt und zum Teil in kleinen Arealen von ihren Artgenossen inselartig isoliert. Dort drohen Inzucht sowie genetische Verarmung und damit eine tödliche Schwächung der Lebenskraft der Tiere, vergleichbar dem Schicksal der Kraterlöwen während der Fliegenplage.

Schon zeigten sich die Wildhunde der Serengetisteppe seit 1992 extrem anfällig gegen die Tollwut der Massaihunde, so daß sie heute so gut wie ausgestorben sind. Schon fallen Hunderte von Serengetilöwen dem Staupevirus und der sogenannten Feixkrankheit der Massaihunde zum Opfer. Hier kommt ein Tierarten-Schutzproblem größten Ausmaßes speziell in den Nationalparks auf uns zu.

Doch nicht nur der Thron der Löwen, der vermeintlichen »Könige der Tierwelt«, beginnt heute zu wanken, sondern auch jener der »Beherrscher der Meere«, der Haie.

Eine der faszinierendsten Tiergestalten auf Mutter Erde ist der Weiße Hai. Diese übermächtige Freßmaschine gilt als Gruselmonster Nummer eins. Er kann bis zu 6,40 Meter lang werden, also etwa so groß wie das Gummiungetüm in Steven Spielbergs Schockerfilm. Sein Gewicht beträgt bis zu 3000 Kilogramm, er bringt also ebensoviel auf die Waage wie 40 Menschen. Riesen können einen Schwimmer mit einem Haps verschlingen, kleinere Weißhaie zerfetzen ihn mit ihrem Mordsgebiß erst in Teile. Somit ist der Weiße Hai nicht gerade das ideale Forschungsobjekt für am Leben hängende Meeresbiologen! Dennoch konnten in jüngster Zeit überraschende Erkenntnisse gewonnen werden. Sie entlarven fast alle bisher gängigen Vorstellungen als falsch.

Fehler Nummer eins, durchweg von Zoologen vorgetragen, die als seriös gelten wollen: Der Hai ist ein nahezu ungefährliches Wesen.

Fehler Nummer zwei, durchweg von Sporttauchern vorgetragen, die ihren Mut in glänzendem Licht erscheinen lassen wollen: Der Hai ist eine von Blutrausch und Mordgier besessene Bestie, ein Kannibale an eigenen Artgenossen und ohne jeden Funken verschonenden Verhaltens.

Zu Punkt eins: Die Annalen der Seekriegsgeschichte verzeichnen eine Reihe von schrecklichen Haikatastrophen, die für sich sprechen:

Am 24. März 1941 wurde das britische Passagierschiff »Britannia« mit 480 Mann an Bord im Mittelatlantik von dem deutschen Schweren Kreuzer »Admiral Hipper« versenkt. Fünf Tage lang machten zahlreiche Haie zwischen den überfüllten Flößen Jagd auf die Schiffbrüchigen. Als schließlich der spanische Dampfer »Cabo Hornos« erschien, konnte dessen Besatzung nur noch 77 Überlebende aufnehmen. Viele von ihnen hatten Bißwunden von Haien.

Am 5. April 1942 versenkten japanische Trägerflugzeuge die beiden englischen Schweren Kreuzer »Dorsetshire« und »Cornwall« im Indischen Ozean bei den Malediven. Etwa 800 Mann trieben im Wasser. Dann griffen Hairudel an. Die unverletzten Seeleute bildeten einen Kreis um die Verwundeten, um die Hai-Attacken abzuwehren. Nach 36 Stunden kamen Rettungsschiffe. 58 Männer konnten nur tot geborgen werden. Unterhalb der Schwimmweste waren ihnen Beine und Unterleib von Haien abgebissen worden.

Im Oktober 1942 versenkte ein italienisches U-Boot den englischen Hilfskreuzer »City of Cairo« zwischen Kapstadt und der Insel Saint Helena. Schon kurz danach umkreisten Hairudel die überfüllten Rettungsboote. Um sie zu »beruhigen«, warfen die Schiffbrüchigen ihre Toten über Bord, machten die Haie dadurch aber noch wilder. Dennoch gelang es den Tieren nicht, eines der Boote zu zerstören. Nach zwei Wochen nahm das deutsche Versorgungsschiff »Rhakotis« die Überlebenden an Bord, wurde aber kurz darauf von den Engländern versenkt. Wieder griffen Haie vehement an. Ein deutsches U-Boot konnte von anfangs 185 Besatzungsmitgliedern nur noch 33 Seeleute retten.

Am 13. November 1942 wurde der amerikanische Leichte Kreuzer »Juneau«, der in der ersten Nachtschlacht bei der Salomoneninsel Guadalcanal schwere Schäden hatte hinnehmen müssen, auf dem Rückmarsch von einem japanischen U-Boot torpediert. Im Wasser schwimmend wurden noch 120 Besatzungsmitglieder gezählt. Nach vier Tagen konnten zehn Mann gerettet werden. Alle anderen waren umgekommen. Ein Überlebender: »Die Haie waren so wild und gefräßig, daß sie auf die Flöße sprangen.«

Am 28. November 1942 wurde der britische Dampfer »Nova Scotia« mit 58 Besatzungsmitgliedern und 1030 Italienern, die zuvor in der Panzerschlacht von El Alamein gefangengenommen worden waren, im Indischen Ozean nahe Durban von einem deutschen U-Boot torpediert. Nach 24 Stunden nahmen Rettungsschiffe 338 Überlebende und

750 Leichen an Bord. Vielen war der Unterleib von Haien abgebissen worden.

Am 25. Oktober 1944 wurden in der Seeschlacht um die philippinische Insel Leyte die US-Geleitträger »Gambier Bay« und »St. Lo« sowie der Zerstörer »Johnston« durch Schiffsartillerie und Kamikazeflieger der Japaner versenkt. 1440 Seeleute trieben zwei Tage und zwei Nächte hilflos in der See. Erst dann fand ein Stabsoffizier den Funkspruch mit der Meldung: »Viele Leute im Wasser!« Die Retter zogen 1070 Männer in die Boote. Aber 370 fehlten. Sie waren Haien zum Opfer gefallen.

Am 4. August 1945 wurde der amerikanische Schwere Kreuzer »Indianapolis«, der gerade die Hiroshima-Atombombe auf dem Marianenstützpunkt Tinian abgeliefert hatte, bei den Philippinen von einem japanischen U-Boot torpediert und sank binnen zwölf Minuten. Zum Absetzen eines SOS-Rufs blieb keine Zeit. Von 1199 Mann Besatzung erreichten 883 mit Schwimmwesten oder in Schlauchbooten das Wasser. Nach einer halben Stunde griff der erste Hai an. Weitere Rudel gesellten sich hinzu. Alle zehn bis 30 Minuten war der Aufschrei eines Menschen zu hören, Tag und Nacht. Erst am fünften Tag sichtete das PBY-Flugboot »Catalina« die Schiffbrüchigen. 316 Mann wurden gerettet. Von den 567 Toten geht ein unbekannter Teil auf das Konto der Haie.

Eine furchtbare Bilanz. Aber da die Gefährlichkeit dieser Fische in allen einschlägigen Haimonographien verharmlost wird, habe ich in mehrjähriger Recherche diese Ereignisse zusammengestellt und hoffe, den Leser damit nicht gelangweilt zu haben.

Um eventuellen Befürchtungen zukünftiger Rekruten entgegenzutreten, beeilte sich die amerikanische Marine, diese Katastrophen statistisch zu relativieren: Im Zweiten Weltkrieg gab es in tropischen Gewässern des Pazifiks Augenzeugen von 2480 Flugzeugabstürzen, nach denen Überlebende im Meer schwammen. Haie wurden in nur 38 Fällen gesichtet, bei denen es lediglich zwölfmal zu »Unannehmlichkeiten oder Verletzungen« kam. Wie oft Haie alle Augenzeugen beseitigten, wird nicht erwähnt. Wüßte man alles und würde man es auch bekanntgeben, ginge wahrscheinlich keiner mehr zur Marine, geschweige denn zur Marineluftwaffe.

Andererseits fand eine Serie ungeheuerlicher See- und Flugzeugträgerschlachten mit Hunderttausenden von Toten statt, bei denen Haie überhaupt nicht in Erscheinung traten. Tausende von Handelsschiffen wurden im Pazifik und Atlantik versenkt, ohne daß die Schiffbrüchigen auch nur einen einzigen Hai bemerkten. Allerdings darf man wegen Haigefahr heute noch nicht am Strand der Salomoneninsel Guadalcanal baden. Früher war das völlig unbedenklich. Aber seit dort im Jahr 1942 im Verlauf der japanischen und amerikanischen Landeoperationen zahllose Tote im Wasser trieben, sind die Haie auf den Geschmack gekommen – bis heute.

Auch im Frieden gibt es Haikatastrophen. Am 19. Februar 1988 sank im Gangesdelta nahe Kalkutta ein mit 120 Personen völlig übersetztes Fährschiff. 40 Überlebende wurden geborgen. Zehn Inder ertranken im Schiffsrumpf. 70 fielen Haien zum Opfer.

Seit 1992 verzeichnen wir einen dramatischen Anstieg von Hai-Angriffen auf Surfer und Schwimmer am Badestrand der brasilianischen Hafenstadt Recife. Allein im Jahre 1994 wurden elf Attacken registriert, die schwere Verletzungen zur Folge hatten. Die Polizei verhängte ein striktes Verbot, auch nur ins seichte Wasser zu gehen. Doch die Surfer mißachten es und starten zu ihrem lebensgefährlichen Ritt auf den Wellen, wenn gerade kein Gesetzesauge wacht. Sie betrachten einen Haibiß als ehrenhaften Mutbeweis.

Damit zur zweiten Falschmeldung über den Weißhai, er sei eine von Blutrausch und Mordgier besessene Bestie, ein Kannibale an eigenen Artgenossen und ohne jeden Funken verschonenden Verhaltens.

Leonard Compagno, Chef des Haiforschungszentrums im südafrikanischen Kapstadt, hat 1994 herausgefunden, daß sich die vermeintlichen Meeresmonster sogar einer eigenen Körpersprache bedienen, um nicht über ihresgleichen herzufallen. Fühlt sich ein Großer von einem Kleinen bedrängt, reißt er seinen Kopf nach oben, wippt katzbuckelnd mächtig auf und ab, peitscht mit der Schwanzflosse übertrieben stark hin und her, bremst aber gleichzeitig, so daß er kaum von der Stelle kommt. Dabei streckt er beide Brustflossen bootskielartig nach unten, wie er es auch tut, wenn er einen See-Elefanten zerfetzt. Verfehlt diese Drohung ihre Wirkung, folgt schnelles Kopfschütteln mit gefletschten Zähnen, das sogenannte Sägen ins Leere. Es heißt soviel wie: »So werde ich dich gleich auseinandernehmen, wenn du nicht abhaust!«

Nutzt auch dies nichts, wird die stärkste Drohung eingesetzt: das Hautschlitzen. Der bedrängte Hai stürmt im Schnellstart mit offenem Maul an dem Gegner vorbei und ritzt ihn einmal in der Kopfregion. Der mit diesem meist nicht blutenden »Schmiß« gezeichnete Kontrahent sucht daraufhin fluchtartig das Weite. Ausströmendes Blut würde bedeuten, daß er kurz darauf im instinktiven Blutrausch von seinem überlegenen Widersacher oder auch anderen Haien zerrissen würde. Diese angeblichen Megabestien sind also sehr »kreativ«, wenn es darum geht, Kämpfe unter ihresgleichen zu vermeiden! Die bisher vermutete Parole »Groß frißt in jedem Fall klein« hat also der Mensch nach falschem Denkschema in den Weißhai hineininterpretiert. Sogar die gefräßigsten aller Freßmonster kennen Verhaltensregeln zum Verschonen von Artgenossen! Das ergibt auch einen Sinn, denn das Sägezahngebiß ist eine so fürchterliche Waffe, daß ein Dreimeterhai durchaus ebenso einen Fünfmeterartgenossen töten kann wie umgekehrt.

Darüber hinaus organisieren sich sogar mehrere Tiere zu gemeinschaftlichem Tun. Einmal sah der Forscher, wie zwei Weißhaie friedlich zusammenschwammen. Dabei drängte sich der kleinere der beiden von oben so eng an den größeren, daß dessen Rückenflosse zur Seite gebogen wurde. Er ritt auf ihm huckepack! Ein Balzverhalten? Über das Liebesleben der

Weißhaie wissen wir bislang noch nichts. Aber da der Kleine nicht im Rachen des Großen verschwand, kann das Gemeinschaftsschwimmen auch nichts mit Aggressivität zu tun gehabt haben.

Die gewaltigen »Freßmaschinen« arbeiten auf der Jagd sogar gelegentlich zusammen. Vor dem Ufer von Dyer Island, fünf Kilometer von der Kapküste von Gansbaai, stießen einmal zwei dieser Räuber, mit zehn Metern Abstand nebeneinander schwimmend, in einen Schwarm Südafrikanischer Seebären. Die einen flohen nach links, die anderen nach rechts. So trieben sich die Haie ihre Opfer gegenseitig vors Maul, und jeder bekam gleichzeitig eines zu fassen.

Die übrigen Seebären, viel weniger als die riesigen Haie, veranstalteten sogleich ein hektisches Tohuwabohu, eine Art Mobbing, um ihre Feinde zu verjagen. Dabei merkten sie nicht, wie ein dritter Hai aus der Tiefe emporschoß und ein weiteres Beutetier schnappte. Zufall oder planmäßige Zusammenarbeit? Daraufhin griffen die Seebären zu einem kaum vorstellbaren Verteidigungstrick: Drei oder vier dieser Robben erwählten sich jeweils einen der drei Haie als unfreiwilligen Bodyguard. Im hohen Bogen sprangen sie immerzu über den Rücken »ihres« Haies, untertauchten ihn blitzartig und sausten in meterengen Kurven um ihn herum. So konnte sie weder »ihr« Hai schnappen noch einer der anderen, weil Haie untereinander stets einen Respektabstand einhalten.

Am selben Küstenabschnitt jagten die Weißhaie auch kleine Brillenpinguine. Aber nach dem Fang spuckten sie die putzigen Vögel gleich wieder aus. Und sie lebten alle noch! Waren dies Spiele oder Zielübungen? Jedenfalls war damit der Beweis erbracht, daß Haizähne, die einen Seebären mit einem Biß zweiteilen können, auch so zart zuzugreifen vermögen, daß einem Pinguin kein Leid geschieht.

Wenn schon Haie erste Ansätze zu überraschendem Friedverhalten zeigen, dann können Großpapageien mit wahren Meisterleistungen auf diesem Gebiet aufwarten.

Lautlos gleitet unser Boot auf dem Tambopatafluß, der sich durch die »grüne Hölle« des peruanischen Amazonasregenwaldes schlängelt. Auch der Dschungel schweigt. Es konsterniert mich immer wieder, wie wenig große Tiere hier leben. Das Gefühl unendlicher Einsamkeit beschleicht mich. Doch plötzlich, das Boot treibt gerade um eine Biegung des sich bleiern an Sandbänken vorbeiwälzenden Flusses, dringt ohrenbetäubendes Kreischen aus Hunderten von Papageienschnäbeln an mein Ohr. An steiler, lehmiger Uferwand hakeln sich Volksmassen der bis zu 90 Zentimeter großen dunkelroten Aras auf und ab und fressen... Lehm!

Plötzlich katapultiert ein Alarmkrächzen die »fliegenden Regenbogen« in die Luft. Dicht über den Kronen der Urwaldbäume kreist eine Harpye, mit einem Meter Größe und bis nahezu viereinhalb Kilogramm Gewicht der stärkste Adler der Welt. Höchste Gefahr für die Aras, die mit ihrem knallroten Federkleid alles andere als gut getarnt sind. Da löst sich eine Staffel von zehn Aras aus der Masse der Fliehenden und übersteigt schwirrenden Fluges den Feind. Offenbar wissen die Keilschwanz-Großpapageien, daß der gefürchtete Greif nur von oben nach unten zuschlagen kann. So nutzen sie ihre schnellere Steiggeschwindigkeit aus und setzen den Gegner mit diesem »Springerzug« matt. Als ihnen das gelungen ist, werden sie sogar frech, fliegen dicht über ihm dahin, berühren mit ihrem Bauch fast des Feindes Rücken und schreien ihm mit Trompetenlautstärke von allen Seiten ins Ohr. Der Adler flieht vor dem enervierenden Krawall. Die »fliegenden Jericho-Trompeten« haben die bunte Vogelschar auf friedliche Weise gerettet.

Das, was Wohnungsnachbarn bei einem im Zimmer gehaltenen Ara als Lärmbelästigung empfinden, ist in Wirklichkeit also ein Mittel dieser Vögel, Todesgefahren abzuwenden, ohne dabei den Feind zu verletzen. Diese Tiere berichten uns also mit ihrer Krächzsprache über eine beneidenswerte Methode, schwerwiegende Existenzprobleme auf überraschend »humane« Art und Weise aus der Welt zu schaffen.

Jedermann kennt und liebt die kunterbunten, gelehrigen und sprachbegabten Papageien. Doch von ihrem Leben in freier Wildbahn Südamerikas war bisher nicht das mindeste bekannt. Das hat einen leicht erklärbaren Grund: Die weisen Großvögel nisten in Höhlen, die sie sich 30 Meter über dem Erdboden in die dicken Stämme der Urwaldbäume schnitzen. Kein Vogelexperte wagte sich an die Aufgabe heran, sie in diesen schwindelerregenden Höhen zu beobachten, bis Charles A. Munn, Zoologe der U. S. Wildlife Conservation Society, im Jahr 1994 die unsäglichen Strapazen auf sich nahm. Einige tausend Male hat er sich zu insgesamt 140 Nestern hochgeseilt und als erster Wissenschaftler das Freileben der riesigen Papageien erforscht. Außerdem verfolgt er den Flug der Vögel mit einem Ultraleichtflugzeug.

Natürlich starteten die »Jericho-Trompeten« auch zur Abwehr des Eindringlings, als dieser sich mit einem Flaschenzug in die Nähe ihrer Höhle in der obersten Urwaldetage hievte. Aber er stopfte sich wohlweislich Wachs in die Ohren. Griffen sie ihn nun mit ihren gewaltigen Schnäbeln an? Bezeichnenderweise fügten sie ihm kein Leid zu – im Gegenteil: Nachdem Charles Munn die ersten Küken im Nest vermessen, beringt und sanft zurückgelegt hatte, schienen die hochintelligenten Papageien schon überzeugt zu sein, daß von ihm keine Gefahr drohte. Bereits bei der zweiten »Visite« wurde er nicht mehr angeschrien, sondern nur noch aus der Nähe beobachtet. Eine für Tiere ganz ungewöhnlich schnelle Anbahnung eines Vertrauensverhältnisses! Auf diese Weise gelangen einmalige Beobachtungen:

Zum Beispiel verstehen sich die wehrhaften Friedensengel auch auf die Geburtenbeschränkung. Ein Pärchen bindet sich in lebenslanger Einehe. Das will allerhand heißen, denn beide Partner können im Freileben bis zu 45 Jahre alt werden. In Menschenobhut, wo sie nicht dem Streß der Feindgefahren, gegenseitiger Rivalitäten, der Kindfürsorge, der Unwetter und des schwülheißen Klimas ausgesetzt sind, erreichen sie sogar ein Höchstalter um 60 Jahre, in Ausnahmefällen sogar von 100 Jahren! Würden sie sich wie Kaninchen vermehren, würde bald auf jedem Urwaldbaum eine Papageienschar sitzen und... verhungern. Diesem Elend beugen die Aras durch Geburtenbeschränkung vor. Ein verpaartes Weibchen brütet nur alle fünf bis sieben Jahre einmal zwei Eier aus.

In der langen Zwischenzeit schnäbeln die Eltern zwar verliebt miteinander, aber zu folgenreicheren Liebesspielen lassen ihnen die Kinder der letzten Brut mit ihrer dauernden Quengelei keine Zeit. Bevölkerungskontrolle durch sexuelle Enthaltsamkeit statt Massenelend! So bleibt im Amazonasdschungel eine Siedlungsdichte von drei Paaren Hellroter Aras pro fünf Quadratkilometer Regenwald erhalten.

Für eine größere Populationsdichte gibt der Dschungel nicht genügend Nahrung her. Daß hier überhaupt so viele Aras leben können, liegt an ihrer Lieblingsspeise. Da Früchte in diesem kargen Lebensraum so selten sind, haben sie sich aufs Knacken von Nüssen spezialisiert. Diese sind zwar sehr schmackhaft, aber viele, die in südamerikanischen Urwäldern wachsen, enthalten giftige Alkaloide und Tannine. Das macht die hartschaligen Früchte für eine Menge Urwaldbewohner ungenießbar und garantiert den Aras, als konkurrenzlose Nutznießer davon profitieren zu können.

Dafür müßten die Aras jede Mahlzeit mit üblen Leibschmerzen bezahlen, wenn sie diesem Risiko nicht mit einer Naturheilmethode vorbeugen würden: mit der Medizin ihrer Lehmheilerde. Deshalb reisen die »fliegenden Nußknacker« täglich zu Hunderten aus großen Entfernungen zu den Steilhängen am Flußufer an und versorgen sich bei dieser Urwaldapotheke mit dem magenberuhigenden Lehm.

Hiervon bringen sie auch ihren Kindern daheim im Nest bittere Pillen mit. Zum Füttern von Schnabel zu Schnabel wird das Küken auf den Rücken gelegt wie bei uns ein Baby zum Windelwechsel. Der Kopf des Arajungen ist vergleichsweise riesenhaft und dem kleinen Wicht zum Hochrecken zu schwer. Drei bis vier Monate lang wird das Kind (meist überlebt von den beiden Küken nur eines) mit Nuß-, Käfer- und Fruchtbrei vollgestopft. Dann ist es schon so groß wie die Eltern, will das Nest aber nicht verlassen. Erst locken es die Alten mit Krächzlauten, dann setzen sie es auf halbe Ration, bis es der Hunger zum Sprung in den 30 Meter tiefen Abgrund treibt.

Zunächst gibt es Bauchlandungen. Doch gleiten die aufmerksamen Eltern flink herbei und schubsen das trudelnde Kind in weiche Laubbüschel am Boden, so daß es keinen Schaden nimmt. Zum nächsten Start hakelt es sich mit Schnabel und Krallen wieder am Baumstamm hoch – wie ein kleiner Bergsteiger! Erst nach einigen Tagen ist es zum perfekten Flieger geworden. Nun könnte es schon für sich selbst sorgen, doch tut es lieber so, als sei es noch ein hilfloses Baby, und legt sich, sobald es Hunger bekommt, bettelnd auf den Rücken – stets mit Erfolg. Die Ara-Eltern können es einfach nicht übers Herz bringen, ihr verwöhntes Balg zu enttäuschen. Dafür haben sie den Schreihals dann bis zu vier Jahre lang am Hals. Erst dann verläßt er seine Eltern.

Sein Schicksal ist hart und ungewiß. Das Jungmännchen muß eine große Seltenheit aufspüren: eine unbewohnte Baumhöhle. Ist ihm das Glück zuteil geworden, krächzt es tagelang vor dem Einflugloch, um ein noch lediges Jungweibchen anzulocken. Erst zu zweit sind sie in der Lage, ihr Heim gegen andere wohnungsuchende Pärchen zu verteidigen. Ein Witwer, dessen Weibchen vom Harpyenadler getötet wurde, muß sein Nest nach hartem Kampf mit einem vagabundierenden Pärchen verlassen. Mitunter stirbt auch ein Ehepartner den Alterstod in der Höhle. Dann wird der Verbliebene ebenfalls zum Räumen der Höhle gezwungen. Als heimatloser Vagabund hat er dann kaum noch lange Überlebenschancen.

Ehepartner krächzen sich schier pausenlos harsch an. Aber das ist kein Gezänk, sondern Liebesgemurmel. Nur wir Menschen, die wir bisher noch zu dumm sind, um die Papageiensprache zu übersetzen, hielten das für Ehekrach. Stundenlang hocken beide tratschend beieinander, kraulen sich gegenseitig im Gefieder, schnäbeln verliebt auch noch im hohen Alter und füttern sich sogar gegenseitig. So gut wie nie gibt es Querelen und Trennungen. Denn Mann, Weib und Kinder hätten in der Wildnis darunter zu leiden. Verläßt Frau Ara ihren Partner, kann er allein seine Nisthöhle nicht gegen wohnungsuchende Jungpärchen verteidigen. Sie setzen ihn an die Luft. Deshalb kommt es gelegentlich zwar bei Pärchen, die sich in Menschenobhut befinden, zu Ehekrach und Scheidung, nicht aber bei freilebenden Vögeln.

Das Gemeinschaftsleben mit den weit entfernt wohnenden Nachbarn ist hingegen sehr locker. Zwar führen sie wechselseitige Schreigespräche, vor allem in der Morgen- und Abenddämmerung, doch sonst leben sie aneinander vorbei. Nur wenn ihr Erzfeind, der Adler, angreift, formieren sie sofort Abwehrstaffeln, um ihn in Gemeinschaftsaktion in die Flucht zu krächzen.

Schönheit und Frieden

Seine Augen sind wie Augen
der Tauben an den Wasserbächen,
mit Milch gewaschen und stehen
in Fülle.

(Hohes Lied 5, 12)

GOLDFINGER

Seine Kopfhaube ähnelt verblüffend der Totenmaske des altägyptischen Pharaos Tutenchamun. Zum glitzernden Gold seines langgestreiften Kopfputzes und des prunkvollen Kragens gibt es keinen harmonischeren Farbakkord als das tiefe Azurblau seiner Querstreifen und das Kirschrot seiner Brust. Die Rede ist vom »Goldfinger der Vogelwelt«, vom männlichen Goldfasan. Dennoch ist der Schönling, dessen berauschende Federpracht einst chinesischen Mandarinen und Würdenträgern als Vorbild ihres Kleiderschmucks diente, nicht, wie viele Leute meinen, das unnatürliche Produkt menschlicher Züchtung, sondern vielmehr ein Glanzstück der Schöpfung selbst.

Solchermaßen herausgeputzt, versucht der Hahn während der Balz, die von ihm Auserkorene mit der Magie seines mit Gold eingerahmten Auges zu faszinieren. Doch anders als der Pfau, der die 100 »Augengemälde« seines in orientalischer Märchenpracht prunkenden Rades auf die wählerische »Dame« einwirken läßt, bemüht sich Herr Goldfasan nur mit seinen zwei echten Augen, um auf die Weibchen eine hypnotisierende Wirkung auszuüben. Doch dafür vergrößert er sie durch »Lidschatten« ins Riesenhafte und rahmt sie wie zwei Edelsteine mit goldenem Schmuck ein, um sie voll zur Entfaltung zu bringen.

Wenn er auf der Brautschau seinen golden und dunkelblau gestreiften Kragen fächerartig wie eine Geisha so weit nach vorn spreizt, daß der Schnabel überdeckt ist, blinzelt nur noch das Auge gerade eben aus diesem 1001-Nacht-Schleier hervor: Dann umrahmen all diese Streifen sein Auge im Halbkreis und lenken den Blick des nahenden Weibchens zwingend auf dieses Faszinationsorgan. Dasjenige Männchen, dessen Auge am brillantesten vom Goldschmuck umrahmt ist, wird von den Weibchen in Damenwahl bevorzugt. Ihr Sinn steht nach Luxus. »Am Golde hängt, nach dem Golde drängt doch alles!« – auch bei diesen in jeder Beziehung so außergewöhnlichen Tieren!

Dann springt der Hahn voller Entzücken in zierlichen, hohen Sätzen um seine Liebste, einmal linksherum, dann wieder rechtsherum, immer abwechselnd im Kreis. Die junge Braut, die so unerhört viel Wert auf Gold im Gepränge ihres Männchens legt, trägt selbst nur ein schlichtbraunes, tarnfarbenes Arbeitskleid. Ein richtiges Aschenputtel wie im Märchen. Kein Goldfinger vergoldet ihre Haut. Reizt sie das nicht zum Klassenhaß? Keineswegs! Schließlich sind die Fasanendamen selbst schuld am prunkhaften Maskenball der Hähne! Es war und ist ja ihr Geschmack bei der Wahl des Bräutigams, sich vom Gold faszinieren zu lassen, ihre eklatante Bevorzugung immer nur der allerschönsten Männer, ihre »Zuchtauslese«, die zu jener Entwicklung immer goldigerer Männer führte!

Nur ein Trost bleibt der »grauen Maus«: Mit fortschreitendem Alter wird ihr Federputz zunehmend schöner. Von Jahr zu Jahr bekommt ihr Kleid immer neue Schmuckfedern. Mehr und mehr Gold heftet sich an ihr Kostüm. Schließlich ähnelt sie auf ihre alten Tage fast dem Männchen. Auch das gibt es also in der Natur, wenngleich es eine Seltenheit ist: Weibchen, die bis an ihr Lebensende, das sie mit etwa 20 Jahren erreichen, an Schönheit gewinnen! Aus Aschenputtel wird also doch noch eine Prinzessin!

Allerdings herrschen unter diesen Tieren andere Sitten als bei den »schönen Männern« der Paradiesvögel. Halten jene »Herren« nichts von der Treue zum Weibchen und von der Arbeit für die eigenen Kinder, so leben Goldfasane während der Brut- und Aufzuchtzeit der Jungen in Einehe. Im nächsten Jahr können sie denselben Partner wieder erwählen oder sich auch einen anderen suchen. Sie führen eine sogenannte Saisoneinehe mit Zukunftsoption!

Wird hier ein Naturprinzip durchbrochen? Es heißt doch immer: Je schöner ein Männchen ist, mit je mehr Blendwerk es die Weibchen anlockt, desto leichter werden auch Feinde auf den Herrn aufmerksam und desto lebensgefährlicher ist seine Anwesenheit im Ehealltag für Weib, Brut und Kinder. Also sind die schönsten Männer zugleich auch die treulosesten. Bei vielen anderen Arten, etwa Paradiesvögeln, Leierschwänzen, Auer- und Birkhähnen, dauert die »Ehe« nur so lange wie die Paarung, das heißt nicht länger als einige Sekunden. Dann sehen sich die Männchen gleich wieder nach einer neuen Braut um, und sie werden von den Weibchen keineswegs daran gehindert. Gilt diese Regel denn nicht auch für den Goldfasan?

Ist der golden und knallrot glänzende Hahn wegen seiner Auffälligkeit für Feinde nicht auch eine verräterische, lebensgefährliche Bedrohung für Weib und zwölf bis 16 Küken? Die Antwort geben die Lebensgewohnheiten des Goldfasans in seiner ursprünglichen Heimat: den feuchten, subtropischen Rhododendron- und Bambusdschungeln auf den bis 2500 Meter hohen, unzugänglich steilen Bergabhängen und Schluchten im mittleren China.

Hier sprießt die Pflanzenwelt so dicht, daß ein Fasanenpärchen fast jeden Feind rechtzeitig erlauscht. Dann verzieht sich der im Sonnenstrahl einer kleinen Urwaldbresche wie im Licht eines Scheinwerfers prunkende und balzende Hahn blitzschnell ins nächste düstere Dickicht. Schlagartig wird aus der Paradegala eine Tarnkappe. Oder der Hahn drückt sich klammheimlich vom Nest, erscheint dem Feind, einem Marder oder einer Wildkatze, plötzlich wie ein flatternder Farbenspuk und lockt ihn geschickt vom Gelege fort.

Seine gefährlichsten Feinde sind Rothunde, weil auch sie trickreich vorgehen. Sie scheuchen die Goldfasane am Abend auf einen Baum. Wenn es dunkel ist, verstecken sie sich im nahen Busch. Am nächsten Morgen haben die Vögel vergessen, daß Feinde in der Nähe sein könnten, flattern arglos herab – und direkt in die Endstation Rothundrachen.

Doch das ist nur die Kehrseite der Goldmedaille. Wie bei allen schönen Dingen, die uns die Natur bietet. Jedenfalls bei jener Art von Schönheit, die mit edlen Verhaltensweisen eng verknüpft ist. Es gibt ja auch die luziferische Schönheit, zum Beispiel bei jenen Gottesanbeterinnen, die Form und Farben verführerischer Blütenkelche annehmen, um Nektarsucher ins Verderben zu locken. Seltsamerweise können wir bei den Prachtexemplaren auf unseren Parkseen, den Höckerschwänen, beides beobachten.

Schwanensee

Auf Hamburgs Außenalster ist der Frühling eingekehrt. In über 200 stolzen Schwänen erwachen stürmische Liebesgefühle. Die Männchen falten ihr schneeweißes Federkleid zur »Festtafelserviette« auf, rauschen mit schäumender Bugwelle durchs Wasser, wollen ihren Weibchen imponieren, mit denen sie lebenslang in unverbrüchlicher Treue verbunden sind.

Da kläfft ein Straßenköter vom Ufer her einen »verwunschenen Prinzen« an. Dieser schwimmt wuchtig herbei, steigt an Land, zischt aus vorgestrecktem Hals wie eine Giftschlange, zwickt den fuchsgroßen Hund mit dem Schnabel ins Hinterbein, haut ihm den Flügel ins Kreuz, daß er aufjault und flieht. Siegestrunken giftet er gleich darauf Spaziergänger an. Die weichen zurück, klatschen in die Hände, brüllen ihn an. Es beeindruckt den »Ritter Lohengrin vom Schwanensee« nicht im mindesten. Will man ihn zurückscheuchen, muß man ihm in seiner Sprache antworten und ihn laut anzischen. Dann hätte er – vielleicht – kehrtgemacht.

Nach dieser Aufregung brauchte der Höckerschwan, so benannt nach dem kleinen schwarzen Höcker auf dem Schnabel, die Liebe seines Weibchens. Beide schwammen aufeinander zu, umkreisten sich in Stolzhaltung und gaben sich Köpfchen, wobei ihre langen Hälse von der Seite gesehen gemeinsam ein Herz formten, als wüßten sie um das Symbol der großen Liebe. Das berühmte Tschaikowsky-Ballett kann kaum anmutiger getanzt werden.

Als Ehepartner sind Schwäne die zärtlichsten, bezauberndsten, anmutigsten Wesen. Aber Fremden gegenüber, ob Hund, Mensch oder anderer Schwan, ob Ente, Bleßralle oder Haubentaucher, werden sie zu wahren Berserkern. Mit einem Löwenmut sondergleichen verteidigen sie ihr Nest, ihr Weibchen, ihre Küken und eine weite Region ringsum. Jedes Pärchen beansprucht einen Uferstreifen von 240 bis 500 Metern und bis zu 300 Meter auf den See hinaus. Dringt zur Brutzeit ein fremder Schwan hier ein, kommt es unweigerlich zur Seeschlacht. Die Gegner packen sich mit dem Schnabel am Hals, halten eisern fest und prügeln mit den Flügeln aufeinander ein. Kleineres Wassergeflügel ziehen sie unter Wasser und ersäufen es.

Je mehr Schwäne auf einem See beisammen sind, desto häufiger wird gekämpft. Ist dadurch bei wachsender Bevölkerungsdichte nicht schließlich eine Tierkatastrophe vorprogrammiert, insbesondere gegenwärtig, da sich die Grazien mit den blütenweißen Westen dank der täglichen Brotspenden von Tierfreunden enorm vermehren? Die Reviere werden von der großen Zahl der Nistraum suchenden Vögel immer enger zusammengedrängt. Das könnte zu einer schier unaufhörlichen Reihe von Kämpfen führen, zu totaler Erschöpfung, zu Mord und Totschlag, insbesondere an Nachbars Kükenschar.

Doch interessanterweise bewahrheitet sich dieser Kassandraruf nicht, wie in der Schweizer Schwanenwarte Romanshorn am Bodensee erforscht wurde. Die eigentlich so streitbaren Vögel wechseln an einem kritischen Punkt der Populationsdichte zu einer völlig anderen Ordnung zwischenschwanlicher Beziehungen über. Ihr altes, kriegerisches »Grundbesitzer«-System bricht zusammen – mit einer Folge, die uns in Erstaunen setzt. Hatte es bislang den Anschein, als kämen die Platzverteidiger aus der Serie von Grenzkonflikten und Zweikämpfen nicht mehr heraus, so tritt nun das genaue Gegenteil ein: Sämtliche Schwäne vereinigen sich friedlich zu einer Kolonie und brüten in enger Nachbarschaft. Verhaltensforscher bezeichnen das als »Friedensphase im Sozialsystem der Höckerschwäne«. Statt in steten Kämpfen alle Bindungen zu zerstören, schließen die Tiere einen Generalfrieden! Wer hätte das bei Tieren für möglich gehalten? Nicht Kino-Endzeit-Brutalität im Vernichtungskampf jeder gegen jeden, sondern Problemlösung durch Gemeinschaftlichkeit! Das ist es, was uns die stummen Schwäne vorleben.

Steigt die Bevölkerungsdichte noch weiter an, entartet allerdings das bislang so vorbildliche Eheleben auf dem Schwanensee. Das Männchen, das sich normalerweise nie am Brüten beteiligt, sondern nur in der Nähe des Nestes Wache hält, kommt in engen Kontakt zu Nachbarweibchen, erliegt der Versuchung, und schon ist der schönste Seitensprung im Gange. Am liebsten geht der »Herr« dabei hinter einem Busch in Deckung. Doch wenn er von seiner Gattin in flagranti ertappt wird, ist der Ehekrach da. Wer je Menschlich-Allzumenschliches studieren möchte, findet hier ein weites Feld mit Dirnenunwesen, Untreue, Bigamie, aber auch mit Beispielen von ganz großer Liebe, die allen Verlockungen zum Trotz eisern standhält.

Bei Graugänsen spielen sich die gleichen Dinge ab. Konrad Lorenz hat diese an Dramatik kaum zu überbietenden »Sittenromane« trefflich geschildert. Dabei rutschte einmal, als eine Mitarbeiterin die schlechte Moral seiner gefiederten Lieblinge monierte, die Bemerkung aus ihm heraus: »Gänse sind schließlich auch nur Menschen!«

Was der Nobelpreisträger damals noch nicht wußte: Er hielt sich in seinem Seewiesener Institut so viele dieser Wasservögel auf relativ engem Raum, daß er Zeuge der Geschehnisse gegen Ende der Friedensphase wurde, als eine weitere Vermehrung der Tiere in die Übervölkerungs-Entartungsphase überging. Daher die vielen Parallelen zum Großstadtmiteinander der Menschen!

Was geschieht nun aber, wenn eine Schwanenmutter stirbt, etwa weil sie beim Gründeln nach Wasserpflanzen von einem großen Hecht am langen Hals gepackt, nach unten gezogen und ertränkt wird? Im Frühjahr hinterläßt sie in der Regel ein ganzes Nest voller Eier oder eine Schar junger Küken. Sind die kleinen Wonneflausche dann verloren wie jene vieler anderer Vogelarten? Der Vater ist ja lediglich der Verteidiger und Wachtposten der Familie.

Um 1980 beobachtete der Hamburger Schwanenvater Harald Nies, was in diesem Fall geschieht. Erst ließ der Witwer buchstäblich seinen Kopf hängen, trauerte also regelrecht um die Verstorbene. Dann aber schwamm er zum Nest und brütete alle Eier aus. Als die Jungen schlüpften, führte er sie zum Schwimmen in den See, gründelte ihnen Futter vom Seegrund auf die Wasseroberfläche und erfüllte alle Mutterpflichten perfekt. Er kann also sehr gut Kinder pflegen. Zuvor hatte er sich um die Arbeit nur gedrückt!

WOODSTOCK

Tiefhängende Regenwolken wabern über der bleiernen See, reißen von Zeit zu Zeit auf, geben den Blick auf einen 300 Meter hohen, steilen Felsen frei, der wie der Zuckerhut Rio de Janeiros jäh in den Himmel ragt. Unsere »Bremen« ankert in Lee. Wir befinden uns vor der Küste von King George Island, an der Nordspitze der Antarktischen Halbinsel.

Als wir die chilenische Polarforschungsstation Teniente

Marsh durchquert haben, wird uns der Weg von Tausenden und Abertausenden Pinguinen verschiedener Artzugehörigkeit versperrt. Die einen hasten in dichten Scharen zum Meer. Die anderen jumpen geschwaderweise aus der Brandung und watscheln auf vollbesetzter glitschiger Straße steil bergan – übrigens im Rechtsverkehr. Hier herrscht immerwährende Rush-hour in Kolonnen bis zu je 30 »befrackten Oberkellnern« in einer Reihe. Das trompetet, krächzt, hupt nach Art der Esel, röhrt wie auf Fanfaren emphatisch himmelan. Wird hier ein pinguinisches »Woodstock« zelebriert?

Auf Mount Ardley, so heißt der »Zuckerhut«, brüten drei Arten dieser Südpolar-Hippies unmittelbar nebeneinander in einer unübersehbaren Kolonie gemeinsam: nämlich die Adelie-, die Zügel- und die Eselspinguine. Wie vertragen sich die nach Hunderttausenden zählenden Volksmassen untereinander? Natürlich gibt es hin und wieder einmal Knatsch, aber im großen und ganzen verstehen sie es doch, sich zu arrangieren. Ihre Megashow ist wie das berühmte Open-air-Rockfestival von 1969 in Woodstock mit seinen 500 000 Besuchern, ein Musterbeispiel für Völkerverständigung unter den Gefiederten.

Das läuft folgendermaßen ab: Als erste im Jahr treffen die Eselspinguine auf der Insel ein. Ihren Namen erhielten sie wegen des eselsähnlich keuchenden »Gesangs«. Wir erkennen sie an den beiden weißen Flecken am Kopf, die sie wie einen Kopfhörer tragen. Seltsamerweise besetzen sie nicht gleich die niedrigen, bequem und schnell zu erreichenden und noch freien Logenplätze am Strand und am unteren Teil des Bergabhangs, sondern watscheln zum 300 Meter hohen Gipfel, also zum am mühevollsten zu erreichenden Brutgebiet. Der Anstieg ist so steil, daß sich geübte Bergsteiger hier nur hinauf»klempern« können.

Dazu ist der Weg vom häufigen Nieselregen, dem Schneetreiben und der Abnutzung durch die Jahrtausende extrem glitschig. Doch die »Plattfüße« dieser Pinguine verfügen über ein außerordentlich gutes Haftvermögen. Lebensgefährlich ist der Weg in jedem Fall. Wer einmal ins Rutschen kommt, ist verloren. So setzt dieser Klettermaxe jeden Schritt vorsichtig und schaut, den Kopf tief vorgeneigt, genau, wohin er tritt. Unter den Pinguinen gibt es also, viele Tierfreunde müssen sich sicher erst an diesen Gedanken gewöhnen, echte Bergsteiger. Für mich war es ein seltsames Gefühl, unten am Fuß des Steilhangs zu stehen und die Fußgängervögel langsam oben am Berg in den Wolken verschwinden zu sehen. In Gipfelnähe drapieren sie nach halbstündigem Aufstieg ihre Steinnester.

Etwa eine Woche später ist Ankunftszeit der Adeliepinguine mit ihrem total schwarzen Kopf. Sie wurden nach dem Vornamen der Frau des französischen Antarktisforscher Dumont d'Urville benannt. Gleich unten in Ufernähe finden sie alles frei vor, ergreifen die Gelegenheit, die ihre Vorreiter nicht zu nutzen wußten, beim Schopf und richten sich in den niederen Lagen häuslich ein.

Wiederum eine Woche danach kreuzen die Zügelpinguine, nach dem zügelähnlichen Kinnstreifen so genannt, hier auf und finden nun aber alles besetzt vor – zwar nicht dicht an dicht, sondern ziemlich weitläufig, doch ist das gesamte Terrain von der Talsohle bis zum Gipfel bereits vergeben. Also müßte eine heftige Auseinandersetzung um die Sicherung der Nistplätze vorprogrammiert sein.

In welchen Gewichtsklassen gehen nun die Vögel aufeinander los? Die Schwergewichtler sind die Eselspinguine mit 6,2 Kilogramm Gewicht und 80 Zentimeter Größe. Die Mittelgewichtler stellen die Adeliepinguine mit fünf Kilogramm und 70 Zentimetern. Und ausgerechnet die Zügelpinguine, die unter der größten Wohnungsnot zu leiden haben, sind ausgesprochene Leichtgewichtler mit nur 4,5 Kilogramm und 50 Zentimeter Körpermaß.

Doch nun offenbart sich, daß die Zügelpinguine auch die »zügellosesten« und aggressivsten sein können, wenn es die Wohnungsnot erfordert. Und sie setzen eine ebenso wirksame wie den Feind verschonende Geheimwaffe ein: ihre

Stimme. Sie marschieren etwa bis auf halbe Höhe des Abhangs in die Mittelregion, von der sie meinen, daß sie ihnen gehört. Dort sucht sich jedes Pärchen ein fremdes Nest, das ein Adelie- oder Eselspinguin besetzt hält. Beide nehmen den Vogel, den sie an die Luft setzen wollen, in die Mitte, beugen sich wie ein wildgewordener Unteroffizier vornüber und brüllen ihr Opfer an. Unter Kopfzittern entfährt ihnen ein markerschütterndes Geschrei – bis zum Erreichen der Schmerzgrenze des menschlichen Ohres. Forscher, die sich das im Dienst der Wissenschaft eine Stunde lang anhören mußten, machte der Geräuschpegel vorübergehend nahezu taub. Die Engländer nennen den Zügelpinguin daher auch »Rocksplitter«, »Steinzersplitterer«.

Es ist bemerkenswert, daß die Zügelpinguine nach der gleichen den Feind verschonenden Methode vorgehen wie die Aras im Dschungel Amazoniens und die Schreiseeadler an den Gewässern Afrikas.

Der »Gesang« und die Liebeslieder bei der Balz der Zügelpinguine sind übrigens mit fast identischen Worten beschrieben. In den Ohren der Weibchen mag das markerschütternde Kreischen wie »Musik« ertönen – jedoch für die Adelie- und die Eselspinguine, die freundlichsten dieser Vögel, ist es so enervierend, daß sie bald im Sängerkrieg nachgeben, ihr Heim dem Usurpator überlassen und möglichst weit davon entfernt eine neue Heimstatt suchen.

Schließlich ist der ganze Steilhang flächendeckend voller Pinguine dreier verschiedener Arten, die sich, energisch zwar, aber doch auf unblutige Weise untereinander organisiert haben.

Bald hat sich alles wieder einigermaßen beruhigt. Damit es bei der Futterbeschaffung für die Jungen nicht wieder Zoff gibt, arrangieren sich die drei Arten abermals auf bravouröse und mehrerlei Weise. Wie bringen sie das »sozialpolitische« Kunststück auf dem Mount Ardley fertig?

1. Die Zügelpinguine beginnen erst einen Monat nach den beiden zuerst eingetroffenen Arten mit der Brut. Einen

Monat lang überlassen sie diesen also konkurrenzlos die Babykost im Seegebiet bei der Kolonie. Sie praktizieren also ein zeitliches Sich-aus-dem-Weg-Gehen.

2. Auch sucht jede Art ihre Nahrung in einer etwas anderen Nische: Adelie- und Zügelpinguine bevorzugen Krill, die Eselspinguine aber auch Fische. Letztere sind die schnellsten Schwimmer unter den Pinguinen mit maximal 25,5 Stundenkilometern. Und sie können auch ausdauernder und tiefer tauchen als die anderen. Jeder fischt gleichsam in einer anderen Meeresetage. Hier wenden sie also ein räumliches Ausweichen beim Beutefang an. Hinzu kommt, daß die Nahrungssuche in unterschiedlichen Abständen von der Küste stattfindet: Die Eselspinguine versorgen sich ziemlich dicht vor der Haustür mit Futter, gewissermaßen als Ausgleich für die beschwerliche Bergtour zu den Nistplätzen. Der Adeliepinguin streift am weitesten in die Ferne. Und der Zügelpinguin sucht sich seine Kost in der Mitte zwischen beiden.

Also Aufteilung der Ressourcen statt ruinösen Wettbewerbs!

3. Sogar die Fütterungszeiten der Küken unterliegen gleichsam einer zeitlichen Absprache. Frühmorgens sind die jungen Eselspinguine als erste an der Reihe. Dann folgen die kleinen Zügelpinguine und am Nachmittag geht es bei den Adeliekindern hoch her.

Mit dieser räumlichen und zeitlichen Regelung machen sich die drei Arten ihre Nahrung so wenig streitig wie möglich. Und alle kommen mit dieser optimalen wirtschaftlichen Strategie und gegenseitigen Rücksichtnahme bestens zurecht.

Unterschiedlich wie die Nistplatzwahl und die Futterbeschaffung sind auch die Ehesysteme der drei Arten. Die Adeliepinguine zuckeln fast jedes Jahr mit einem anderen Partner umher. Sie halten es also mit der typischen Saisoneinehe.

Die Esel sind hingegen treu – jedoch weniger dem Ehege-
fährten als vielmehr dem Brutplatz. Oft war die Braut von
heute eine Nachbarin vom letzten Jahr. Das ist die typische
sogenannte Ortsehe.

Nur die Zügelpinguine bleiben für gewöhnlich sowohl dem
Partner als auch dem Brutplatz treu. Das nennen wir eine
Dauereinehe mit Urlaub zwischen den Brutperioden. Im
Eheleben legen sich die Zügelpinguine also gleichsam die
Zügel an.

Das Urteil des Salomon

Zu der Zeit kamen zwei Frauen zum König und traten vor ihn. Und das eine Weib sprach: Ach mein Herr, ich und dieses Weib wohnten in einem Hause, und ich gebar bei ihr im Hause.

Und über drei Tage, da ich geboren hatte, gebar sie auch. Und wir waren beieinander, daß kein Fremder mit uns war im Hause, nur wir beide.

Und dieses Weibes Sohn starb in der Nacht; denn sie hatte ihn im Schlaf erdrückt. Und sie stand in der Nacht auf und nahm meinen Sohn von meiner Seite... und legte ihn an ihren Arm, und ihren toten Sohn legte sie an meinen Arm.

Und da ich des Morgens aufstand, meinen Sohn zu säugen, siehe, da war er tot. Aber am Morgen sah ich ihn genau an, und siehe, es war nicht mein Sohn, den ich geboren hatte.

Das andere Weib sprach: Nicht also; mein Sohn lebt, und dein Sohn ist tot. Jene aber sprach: Nicht also; dein Sohn ist tot, und mein Sohn lebt. Und redeten also vor dem König (I. Könige 3, 16–22).

»Aussage steht gegen Aussage«, würde heute ein Richter sagen und die Anklage aus Mangel an Beweisen fallen lassen. Doch wie konnte Salomon Gerechtigkeit walten lassen?

Wäre er ein Verhaltensforscher gewesen, könnte man sein hohes Lied etwa wie folgt weiterführen:

Und er ging zu den Kaiserpinguinen, drehte an seinem Ring und vernahm folgendes: Einem starken Weib war das Küken auf seinen Füßen gestorben. Da raubte es einer anderen Mutter das Kind.

Und er sah, was die Fremde mit dem Kind tat: Sie lief auf es zu, nahm es mit ihren Füßen auf und stülpte ihre wärmende Bauchfalte darüber. Doch dann ging sie achtlos weiter. Ihr Sinn war benommen. So verlor sie das Kind schon nach wenigen Metern. Es blieb auf dem Eis liegen und starb.

Was motivierte sie zum Kindesraub? Ein durch den Verlust gestörter, nach einem Ersatzobjekt suchender Muttertrieb? Oder der pure Neid auf das glücklichere Los der anderen? Was es auch sei, die wahre aufopfernde, nie versagende echte Mutterliebe war es bestimmt nicht.

Nun galt es, um zum salomonischen Urteil zu gelangen, nur noch herauszufinden, in welcher Frau die wahre, uneigennützige Liebe zum Kind wohnte.

Inspirationen aus Gottes eigener Schöpfung!

BÜCHER VON VITUS B. DRÖSCHER

Tierisch erfolgreich – Überlebensstrategien im Tierreich.
C. Bertelsmann Verlag. München 1994. Goldmann Taschenbuch
12697. München 1996.

Die Welt, in der die Tiere leben – Meine Expeditionen auf sechs
Kontinenten.
Goldmann Taschenbuch 12671. München 1994.

Spielregeln der Macht im Tierreich – Weiße Löwen müssen sterben.
Goldmann Taschenbuch 11672. München 1992.

Sie turteln wie die Tauben – Tierische Spruchweisheiten auf ihren
Wahrheitsgehalt abgeklopft.
Goldmann Taschenbuch 11670. München 1991.

… und der Wal schleuderte Jona an Land – Tierwunder der Bibel,
naturwissenschaftlich bestätigt. Goldmann Taschenbuch 11673.
München 1996.

Nestwärme – Wie Tiere Familienprobleme lösen.
dtv-Taschenbuch 10349. München ⁶1991.

Überlebensformel – Wie Tiere Umweltgefahren meistern.
dtv-Taschenbuch 30043. München 1992.

Geniestreiche der Schöpfung – Die Überlebenskunst der Tiere.
dtv-Taschenbuch 10936. München ⁴1991.

Ein Krokodil zum Frühstück – Verblüffende Geschichten vom Verhalten der Tiere.
Ullstein Taschenbuch 23996. Neuauflage. Berlin 1996.

Tiere in ihrem Lebensraum.
Otto Maier Verlag. Ravensburg ⁴1993.